BAYERISCHE AKADEMIE DER WISSENSCHAFTEN

BAYERISCH-ÖSTERREICHISCHES WÖRTERBUCH

II. Bayern

BAYERISCHES WÖRTERBUCH (BWB)

Herausgegeben
von der
Kommission für Mundartforschung
Bearbeitet von Josef Denz, Felicitas Maria Erhard, Edith Funk,
Anthony R. Rowley, Andrea Schamberger-Hirt
und Michael Schnabel.

Heft 26 (9. Heft des 3. Bandes)
[ein]teilen – [wohl]dienen

DE GRUYTER
AKADEMIE FORSCHUNG

ISBN 978-3-11-063319-1
Library of Congress Control Number: 77 23 5493
Bibliografische Information der Deutschen Nationalbibliothek
Die Deutsche Nationalbibliothek verzeichnet diese Publikation in der Deutschen Nationalbibliografie; detaillierte bibliografische Daten sind im Internet über http://dnb.dnb.de abrufbar.

Genthiner Straße 13, 10785 Berlin, Deutschland
Satz: Typodata GmbH, Pfaffenhofen
Druck und Bindung: CPI books GmbH, Leck
www.degruyter.com

[**ein**]**t. 1** wie →[*aus*]*t*.5: „in Beete *eiteiln*“ Haag WS; *einThailen* SCHÖNSLEDER Prompt. Ii1r.– **2** überlegt mit etwas umgehen, damit es ausreicht: °*de müassn se ihr Zeit eiteiln* Mchn; *Eiteiln muaß ma's halt* KREIS Münchner 55.– **3** jmdm eine best. Aufgabe zuweisen: *jetzt toalens d'Pfarrer ein, wie's ihna am böschte baßt* Hfhegnenbg FFB.

WBÖ IV,1410.

†[**er**]**t.,** [**der**]- **1** wie →*t*.8: *Condemnauerunt irteilen* Tegernsee MB 10./11.Jh. StSG. I,814,14; *alle heiligen, die richtent und erteilent* O'altaicher Pred. 172,31; *als wie es ewrs hofs recht ertailt* FÜETRER Chron. 152,27.– **2** bescheiden, zusprechen: *ertailen* SCHMELLER I,600; *arteili mir ein lantreht* Tegernsee MB 11.Jh. StSG. I,418,39f.; *si wolten im ertailen, daz er ze dem rîche wol gezæme* [angemessen sei], *want er guot rihtêre wære* Kaiserchr. 194,6154-6156; *was ... schier niemand/ mit ertheiltem Rechten vnd Abschiden ... will ersättiget sein* Landr.1616 54.– **3** auferlegen: *wirt im ertailt/ daz er/ bezzern schvlle* Passau 1299 Corp.Urk. IV,541,43f.; *wann ainem ain aid rechtlich ertailt wirt* Hohenburg AM 2.H.15.Jh. VHO 84 (1934) 48.– **4** verfügen, anordnen: *wenn die Aysch* [Frist zur Leistung einer Schuld] *ertailt wirtt vmb gelt Jar vnd tag* Rgbg 2.H.14.Jh. FREYBERG Slg V,80.– **5** beherrschen, regieren: *ir derteilt die erde ... iudicatis terram* Windbg.Ps. II,8.

SCHMELLER I,532, 600f.; WESTENRIEDER Gloss. 134f.– WBÖ IV,1410f.

†[**erb**]**t.** als Erbe verteilen, aufteilen: „Güter, *die sie geerbteilt haben*“ Wolframshf KEM 1408 Oberpfalz 19 (1925) 228.

[**ver**]**t. 1** wie →*t*.5, °OB, NB, °OP, °SCH vereinz.: *der nui Balm werd verdoalt* „nach der Weihe der Palmbuschen am Palmsonntag“ Hfhegnenbg FFB; *håds es* [ihr] *d'Awad schuu vadoilt* Beilngries; *Die Kellnerin vatheilt die Woor* ANZINGER A so san mir 12; *es sullen unser Erbleit und Hindersässen iren Erbthail nicht vertailen* Osterhfn VOF 1440 HARTINGER Ordnungen I,355.– **2** †wie →[*aus*]*t*.3: *die presthaffte oder alt-erlebte convertiten, seynd zu ihren unterhalt in verschaidene cloester ... zuverthailen* 1726 WÜST Policey 589.– **3** refl., wie →*t*.9: *d'Wolkn vardoaln si* Derching FDB; *sich verThailen* „aberrate a distributione“ SCHÖNSLEDER Prompt. Ii1r.– **4** †benachteiligen, schädigen.– **4a** bei einer Teilung beeinträchtigen, benachteiligen: *daz ein teyl für den andern so vast* [sehr] *verteylt würde oder wær* Rgbg 1331 QE VI,323.– **4b** (einen Schaden) zufügen: *dem man was vertailet an dem bûche unt an dem ruke* Kaiserchr. 310,12566f.– **4c** übervorteilen, betrügen: *Defrauderis ... firteilist* Rgbg 12.Jh. StSG. I,570,66-571,2.– **5** †verurteilen, verdammen.– **5a** jmdn zu Unrecht verurteilen, jmdm ein Recht aberkennen: *Vespasjânus vernam daz, daz im ze Rôme vertailet was* Kaiserchr. 175,5127f.– **5b** richterlich verurteilen, mit einer best. Strafe belegen: *daz ir iht verteilt werdet ze dem êwigen tôde* BERTHOLDvR I,195,21.– **5c** verdammen, der Verdammnis anheimgeben: *wie gar dich got verteilet hât vor allen den sündern* ebd. 193,13; *Deszhalb weder papst noch ander sich vndersteen moegen, die abgeschiden sel zeuertailen oder zeabsoluieren* BERTHOLDv Ch Theologey 617.– **5d** kritisch beurteilen, verschmähen: *swaz er hoeret oder siht, daz verteilet er niht und dunket in allez guot* LAMPRECHTvR 429,2804-2806.

SCHMELLER I,601; WESTENRIEDER Gloss. 616, 627.– WBÖ IV,1411.

Mehrfachkomp.: †[**un-ver**]**teilt 1** sich auf Ungeteiltes beziehend: *VErkaufft jemandt ligende Stuck ... mit einander in einem vnuerthailten Kauff* Landr.1616 247.– **2** nicht geteilt, als Ganzes bestehend: *dieweyl wir beed gebrůeder vnnser Hertzogthumb bairen vnuertailt miteinannder zů Regirn fürgenomen haben* Landesord.1516/1520 17.

[**vier**]**t.** →*vierteln*.

[**vor**]**t. 1** begünstigen.– **1a** begünstigen, mit einem Vorteil bedenken, °OB vereinz.: °*bei da Arwad müssman Bua scho no vartln* „schonen“ Grafing EBE; *damit ... das Abschleifen der Schöf einer vor dem andern nicht gevortheilt, sondern ein Gleichheit gehalten werde* Salzburg 1581 LORI Bergr. 312 (Schiffordnung zu Laufen).– **1b** (ein Pferd) durch Veränderung der Hebelkraft am Ortscheit entlasten, °OB vereinz.: °*a jungs Roß muß ma varddln* „im Zweigespann“ Grafing EBE.– Auch: *fuigln, fiuln* „über benachbarte *Fuidlhokn* [Haken zum Einhängen des Zugseils] am Waagscheid, die unterschiedliche Zugkraft der Tiere ausgleichen“ Spr.Rupertiwinkel 30.– **2** um seinen Vorteil bringen.– **2a** allg., °OB, °NB vereinz.: °*den hab i gvåschdld* „obwohl er der Flinkere war“ Mettenham TS.– **2b** wie →[*ver*]*t*.4c, °OB, °NB,

°OP, °SCH vereinz.: °*heut håni an Sauhandla gscheit gfoartlt* „betrogen“ Ruhstorf GRI.– Auch: *dear voartelt alls* „schlägt überall seinen Nutzen heraus“ Partenkchn GAP.– **2c** (ein Pferd) durch Veränderung der Hebelkraft am Ortscheit stärker belasten, °OB vereinz.: °*heit spanna ma wieder den Junga ei, muaßt aber an Blaß vuitln* Weildf LF.– **3** N., Preisschießen, °OB, °NB vereinz.: °*geh ma in d'Maut zum Vortln* Inzell TS; „Zum Ende der Schießsaison … die Halbjahrespreise vom *Vorteln*“ Hart TS Trostberger Tagbl. 150 (2017) Nr.93,31.– **4**: *fåchtln* „beim Eggen einen Streifen auslassen“ Mittich GRI.

Schmeller I,601 (für-).– WBÖ IV,1411f.

Mehrfachkomp.: [**be-vor**]**t.** **1** wie →[*vor*]*t.*1a: °*der Sepp is bevorteilt wordn* Pfarrkchn.– **2** wie →[*ver*]*t.*4c: °*der bevorteilt sich immer selbst am liebsten* Stamsrd ROD; *nit das ainer … bevortl oder beschwer sein nachtbarn damit* Winhöring AÖ 1594 Grimm Weisth. VI,142.

WBÖ IV,1412.

– †[**ver-vor**]**t.** **1** wie →[*vor*]*t.*1a: *daß die Kinder durch solche Verträg nit zůfast vernachtheilt vnd veruorthailt werden* Landr.1616 217.– **2** wie →[*ver*]*t.*4c: *damit andere glaubiger durch hinderlist … nicht vervorthailt werden* ebd. 386.

WBÖ IV,1412.

– [**über-vor**]**t.** wie →[*ver*]*t.*4c, °OB vielf., °NB, °OP mehrf., °MF, °SCH vereinz.: °*der hot mi beim Kuahkaf übervourtlt* Reichersbeuern TÖL; *übavoala* Naabdemenrth NEW; *So siht man wol/ was sie dort mit ihren überfortlen gewinnen* Selhamer Tuba Rustica I,109.

WBÖ IV,1412f.

[**mit**]**t.** **1** (einen Anteil) geben, schenken: *mittaln* spenden MF; *welln ie von der march aht leg pfenning* [Entgelt für Münzschlagen] *mit teilen hern Hærtweigen* 1316 Rgbg.Urkb. I,176; *den Heilligen martinum zu pferdt, wie er mit dem Schwerdt den mantl zerschneidtet, dem bettler mittheilendt* O'pfreimd NAB 1769 Oberpfalz 94 (2006) 348.– **2** †liefern, jmdm bringen: *ist der Cläger dem Beclagten vmb mitgetheiltes Getraidt selbsten 7 f: … schuldig* StA Mchn Hofmark Amerang Pr.19 (5.3.1771).– **3** sprachlich mitteilen, verkünden: *mitteiln* Passau; *daz wir mit gůtem willen mit tailen wellen, dem Gotzhaus ze Ŭndistorf, diu Chint* Indersdf DAH 1325 OA 24 (1863) 58; *erneuerung der Lanndtafel … daß solche E. Frtl. Drtl. vnnß interessenten … mittaillen wellen* Der Landtag im Herzogthum Baiern vom Jahre 1612, [hg. von J.N.G v. Krenner, München] 1803, 313.

WBÖ IV,1413.

[**be-nach**]**t.** benachteiligen: *Aber i' tua 's net benachteil'n, nit muaß oa's wia 's ander' sei'* Meier Werke I,485 (Natternkrone).

WBÖ IV,1413.

†[**ver-nach**]**t.** **1** dass.: *das er Jme in seinem Haus der Spaltzetl* [durchschnittene Urkunde] *zuwider vernachtlt* 1564 Stadtarch. Rosenhm RO 137, 73.– **2** beschädigen: *damit jm gehilz nichts verwiest oder vernachthaillet werde* Berchtesgaden 1691 Wüst Policey 341f.

WBÖ IV,1413.

†[**über**]**t.** wie →[*ver*]*t.*4c: *Herzog Friedrich … hat sein brueder merklich übertailt* Aventin V,563,26f. (Chron.).

†[**un**]**ge-teilt** **1** wie →[*un-ver*]*teilt* 2: *Wir gheizzen och dem nidern vnd dem obern lande ze Beyrn, daz es … sol vngetailt ewiclich beliben* Deggendf 1341 QE VI,377; *vngeThailt* Schönsleder Prompt. Ii1ʳ.– **2** nicht getrennt (von Personen): *Swo chind sint geswystergeit* [Geschwister], *die ungetailt sind von einander* Obb. Landr.1346 96.

WBÖ IV,1413.

†[**ur**]**t.** **1** wie →*t.*8: *daz ir dem almehtigen gote helfet urteilen über iuwern vater* Berthold v R I,193,36f.; *die haben geurteilt auf die Ede … das der wiltpan auf dem forste eins bischofs von Bamberg sei* Vilseck AM 1410 Grimm Weisth. VI,108.– **2** wie →[*ver*]*t.*5b: *wo er zum tod geurthailt wurde* Lebenau LF 14./15.Jh. ebd. 151.

Schmeller I,601.– WBÖ IV,1414.

Mehrfachkomp.: [**ver-ur**]**t.** **1** wie →[*ver*]*t.*5b: *na … wersd ois Unschuidiga womeglich aa no vaurteilt* Tochtermann Oiß wos Recht is 124; *verurtailt an die laiter (da man die leut fragt und wueg* [foltert]*)* Aventin IV,801,8f. (Chron.).– **2** †wie →[*ver*]-*t.*5d: *etleich læut, di so snel sint mit irr vrtail, daz si ze hant airs vervrtailend* KonradvM BdN 301,9f.

WBÖ IV,1414.

†[**wider**]**t.** jmdm etwas absprechen: *Swelch pruder den andern erslvige dem wider teile wir*

sine crivce Benediktbeuern TÖL 13./14.Jh. Clm 4650,fol.104v.

SCHMELLER I,601; WESTENRIEDER Gloss. 673.

[**zer**]**t. 1** wie →*t.*1, °OB, °NB vereinz.: °*s Fleisch zdoan* Neufraunhfn VIB; *Dees … wa recht füa mi, Mei golda Oda* [Hämorrhoiden] *z'theiln* SCHUEGRAF Wäldler 92; *diuidit zatailit* 8./9.Jh. StSG. I,106,29; *hievor sündt die gueter etwas zertailt vnd erstickhelt worden* Neuötting AÖ 1553 MHStA Kurbayern Cons.Cam. 181,fol.1v.– Phras.: *Ich koa me niat zatoaln* [mehrere Sachen zugleich tun, an versch. Stellen zugleich sein] SINGER Arzbg.Wb. 273.– **2** wie →*t.*2: *a zdoalts Koi* geteiltes Kinn Straubing; *der trach … zetailt den luft mit seinen gar grozzen flůgeln* KONRADvM BdN 296,20-23.– **3** †wohl wie →*t.*5: *Spargit … preitit. ziteilit* Tegernsee MB 10./11. Jh. StSG. II,182,45f.– **4** refl., wie →*t.*9, °NB vereinz.: *d'Woikan ztaönd sö* Aicha PA; *.i. loth/ roosen zůcker procken weiß darein gethan, damit er/ sich nit gleich zerteilt* PICKL Kochb. Veitin 127.

WBÖ IV,1414f.

[**zu**]**t.** wie →[*aus*]*t.*2: *den Bau … es hatn aba a Fremder … zuthoalt kriagt* Mchn ZVVkde 10 (1900) 181.

WBÖ IV,1415.

†[**zwei**]**t.** zweiteilen: *zwoatoaln* „in 2 Teile abteilen" HOHENEICHER Werdenfels 72; *Es sint levt … die … habent ain gezwitailtes antlůtz* KONRADvM BdN 526,27f.

DELLING II,220. A.S.H.

Teiler

M. **1** Ackerfurche, -beet.– **1a** letzte u./od. vorletzte Ackerfurche, °OB, °NB, °OP vereinz.: *da Tola* „vorletzte Furche" Passau.– Auch: °*der Toajer* „tiefer liegende Furche zwischen Hochäckern" Inzell TS.– **1b** Ackerbeet, °OB vereinz.: *Teiler* Ascholding WOR.
2: °*der Teiler* „Pflugmesser" Reit i.W. TS.
3: °*Toala* „jedes Abgeteilte" Hochdf FDB.
4: *Teiler* „Der hundertste Teil eines Millimeters. Man misst die Abweichung vom Zentrum der Schießscheibe; je kleiner der Wert, desto besser der Treffer" S. BAMMER, 300 Jahre Feuerschützen in Lenggries, Lenggries 2004, 151.
5 Divisor: *Der Tailer* SCHMELLER I,600; *zeuch ains von dem andern vnd was da pleibt, das ist der tailer* Rgbg Mitte 15.Jh. Die Practica des Algorismus Ratisbonensis, hg. u. erl. von K. VOGEL, München 1954, 75,19f.
6 †von Menschen.– **6a** jmd, der etwas teilt, verteilt: *Thailer* „diuisor. partitor" SCHÖNSLEDER Prompt. Ii1r.– **6b** Mitinhaber am Gemeindegrund: *das sullen die vier Tailer ausrichten, die der Tailackher pflegent* Friedbg 1404 LORI Lechrain 97.

Etym.: Ahd. *-teilâri*, mhd. *-teilære* stm., Abl. von →*Teil*; WBÖ IV,1416.

SCHMELLER I,600.– WBÖ IV,1415f.

Komp.: [**Dritt**]**t.** dritter Knecht, Eintreiber des dritten Teils, →*Dritt(e)ler*.

[**Sau**]**t.**: „Mit einem riesigen Metzgerbeil, einem so genannten *Sauteiler*" MM 11.2.2004, 7.

[**Ur**]**t., Urt(e)ler** jmd, der ein Gerichtsurteil fällt, ä.Spr., in heutiger Mda. nur in Ortsneckerei: *Dy vrtaylär* 1395 Stadtarch. Rgbg Cam. 3, fol.65r; *EJn jeder Richter/ der nit Beysitzer/ Rechtsprecher/ oder Vrthailer bey jhm hat* Landr.1616 95.– Ortsneckerei: „Gelting [EBE] bei Finsing [ED] … *Urschler = Urteler* … Sie sollen bei der Verurteilung des Finsinger Roßdiebes mitgewirkt haben" BRONNER Schelmenb. 130.

WBÖ IV,1416f.

[**Wasser**]**t.**: *Wossadeila* Lenkruder des Fährmannes Rechtmehring WS. A.S.H.

Teilet(s)

N. **1** †Aufteilung, Zerlegung in Teile: *ist ain taylat … untereinander als das mit marchstainen vmbuangen vnd getzaichent ist* Straubing 1458 JberHVS 10 (1907) 51.
2: °*des is as Doijat* Apfelspältlein Wildenroth FFB.
3: °*das Teilads* „Furche zu beiden Seiten des Ackerbeets" Pöcking STA.
4: °*mei Teilad, Anteilad* „Anteil am Gemeindegrund" ebd.

Komp.: [**Aus**]**t.** ausgeteilte Gaben, °OB, °NB, °OP vereinz.: °*das Austaiads* „Geschenkteller zu Nikolaus, Weihnachten und Ostern" Malching GRI; °*Astolats* „geweihtes Ei, das an Ostern in den Stall gelegt wird" Winklarn OVI.

Mehrfachkomp.: [**Weih-aus**]**t.**: °*Weichausdåiad* „zu Ostern an die Holzhacker ausgeteilte Gaben" Lenggries TÖL.

– [**Kar-sams-tag(s)-aus**]**t.** **1** am Karsamstag ausgeteilte Gaben, °OB, °NB, °OP vereinz.: *Khoasåmstaausdålats* „für die Mägde“ Wollabg WOS.– **2** Austeilen der Gaben am Karsamstag: °*geh ma zun Karsamstagausteilads* „Beschenken der Tauf- und Firmpatenkinder mit Ostereiern“ Taching LF.– **3** Ausstecken der im Osterfeuer angebrannten Holzstücke u. Palmzweige auf den Feldern, °NB, °OP vereinz.: °*Karsamstagsausteilads* Ergolding LA. A.S.H.

teilhaft

Adj., ä.Spr., in heutiger Mda. nur im Komp., Anteil habend, besitzend: *dardurch sy sich tailhaft machtñ. ym lebñ vnd im tod. aller gutat des obgenantñ conuents* Indersdf DAH 1438 WESTENRIEDER Beytr. V,42.

Etym.: Mhd. *teilhaft*, Abl. von → *Teil*.

Komp.: [**vor**]**t., vortelhaft** **1** †günstig, vorteilhaft: *ein besonders forderlhafftes … Leintuech, damit die Mallerey wie ein mit wohl gestukhter* [gestickter] *arbeit Vorscheint* 1740 JAHN Handwerkskunst 166.– **2** eigennützig, °OB, SCH vereinz.: *a Vortlhafta* Penzing LL.– **3** geschickt, erfahren, besonnen, °OB vereinz.: °*dea oawat voateilhaft* Marktl AÖ. A.S.H.

teilhaftig, -häftig

Adj., ä.Spr., in heutiger Mda. nur im Komp., Anteil habend, besitzend: *dâ von mensche und engel sîner freuden teilheftege werdent* BERTHOLDvR II,174,23f.; *Mach vns … Thailhafftig der ewigen Ehr* Gesangb. 42.

Etym.: Mhd. *teilhaftic, -heftig*, Abl. von → *Teil*; PFEIFER Et.Wb. 1422.

WBÖ IV,1417.

Komp.: [**vor**]**t., vortelhaftig** **1** †günstig, vorteilhaft: *hat er einen guten fortlhafftigen Kauff gethan* B. KYBLER, Wunder-Spiegl Od. Göttliche Wunderwerck, Tl 2, München 1682, 423.– **2** eigennützig, °OB, NB vereinz.: *voadlhaftig* U'höft EG; *foatlhefti* MOSER Staudengeb. 32; *wardurch niemand fortlhafftig*/ *vnnd vnrechtmässiger Weiß zu kurtz geschehen solle* V. GUGGENBERGER, Ayd-Buech, München 1699, 315.

WBÖ IV,1417. A.S.H.

teilig

Adj., ä.Spr., in heutiger Mda. nur in Komp., wohl teilhabend, beteiligt: *daß jedes Dorf seinen Hauptmann hab, und die daraus zu nehmen, die darzu teilig sein* Bärnstein GRA 1550 OA 55 (1910) 19.

Etym.: Ahd. *-teilîg*, mhd. *teilec*, Abl. von → *Teil*; WBÖ IV,1417.

WBÖ IV,1417.

Komp.: [**vor**]**t.** **1** eigennützig: *a Foarteiliga* Kochel TÖL; *foartaili* „auf Vorteil bedacht“ nach SCHWEIZER Dießner Wb. 51; *etliche Bawrn*/ *dieso gar aigennützig*/ *vngehorsam*/ *vnd vorthailig sein* Landr.1616 734.– **2**: *do iſt mar no it* [nicht] *so foartaili gweſt* „geschickt, umsichtig“ nach SCHWEIZER ebd.

SCHMELLER I,599f.– WBÖ IV,1418.

†[**nach**]**t.** nachteilig, abträglich: *das man an disem hof ein schedlich nachthailliges kauf getroffen habe* FRIED-HAUSHOFER Dießen 43.

WBÖ IV,1418.

[**zwei**]**t.** zweiteilig, NB vereinz.: *a Joppm mit an zwoatoaänga Bukl* „Rückenteil“ Pfarrkchn.

WBÖ IV,1418. A.S.H.

-teilisch

Adj., nur im Komp.: [**vor**]**t.,** [**für**]**-** eigennützig, OB, OP vereinz.: *a vortoalischa Mensch* Kreuth MB; *viadalisch sa* „seinen Vorteil suchen“ KONRAD nördl.Opf. 44; „Ein *vârtâlischə‘* Mensch, der seinen Vortheil versteht und wahrnimmt“ Bay.Wald SCHMELLER I,600.– Mhd. *-teilisch*, Abl. von → *Teil*; WBÖ IV,1419.

SCHMELLER I,600.– WBÖ IV,1419. A.S.H.

†-teillich

Adj., nur in Komp.: [**vor**]**t.** eigennützig: *die all haben … anndern iren anstossenden nachbern zu beschwer, vorthaillicher weis in die hänn geschlagen* Vilsbiburg 1598 HELM Obrigkeit 123.– Mhd. *teillîch*, Abl. von → *Teil*; WBÖ IV,1419.

WBÖ IV,1419.

†[**un**]**t.** unteilbar, untrennbar: *Indiuidus vntailich* Indersdf DAH 1419 Voc.ex quo 1303

A.S.H.

teils

Adv. **1** teils: *tāls* BERTHOLD Fürther Wb. 229; *mit den … Kindstäuffen … ein grosse vngleichheit*/ *vngewißheit*/ *vnd thails auch vnordnung*

gewesen Landr.1616 575.– Phras. *t. … t. …* je zu einem Teil: *de zwoa … regiern … teils Ober- und teils Niederbayern* F. Freisleder, Bayer. Gschicht im Gedicht, Rosenheim ^{3}2010, 23; *daß viele theils fremde, theils hiesige personnen an sonn- und feyrtägen in der fruhe schon in den breu- und wirthshäusern zächen* Frsg 1790 Wüst Policey 114.
2 †in attr. Verwendung, einige, manche, auch in der Phras. *ein t.*: *e˜ Taəls Wörtə' waəs I nét … en ən Taəls Ortə'n is kaə˜ Schnê* Bay.Wald Schmeller I,599; *auch an thails orthen noch dergleichen ordnung nit seyn* 1658 Wüst ebd. 749 (Landsordnung Oberpfalz).

Schmeller I,599.– WBÖ IV,1388.

Komp.: [**eines**]**t.** **1** zwar, zur Einleitung einer Feststellung, der eine Einschränkung folgt: *da wą̄s əinſtoils in ara šdǭd schõ beſa, ǭba trotſteam a landluf blaipt hǫlt a lǫndluft* Kothigenbibersbach WUN nach David Nordbair.Dial. 20; *Das im ains tails misshagte, yedoch zoch er nach* Füetrer Trojanerkrieg 37,53.– Auch zur Hervorhebung einer Gliederung in der Verbindung mit [*anderen*]*t.*: *Wo sich … zwischen vnsern Mautnern/ Zollnern/ ains: auch den Landsessen oder Vnderthanen/ andern thails/ jrrung zutragen wurden* Landr.1616 595.– **2** †in attr. Verwendung, wie →*t.*2: *Wo aber des widerthayls* [Gegners] *einngelegte fragstück, alle oder ainstails nach erkanndtnuss des richters überflüssig … wern* Passau 1536 Wüst Policey 291 (Gerichtsordnung).

WBÖ V,1391.

[**mehristen**]**t.**, †[**mehr**(**er**)]**-**, [**mehre**(**r**)**s**]**-** größtenteils, meist: *measchdndeiis* Beilngries; *Siben Panzen mit wein … seind merer thails naigen* [fast leer] Mchn 1581 MJbBK 16 (1965) 141 (Inv.); *weilen der gantze Innhalt dises Büchleins mehristen Theils in Erzehlung … bestehet* Gnadenbaum 13.

WBÖ IV,1399.

[**meisten**]**t.**, †[**meist**(**es**)]**-** dass.: *Die Maich haout meistntals Fernsehn gschaut, und ich ho viel glesn* Schemm Die allerneistn Deas-Gsch. 55; *Dises Jar hatt … d' Reiff vnd schaur schir Maisteß thails … dz liebseelige thraitt alleß in grund verdörbt* 1626 Haidenbucher Geschichtb. 54.

WBÖ IV,1398. A.S.H.

teilsam
Adj. **1** teilbar, °OB, °NB, °OP vereinz.: *der Imp hats teilsam* „sagt man, wenn man die Honigernte mit den Nachbarsleuten teilt" M'rdf GRI; *ə˜ taəlsams Fleisch* „woraus viele Theile gemacht werden können" Schmeller I,599.
2 bereit, sich zu teilen, °OB, °NB, °SCH vereinz.: °*der Imp is teilsam* „die Jungbienen werden bald schwärmen" Passau.

Etym.: Mhd. *teilsam*, Abl. von →*Teil*; WBÖ IV,1420.

Schmeller I,599.– WBÖ IV,1419f. A.S.H.

Teilung
F. **1** Aufteilung, Zerlegung in Teile, °OB, °NB, °OP, °OF vereinz.: °*des gäiht af Daling* Thiershm WUN; *Der brif sagt di tailung der Vest Stet und märkht läwt und gut zwischen Hertzog Steffan und Hertzog Albrecht in ir paider Lannden* Rgbg 1353 Oberpfalz 94 (2006) 72.– †Auch Erbteilung: *haben wir denen vom Adel … bewilligt … daß sie auff solchen jhren Gütern … Theilung vnd Verträg zwischen den Erben zu machen … haben sollen* Landr.1616 421.
2 gemeinsamer Grund, Parzelle.– **2a** gemeinsamer Grund, Gemeindegrund, °OB, °OP, OF vereinz.: *Talöng* „Grundstück, das mehrere gemeinsam besitzen" Lauterbach REH.– **2b** Parzelle, Teilgrundstück: °*Teilung* „Teilflächen, die der Mitbesitzer zur eigenen Bewirtschaftung zugeteilt bekommt" Fischbachau MB.
3 Stelle, an der sich ein Wasserlauf teilt: *wej s'zu der Toilung kemmant, da hammant se im Bo(ch) drinna zwoa Kej … gstoußn af der Toilung* KÖZ BJV 1953,34.
4 †wohl Füllung der Schranktür: „Als Meisterstück mußte er einen Kasten mit *Theilungen* und fournitirte herstellen" Lentner Bavaria Almen 114.
5 †Einteilung, Aufteilung einer Gruppe: *Die hernach geschrieben sendt bey der taylung der Helm* [Ritter] *gewesen* Rgbg 1487 Freyberg Slg III,82.– †Phras. *der Zwölfboten T.* Tag der Aussendung der Apostel, 15. Juli: *Geben am Freytag nach der zwelfboten taylung* Rgbg 1514 VHO 16 (1855) 215.

Etym.: Ahd. *teilunga*, mhd. *teilunge* stf., Abl. von →*Teil*; Pfeifer Et.Wb. 1422.

WBÖ IV,1420f.

Komp.: [**Ab**]**t.** **1** abgeteilte Stelle, abgeteilter Raum, OB, NB vereinz.: *Abdeilung* einzelnes Abteil in der Getreidetruhe Aspertsham MÜ.– **2** Teilstück, Teilbereich: *die Abteilung* „Abschnitt“ Passau; *abthailung* „distribute, partite“ SCHÖNSLEDER Prompt. Ii1r.– **3** Abteilung im Wald, Forstrevier, OB, SCH vereinz.: *Åbteilunga* „im Forst“ Kochel TÖL.– **4**: *die Abteilung* „Truppenteil“ Passau.– **5** †wohl Abteilen, Voneinander-Trennen: *durch abthailung* SCHÖNSLEDER ebd.

WBÖ IV,1421f.

Mehrfachkomp.: [**Wald-ab**]**t.** wie →[*Ab*]*t.*3, OB, OP, OF vereinz.: *Woldotaling* Arzbg WUN.

†[**Aus**]**t.** **1** Zuteilung, Zuweisung: *ein reformation der geistlichen, außtailung der pistomb, so durch S. Bonifacium … beschehen ist* AVENTIN I,120,17-20 (Bayr.Chron.).– **2** wie →*T.*5: *der Tag der Austeilung der heiligen Zwölfboten* [15. Juli] Frsg 1560 ZILS Handwerk 68.

WBÖ IV,1422.

†[**Ver-vor**]**t.** Übervorteilung, Betrug: *WAnn ein Verkauffer … nicht den halben thail deß Gelts … Oder … der Kauffer … nit halbes Guet … bekommen hette … so … ist es in beeden fällen ein vervorthailung* Landr.1616 234.

WBÖ IV,1422.

[**Ge-meindes**]**t.**: °*Gmoandsteilung* „Aufteilung der gemeinsamen Fläche bei der Flurbereinigung“ Ried FDB.

[**Mit**]**t.** **1** Mitteilung, Nachricht: *Miteilung* Kochel TÖL; „Communicatio, *mitthailung*“ SCHÖNSLEDER Prompt. Ii1r.– **2** †wohl Teilhabe: *Unser taglich prott gib uns heut … zü prüderlieher mittaylung* Polling WM 2.H.15.Jh. ZDA 44 (1900) 190.

WBÖ IV,1423.

[**Ver-ur**]**t.** richterliche Verurteilung, Bestrafung: °*Verurteilung* „Strafe durch Erhängen, Faschingsbrauch“ Siegsdf TS; *acht Monad hob i mir noch da letztn Vaurteilung übahaupts nix mehr zschuidn kumma lassn* TOCHTERMANN Oiß wos Recht is 39; *Wie sich die Richter in verurtaillung der schedlichen leüt hallten söllen* Reformacion der bay̆rischn̄ Lanndrecht, [München] 1518, fol.71v. A.S.H.

†-teilze

N., nur in: [**Ge**]**t.** Wahl, Entscheidung: *Haben mein herrn vom rate dem vettern Hansen Plechsmid … ein getailz geben, er laß sein weib 4 wochen in seinem haws … sließen oder er laß ein rutten gemawers an dem twinger mawren* Ambg 1435 VHO 74 (1924) 44.

Etym.: Mhd. *geteilze* stn., erweitertes subst. Part. Prät. von →*teilen*; Mhd.Wb. II,629. Od. Abl. von →*teilen* mit Suff. mhd. *-eze*; DWB IV,1,2,4378.

WBÖ IV,1407. A.S.H.

dein

I Poss.pron., dein, von dir stammend, dir gehörend od. zugehörig.– **1** attr., °Gesamtgeb. vereinz.: °*is des dei Heisl?* Wasserburg; *ge mit dan Gsoadarat* [Geschwätz]*!* Mittich GRI; *gęsd wida daine šena šwoadsn dsopfai drā̊* nach KUFNER Freutsmoos 133; *Gê Jack·l … gi mə‘ dei˜ Gaəs z· káffə˜* OB SCHMELLER Mda. 497; *dinan uuilleon za gauurchanne* 8./9.Jh. SKD 16,13f. (Wessobrunner Gebet); *Dînen rât ich finde gerecht an allen sachen* HADAMARvL 64,257; *dei ganz Heyrathgut Gang in an Fingerhut* STURM Lieder 71.– Mit best. Art., in heutiger Mda. nur zur Hervorhebung: °*dem dain Vatta* Tanzfleck SUL; *wia fangsch … du des oh, daß des dei Viech gar a so foascht werd .. des mei Viech bleibt alleweil sper!* SCHOLL Dachauer Gesch. 30; *gedench der deinen friunt!* KONRADvM BdN 368,27.– **2** subst. in Fügung mit best. Art. *der / die / das D.e*: °*s dei* Langdf REG; *du låsp mi jetſ ęasd hǫamfōn un fōsd danā du s dẽi hoam* nach HINDERLING Zinzenzell 278, 53f.; *dees is des dei, und dees ander is des mei* KOBELL Werke 136 (Brandner Kaspar).– Auch *der / die D.e* dein Ehemann / deine Ehefrau: *und dö Dei?* O’ammergau GAP; *Von dem dein’ glaabst d’na so was do it?* THOMA Werke VI,377 (Wittiber).– *Die D.en* deine Angehörigen: *Håst scho gred mid de Deyna?* ENDE Goggolori 29.

II Pers.pron., in heutiger Mda. erstarrten Gen. von →*du* nur als Obj. zu →[*ge*]*hören*, °OB, NB vereinz.: °*nach kert s Schachtala dei* O’ammergau GAP; *dés gheat jà deiñ, net meiñ!* FEDERHOLZNER Wb.ndb.Mda. 53; *Ich thu es um dein selbst willen* DELLING I,119.– †Phras.: *Wos nit dein is laß lign!* „Lasse fremdes Gut unberührt“ ZAUPSER 92.

Etym.: Ahd., mhd. *dîn*, urspr. Gen. von →*du*; KLUGE-SEEBOLD 186.

Ltg, Formen: *dãi*, *dȩ̃i*, auch *dai*, *dẹi*, ferner *dą̃* u.ä. nördl.OP (dazu BOG, GRI, KÖZ, REG, VIT; WUN), *dȩ̃* (KÖZ; NEN), *dē* (IN).– Flekt. *-n*(-), Akk./Dat. Sg.M., Dat.Sg.N. auch mit Kurzvok. *dạn* (KÖZ, CHA, NEW, OVI, SUL).

DELLING I,119.– WBÖ IV,1423-1430.

Abl.: *deiner*, *deinig* A.R.R.

deiner
Pers.pron., in heutiger Mda. erstarrter Gen. von →*du*. **1** nach Präp., °OB, °NB vereinz.: °*wega deina håwi zruggschdeh miaßn* Ebersbg; °*i bin scho vor deina dagwesn* Winklsaß MAL; *'s goht [!] koans vo ins mit deina durchs Dorf* Chiemgau HuV 9 (1931) 358; *neben deiner steht a Wiag'n* Stieler Ged. 99.
2 als Obj. zu →[*ge*]*hören*: *i g'her deiner, und du g'hörst mei* Rattenbg BOG Huber-Simbeck Ndb.Liederb. 27.

Etym.: Spätmhd. *dîner*, Gen. zu →*du*; [24]Paul Mhd. Gramm. 219.

WBÖ V,819. A.R.R.

Deingsel →*Deichsel*[1].

deinig
Adj., dein, deinig, von dir stammend, dir gehörend od. zugehörig: *Da gäbs do wirkli no andere aa, die für a deinigs Dirndl passetn* Christ Werke 814 (Bauern); *mir miassn's nachat glei fir deiningne Kindnan af d' Sporkass' trogn* Chiemgau HuV 9 (1931) 359.– Auch *der / die D.e* dein Ehemann / deine Ehefrau: °*kocht de Deinische goud!* Windischeschenbach NEW; *Er wird schon wieder, der Deinige* Queri Von kl.Leuten 162.

WBÖ IV,1432f. A.R.R.

Deinz, Deinzi, -el
M. **1** –: *Teinzel* „Kuß" WUN Schmeller I,612.
2 Kater: °*a Deinz* Weiden; *Dointz* nördl.OP VHO 28 (1872) 243 (F.X. v.Schönwerth).– Auch °*Deinsl* „jede, besonders junge Katze" Nagel WUN.
3 kindersprl., in heutiger Mda. nur in Phras.: *teinzel* „Schmeichelwort gegen Kinder" WUN Schmeller ebd.– Phras. *D. tun / machen* schlafen, °OF vereinz.: °*du toust öitzat a weng deinse* Arzbg WUN;– auch in Wiederholung: °*mach Deins, Deins!* Nagel WUN.

Schmeller I,612.– WBÖ IV,1433 (Deinzellein). A.S.H.

Deinze, Gabeldeichsel, →*Änze*[1].

deinzeln
Vb., schlafen, kindersprl.: °*tou nea schäi deinsalan* Brand WUN; *deinzl'n* Braun Gr.Wb. 90.

A.S.H.

deinzen
Vb., schlafen, v.a. kindersprl., °OF vielf., °OB, °NB, °OP vereinz.: °*ao bißl deinsn moußt halt erscht, nau orwats scho wieda* Schnaittenbach AM; *dainzn* „sich schlafen legen in der Kindersprache" Singer Arzbg.Wb. 49.

Etym.: Wohl onomat.; WBÖ IV,1433 (-deinzel(le)n).

Abl.: *Deinz, deinzeln.*

Komp.: [**ein**]**d.**: °*da Bua deist scho ei* „schläft ein" Tölz.

[**einhin**]**d.**: °*göi deinz ma eini* „gehen wir ins Bett" Speinshart ESB. A.S.H.

†Deisam, Desem
M., Sauerteig: *Fermentum theisemo* Aldersbach VOF 12.Jh. StSG. III,153,53; *Ein yetlich brot, das im wasser gesotenn ist vnd nit tesem hat, das macht den stein vnd we in dem leib* Landshut 1.H.15.Jh. ObG 5 (1961) 359.

Etym.: Ahd. *deismo* swm., mhd. *deisme* st/swm., germ. Bildung idg. Herkunft; Et.Wb.Ahd. II,569-572.

Schmeller I,546.

Abl.: *deisamen.* A.S.H.

†deisamen, desmen
Vb., säuern, mit Sauerteig versetzen: *das prot … das … soll sein schon vnd wolgepackenn vnd etwas gesalczen vnd wol gedeßmet* Landshut 1.H.15.Jh. ObG 5 (1961) 359.

Etym.: Ahd., mhd. *deismen*, Abl. von →*Deisam* 'Sauerteig'; Ahd.Wb. II,363. A.S.H.

Deisch, -e(n)
M., F. **1** Kuhfladen: *Doaschn* Eisenärzt TS; *Wan ein vich blut in deusch hat* Höfler Sindelsdf. Hausmittelb. 44.
2 †Kot, Mist, Dünger: *uel … stercus edo daisc* 8./9.Jh. StSG. I,66,29; *Fimus. letamen deisc* Aldersbach VOF 12.Jh. ebd. III,238,12.
3 †wohl Misthaufen: *So gehört ein hewstadl zu dem haus, und ein teisch* Auerbach ESB F. Schnelbögl, Das „Böhm. Salbüchlein" Kaiser Karls IV. über die nördl. Oberpfalz 1366/1368, München 1973, 79.

Etym.: Ahd. *deisc*, mhd. *deisch* stm./(n.?), zur selben idg. Wz. wie →*Deisam*; Et.Wb.Ahd. II,568f.

WBÖ IV,1434f.

Abl.: *deischen, Deischer, Deischerling, deischicht.*

Komp.: [**Kuh**]**d.** wie → *D.*1, °OB (v.a. TS) mehrf.: °*der Kuahdoaschn* Inzell TS; *Kuahdoaschn* „Kot der Kühe" Sojer Ruhpoldinger Mda. 26.
WBÖ IV,1435. A.S.H.

deischen
Vb.: *doaschn* sich entleeren (vom Rind) Staudach (Achental) TS.
WBÖ IV,1435f.

Komp.: [**aushin**]**d.** wohl hinaustreten, ausschlagen (vom Pferd): *Da Fuchs is aft außi doascht Über d'Stangan* Bergmaier Ruhpolding 262.

[**da-her**]**d.**: °*doascht der daher* „geht schleppend" Reit i.W. TS. A.S.H.

Deischer
M., Kuhfladen: °*a Doascher* Lenggries TÖL.

Komp.: [**Kuh**]**d.,** [**Kühe**]- dass., °OB (TÖL) vielf.: °*da Bauer tappt in an woachn Küahdoascha* Arzbach TÖL. A.S.H.

Deischerling
M.: °*Doascherling* Kuhfladen Inzell TS. A.S.H.

deischicht
Adj.: °*der geht doaschat* „schwerfällig, schleppend" Hirnsbg RO.
WBÖ IV,1435. A.S.H.

deißen, schlafen, → *deinzen.*

Deis(t)el → *Deichsel*[1].

deisteln, (Fässer) dicht machen, → *dechteln*[1].

teistig, feucht, → *täustig.*

Teitel
(Genus?): °*Deitl* Kinderschnuller, -sauger Winklsaß MAL.
Etym.: Spielform von → *Tettel* od. → *Tuttel* 'dass.'?
A.S.H.

Deixel → *Teufel.*

Dekan
M. **1** Dechant, OB, MF mehrf., NB, OP, SCH vereinz.: *der Dekan* „von den Pfarrern aus ihrer Mitte gewählt" Haag WS; *Defensorem vogt.* [*voget*] *ł tegan* Tegernsee MB 11.Jh. StSG. II,250,60; *so sol man ez an die æhte bringen … an den Tegan* Augsburg 1296 Corp.Urk. III,[illegible]13, 33f.
2 Superintendent, OP vereinz.: „bei den Katholiken *Dechant*, bei den Protestanten *Dekan*" Neukchn NEW.
3 †militärischer Unterführer: *Optio degan* Tegernsee MB 10./11.Jh. StSG. II,258,16.
4 in Phras.: °*da graue Dekan* „etwa 10 cm große Birnensorte mit graugrüner Schale" Taching LF.
Etym.: Ahd. *degan*, mhd. *tëgan* stm., aus lat. *decanus*; Kluge-Seebold 187.
WBÖ IV,1437f.

Abl.: *Dekanei.* E.F.

Dekanei
F., Amtsbereich eines Dechanten: *die Dekanei* „Zusammenschluß mehrerer Pfarreien" Haag WS; „den schändlichen Zwist des Bischofs mit dem Herzog Sigismund wegen der *Dekanei* zu St. Peter" Hübner Mchn II,255. E.F.

Deklamierer
M., scherzh. Mund: *Deglamira* Michelfd ESB.
Etym.: Abl. von schriftsprl. *deklamieren*; WBÖ IV,1439.
WBÖ IV,1439. E.F.

Dekor
N., Porzellandekor, fachsprl.: °*des Dåflgschier haout a schöins Dekoa* Neuhs NEW; *da gibs di digúan … de hǫm ǫlsm blǫus a numa* nach Kothigenbibersbach WUN David Nordbair. Dial. 23.
Etym.: Aus frz. *décor*; Pfeifer Et.Wb. 211. E.F.

Délacke, -atte → *Delke.*

délackicht
Adj.: °*dälaket* angestoßen, angefault (vom Obst) Atzmannsricht AM.
Etym.: Abl. von → *Delke.* E.F.

Telefon
N., M., Telefonapparat, OB, NB, °OP, SCH vereinz.: *da Delifon leit* Möslbg WEG; *waoun döi doch an Tölephon dahoim ghat hom* SCHEMM Internist 78.

Etym.: Kunstwort aus gr. *tēle* 'fern, weit' u. *phōnē* 'Laut, Ton'; Fremdwb. V,126.

WBÖ IV,1441.

Abl.: *telefonieren.* E.F.

telefonieren
Vb. **1** am Telefon mit jmdm sprechen, Gesamtgeb. vereinz.: *delefonirn* Derching FDB; *ös sollt's telefonieren, daß da Dokta zu eahm kimmt, bal er daheim is* THOMA Werke VII,272 (Jagerloisl).
2 antelefonieren, OB, NB, SCH vereinz.: *oam delefonirn* Staudach (Achental) TS; *ös sollt's glei an Dokta telefaniern* THOMA ebd.
3 übertr.: °*telefonian* „wenn man sich am Musikantenknochen stößt" N'nkchn EG.

WBÖ IV,1442.

Komp.: [**an**]**t.** wie →*t.*2, OB, OP, SCH vereinz.: *oan edellefanian* Floß NEW; *Den telefonierst jetzt an und schimpfst ihn recht zam* K. VALENTIN, Die Jugendstreiche des Knaben Karl, München 2007, 89.

WBÖ IV,1442.

[**aushin**]**t.** hinaustelefonieren, übertr.: °*außetelefoniern* „ausschlagen (vom Pferd)" Grafing EBE. E.F.

Telegraf
M., Telegraf, Gesamtgeb. vereinz.: *Delögraf* Aicha PA; *delögråf* nach SCHIESSL Eichendf I,23.

Etym.: Aus frz. *télegraph*; KLUGE-SEEBOLD 912.

WBÖ IV,1442f.

Abl.: *telegrafieren, Telegrafist.* E.F.

telegrafieren
Vb., telegrafieren, Gesamtgeb. vereinz.: *delegråfirn* Derching FDB; „sie erzählte dem Bruder, daß sie ihm *telegraphiert* hätten" THOMA Werke IV,168.– Übertr.: *mid dö Aung dölögrafian* „mit den Augen sprechen" Beilngries.

WBÖ IV,1443. E.F.

Telegrafist
M., Telegrafist, OB, NB, SCH vereinz.: *der Telegrafist, die Telegrafistin* Mchn.

WBÖ IV,1443. E.F.

Telegramm
N., M., Telegramm, Gesamtgeb. vereinz.: *Deligram* Naabdemenrth NEW; *Und wenn dös Telegramm wirkli z'spät kommt* THOMA Werke IV,164.

Etym.: Aus engl. *telegram*; PFEIFER Et.Wb. 1423.

WBÖ IV,1443. E.F.

telern, einen Abhang hinuntergleiten lassen, →*talern.*

delfern, undeutlich sprechen, →*dalfern.*

delikat
Adj. **1** wohlschmeckend, köstlich, OB vereinz.: *a delikats Fleisch* Rimsting RO; *das* [Bier] *wär delicat hätt's vor'm Wasser ein Ruh* C.TH. MÜLLER, Die Jacobi-Dult zu München, München um 1830, 23.
2 heikel, empfindlich.– **2a**: *delakat* beim Essen wählerisch Königsdf WOR.– **2b** empfindlich, leicht reizbar, °OB vereinz.: *a delikata Knochn* „einer, der verstimmt weggeht" Mchn; *delikat* GOODWIN Ugs. 103.

Etym.: Aus frz. *délicat*; KLUGE-SEEBOLD 188.

WBÖ IV,1445. E.F.

Delke, Délacke, -tt-
F. **1** Delle, Beule, eingedrückte Stelle, °OP (v.a. SO) vielf., °OB, °NB, MF vereinz.: *Delkn* „Druckfleck am Obst" Sulzbach-Rosenbg; *Dölgng* Pommelsbrunn HEB; *Döllack'n* „Beule ... im Blech" BRAUN Gr.Wb. 96.
2: *Dellgn* Höhlen, Gruben an den Schläfen Burglengenfd.

Etym.: Weiterbildung von →*Delle* in Anlehnung an →*Dulke.*

Ltg: *delkŋ, deikŋ* u.ä. OP (dazu HEB), *deiŋ* (BOG), *deltn* u.ä. (DGF; PAR), ferner *delạkŋ* u.ä. Gesamtgeb., *delạka* (OVI), *delạtn* (ROD).

Abl.: *délackicht.* E.F.

delken, ungeschickt sein, undeutlich sprechen, →*dalken.*

delkicht →*dalkicht.*

†Telkorner, Olkerner
M., wohl Brauchtumsgestalt, die in der Weihnachtszeit singend von Haus zu Haus zieht u.

Gaben erhält: *Alle telchornår schůln verpoten sin wan* [außer] *di pechen und di von sand Heimeram* nach 1320 Rgbg.Urkb. I,725; *zwaien Olkhernern so alhie haben ansinngen welln 14 dl.* Burghsn AÖ 1516 BJV 1955,159.

Etym.: Herkunft unklar; vgl. WBÖ IV,1448f. Anders Hanika in: BJV 1957,156.

Rosenfeld in: PBB (W) 80 (1958) 466-488.– Schmeller I,602; Westenrieder Gloss. 579.– WBÖ IV,1447f. E.F.

Dell, †Delm

M. **1** Wasserdampf, Nebel, °OB, °NB, °OP vereinz.: °*im Waschhaus is a Döi* Rottau TS; „*Dej* ... Warnung an eine Kurgastfrau ... *Passen's auf, daß sie sich nicht am Tell verbrennan!*" Rasp Bdgn.Mda. 42.
2 dumpfe Zimmerluft, Gestank, °OB, °NB vereinz.: °*da herin hats an Dell* „wenn die Milch überläuft" Breitenbg WEG; *Dej* „schlechte Luft, Mief" Spr.Rupertiwinkel 20.
3 †: *Dǫlm* „Betäubung" Schmeller I,505.

Etym.: Wohl zur selben idg. Wz. wie →*Qualm*; vgl. WBÖ IV,1449f.

Schmeller I,499,505.– WBÖ IV,1449-1452,1458.

Abl.: *dellen, Deller, dellig*[1].

Komp.: [**Pulver**]**d.** Pulverdampf, °OB, °NB vereinz.: °*nach dem Stocksprengen låß zerscht den Pulverdell vogeh* Taching LF. E.F.

tell, -telle

Adj., fähig, imstande, °OB vereinz.: °*dea is ned amoi so dai, daasa si seine Schuach sejm bindd* Litzldf AÖ.

Etym.: Mhd. *getëlle* 'hübsch, artig', unklarer Herkunft; WBÖ IV,1453.

Komp.: [**un**]**t. 1** ausgelassen, ungezogen, °OB vereinz.: °*heits deat* [seid doch] *net gui so udej, Kina, vosteh jo mei eigns Woacht nimmer!* Weildf LF; *udeiå* „lustig, frech" Sojer Ruhpoldinger Mda. 39.– **2** rüde, unfreundlich, °OB vereinz.: °*des is a udöier Teifi* „rechter Rüppel" Rottau TS; „Ein unguter, rastloser ... Mensch ist *a ūdǫ̈ia khęal*" Brünner Samerbg 166.– **3** plump, schwerfällig, °OB vereinz.: °*a gans a udeja Kund* „ungeschlachtes Mannsbild" Taching LF; *ū̆dęi* „ungeschickt" [4]Zehetner Bair.Dt. 358.– **4** klobig, unhandlich, °OB vereinz.: °*da Schlüssl von der Kirchentür is a so udäi groß, daß er di in da Manteltaschn a no scheniert* Brannenburg RO; *ū̆dęi* „sperrig" Zehetner ebd.– **5** unangenehm, unerfreulich, °OB vereinz.: °*udej* „stürmisches Wetter" Reit i.W. TS.

Schmeller I,500.– WBÖ IV,1452f. E.F.

Delle

F. **1** Vertiefung im Gelände, Erdboden.– **1a** Talsenke, Schlucht, °OB, °NB, °OP vereinz.: °*do schau, aus der Dejn steigt a Rauch auf!* Hohenpeißenbg SOG; *Má~ Haus stêt e~ dә' Dǫln unt 's dei~ áf dә' Hêhh* Bay.Wald Schmeller I,501.– **1b** (feuchte) Mulde, Unebenheit, °OB, °NB, °OP vereinz.: *Kathl, wennst dö Döihn ausgricht* [eingeebnet) *hast, gehst* Traunstein; *dein* Kollmer II,85.
2 Delle, Beule, eingedrückte Stelle, °östl. NB, °MF mehrf., °Restgeb. vereinz.: °*de Birn hot a Delln* „sie ist faul" Taching LF; °*dös Milkandal hat a Dejlln* Landau; °*Delln* „am Kopf, wenn man sich anstößt" Weiden; „Aus Eiern, *die in der Mitt' 's Döllerl haben*, werden Hennen" Siebzehnriebl Grenzwaldheimat 297.
3 Einbuchtung an Schläfe od. Wange, NB, MF vereinz.: *dea håt Dejna ön Ksicht* „eingefallene Wangen" O'kreuzbg GRA.

Etym.: Mhd. *telle* sw/stf., germ. Abl. von →*Tal*; Kluge-Seebold 188.

Hässlein Nürnbg.Id. 56; Schmeller I,498.– WBÖ IV,1453.

Abl.: *-dellen, -dellern, dellig*[2].

Komp.: [**Acker**]**d.** feuchte Mulde im Acker: °*Akkerdelln* „dort bleibt das Wasser stehen" Haidenbach VOF.

[**Naß**]**d.** feuchte Mulde in Acker od. Wiese, NB vereinz.: *Naßdöin* Außerrötzing DEG.

[**Raun**]**d.** Doline: „Das Volk nennt diese meist baum- und buschbewachsenen Trichter *Raundelln* oder auch *Raunlöcher*" NM, PAR: Oberpfalz 63 (1975) 208.– Als Fln. PAR.– Bestimmungsw. wohl zu →*raunen*; Bayer. Flurnamenb., Bd 7 (Marktgemeinde Lupburg), Augsburg 2005, 98. E.F.

-delle

wohl F., nur im Komp.: [**Har**]**d.**, [**Hor**]**-**, **Horelle** Bachstelze, in heutiger Mda. nur Dim., °OB vereinz.: °*Huitaiei* Steinhögl BGD; *Hooröia* Ramsau BGD Bergheimat 10 (1930) 40; *Hurtthálé* M'nwd GAP Schmeller I,1170.– Bestimmungsw. laut Freitag in: ZMF 13 (1937) 167f. zu mhd. *hor* stn. 'kotiger Boden', Grundw. laut

WBÖ IV,1454 zu österr. *dällen* 'gehen, laufen'.– Ltg: *horélai* (TS), *harélai* (RO), *horéial* (BGD), *hu–áiai* (BGD).

SCHMELLER I,1170, II,88.– WBÖ IV,1453f.

dellen

Vb. **1** Dampf, Rauch entwickeln, °OB vereinz.: °*der is 1870 im Pulverdampf gstandn, Bua då hot's da dejt* Inzell TS; *dejn* „dampfen" SOJER Ruhpoldinger Mda. 10.

2 dumpfe Luft, üblen Geruch verströmen, °OB, °NB, °MF vereinz.: °*der dejlt* „riecht übel" Kelhm.– Phras.: *wer meld, der delt* „wer andere beschuldigt, gefurzt zu haben, hat es selber getan" Ruhpolding TS.

SCHMELLER I,499.– WBÖ IV,1454-1456. E.F.

-dellen

Vb., nur in Komp.: [**ein**]**d.**: °*des hast wieder ganz eidejet* „eingedrückt" Teisendf LF.

[**ver**]**d. 1** verderben, schadhaft machen: °*vodejn* „verderben" Langdf REG; *dēs hǭda vadeid* nach KOLLMER II,105.– **2**: °*vodejn* „schlecht machen, schlecht reden" Langdf REG. E.F.

Deller

F.: °*in der Dejer* „Dämmerung" Steinhart WS. E.F.

Teller, -ä-

N., M. **1** Speiseteller, runde Platte, °Gesamtgeb. vielf.: °*håda scho wieda a Deja zåmmgschlång da Vådda* Ebersbg; °*dou zeascht amal die döiftn Daaln aassa, daaß ma d'Suppm aassadou kina* Windischeschenbach NEW; *De hejzan Tejer, de han zen Herschnädn fir d' Knedln gwen* KÖZ BJV 1952,32; *Discus … eyn talir* Indersdf DAH 1419 Voc.ex quo 801; *Allerlai silbergeschierr als schissln, täler … leichter etc.* Lichtenbg LL 1603 SbMchn 1910,5.Abhandlung,10 (Inv.).– Phras.: *Ohren / Hände wie T.* u.ä. große Ohren / Hände, °OB, NB vereinz.: *Pratzn wia Teia* Oraudf RO;– *ea håd a Blega wia-r-a Dålla* „eine große Wunde" Mittich GRI.– *Salzburger T.* Schnitt der Lederhose, bei der das Vorderteil tellerartig über das Gesäß gezogen ist: *Salzburger Teller* SCHÄDLER Lederhose 61.– *Jmdm aufs / ins T. reden* u.ä. jmdm (immer) beipflichten, OB, °NB, °OP vereinz.: *der hat mir aufs Talla gredt* Eförring IN; *Aufs Täller reden Einem* SCHMELLER I,598;– zu jmds Nutzen reden, °NB vereinz.: °*der hat da aber af dei Deier gredt* „ist für dich eingetreten" Essenbach LA;– °*red mir net in mein Teller!* „red mir nichts drein" Benediktbeuern TÖL.– °*Dea hot dö Sach für dem aufs Tejller brocht* „an die Öffentlichkeit gebracht" Fronau ROD;– °*dem hab i's aber auf s Teller gebn* „die Wahrheit ins Gesicht gesagt" Malching GRI.– °*Den hå i glei aufn Della backt* „keine Umschweife gemacht" Dachau.– (*Jmdm*) *aufs / auf dem T. sitzen* u.ä. auf jmds Kosten essen, °OB, °NB vereinz.: °*der sitzt uns heut scho wieder aufn Teller* Heilbrunn TÖL;– °*aufs Teller sitzn* „dem Vater auf dem Geldbeutel liegen" Rosenhm;– sofort zu Diensten sein, °OB, °NB, °OP vereinz.: °*i ko dir a net oiwei aufm Teller sitzn* Kreuth MB.– °*Der hat mir s Teller zschlagn* „meine Gunst verscherzt" Ismaning M;– erweitert: *dea håd ma s Däla brocha und s Graud ausgschit* Hallbergmoos FS.– °*Döi kinna af an Dölla danzn* „auf engstem Raum tanzen" Kchnthumbach ESB, ähnlich °WS.– *Iß ner in Dalla niad mid* „sagt man zum hastig Essenden" Fürnrd SUL, ähnlich MAAS Nürnbg.Wb.97.– *Deà frissd àn Kààs zammd-n … Dàià* „hat einen Heißhunger" KAPS Welt d.Bauern 14;– „Das ist ein Geizkragen" ebd. 34.– †Spiel: „Das *Tellerlaufen*, wobey jeder Mitspielende einen hölzernen Teller auf den Kopf setzt … runde Rüben darauf legt, von welchen keine herabfallen darf" OB Münchner Miscellen zum Nutzen u. Vergnügen für alle Stände 2 (1810) 249.– Übertr. in der Fügung *ein*(*en*) *T. machen* u.ä. sich flach zusammenrollen (von der Schlange), °OB, °NB, °OP vereinz.: °*d Nåda håt an Della gmåcht* Passau.

2 meist Dim., Untertasse, NB, OP vielf., OB, OF, MF mehrf., SCH vereinz.: *s Schaial mit an Tellal* Langdf REG; *Tejler* Dengling R.

3 Teil eines Geräts.– **3a** Scheibe mit Löchern im Rührbutterfaß: *Teller* Weißbach BGD.– **3b**: °*Teller* „Metallscheibe bei Schneid- oder Tellerwalze" O'haching M.– **3c** obere Seite der Egge, °NB, °OP vereinz.: °„am *Teller* wurde ein Gewicht aufgelegt" Passau.

4 tellerförmiger Blütenstand: *Bal's near a wengl wou gäiht, Is d'Holastauan z'sehgn. Ihrane Dalla halt s'assi* SCHWÄGERL Dalust 33.

5 Kuhfladen, °OP, °MF vereinz.: °*wos is des, gejd ums Haus rum und läßd Deller falln?* Regelsbach SC.

6 abwertend Hut, °Gesamtgeb. vereinz.: °*wos hot denn döi für an altn Taala af* Nabburg.

7 Maß.– **7a** Maßeinheit, bes. für Grieß, etwa 50 Gramm, °OB, °NB, °OP, °MF vereinz.: *hol gschwind a Dallerl Gries, heunt gibts Griesknödl*

Bodenmais REG.– **7b** Meßgefäß: °*Daial* „ungefähr 20 cm weites Holzschälchen“ Dachau. **8** alter Mensch, °OP, °MF vereinz.: °*dös is a alta Tella* „schwerfällige alte Frau“ Winklarn OVI. **9**: °*du sagst aber heut an alten Teller!* „redest altes Zeug daher“ Allersbg HIP.

Etym.: Mhd. *tel(l)er* stn., aus afrz. *tailleor* ‘Vorlegeteller’; KLUGE-SEEBOLD 912.

Ltg: *dāia*, *dāla*, ugs. *dęia*, *dęla* u.ä., ferner im Anschluß an mhd. *-ære dęlar*, *dalar* (SOG).

DELLING I,112; SCHMELLER I,598f.– WBÖ IV,509f.

Komp.: [**Asch(en)**]**t.** Aschenbecher, OB, NB, OP, MF vereinz.: *Aschnteia* Elsenbach MÜ.

[**Paten**]**t.** vom Paten geschenkter Teller: *A zinners Breischüsserl, an Patntaaler,* SCHEMM Stoagaß 116.

WBÖ IV,510.

†[**Patene**]**t.** Patene: *die güldenen Patenteller/ die geweyhete Kelch* TH. STAPLETON, Ä. STURZ, Kirchen- vnd Haußpostill Od. Catholisches Zeughauß, Ingolstadt 1596, 431f.

[**Porzellan**]**t.** Teller aus Porzellan od. Steingut, OB, NB, SCH vereinz.: *Borzlahndeller* „meist aus Steingut, bloß glasiert“ Passau.

WBÖ IV,510.

[**Brettlein**]**t.** flacher, großer Holzteller: °*Brettldeja* Fischbachau MB.

WBÖ IV,510.

[**Brot**]**t.** wohl Brotzeitteller, °OB vereinz.: *Brodtolla* Weilhm; *24 Brodteller, 16 Kaffeebecher* Landshut Landshuter Ztg 17 (1865) 1331.

[**Brotel**]**t.** dass.: °*Broudlteller* Mallersdf.– Zu →*Brotel* ‘Brotzeit’.

[**Butter**]**t.** flache, hölzerne Schüssel zum Abrahmen der Milch: *Budadaja* Neukchn LF.

[**Auf-trag**]**t.** Tablett, OB, OF vereinz.: *Aaftrogtaller* blecherne Platte, auf der Kaffee serviert wird Thiershm WUN.

[**Tranchier**]**t.**, [**Ranschier**]- wie →[*Brettlein*]*t.*, °OB, °NB, °OP, SCH vereinz.: *Ranschiertella* Schnaitsee TS; *Traschierdalla* Hemau PAR.

WBÖ IV,510.

†[**Viertel**]**t.** wohl Speiseteller einer best. Größe: *100 Viertelteller, 4 hölzerne Wasserschaffel* O'audf RO 1633 Chron. Kiefersfdn 406 (Inv.).

[**Fleisch**]**t.** Fleischteller, °Gesamtgeb. vereinz.: *Fleischdela* „zum Schneiden des Fleisches, meist von Holz“ Beilngries.

WBÖ IV,510.

[**Hand**]**t.** Handteller, OB, NB vereinz.: *s Hantdaia, dö flach Hand* Mittich GRI.

WBÖ IV,510.

[**Holz**]**t.** wie →[*Brettlein*]*t.*, °Gesamtgeb. mehrf.: °*Hoiztaia* „zum Mittagessen und zur Brotzeit“ Straßkchn SR.

WBÖ IV,510f.

[**Kaffee**]**t.** wie →*T.*2, OF mehrf., OB, OP, MF vereinz.: *Kåfedela* Untertasse N'taufkchn MÜ

[**Christ-kindlein**]**t.**: „*Christkindltellersetzen.* Jedes [Kind] legte einen Zettel ins Teller mit Vornamen, damit das Christkind beim Einlegen nichts verwechselt“ O. KERSCHER, Bäuerliche Weihnacht, Straubing 1995, 55f.

[**Knödel**]**t.** Teller für Knödel, °NB vereinz.: °*Knöldeia* „darauf Knödel und Fleisch geschnitten“ Eschlkam KÖZ.

[**Kompott**]**t.** Teller für Kompott, scherzh. übertr.: *Kompottella* „Monokel“ Mchn.

[**Krebs**]**t.** mit Netz od. Gitter bespannter Reif an Drähten od. Schnüren zum Krebsefangen, °OB, °NB, °OP, °OF, °MF vereinz.: °*Gräbsdela* Tirschenrth; „weitere Fanggeräte ... *Krebsteller*“ Fischerei Opf. 135.– S. Abb. 13.

[**Kuh**]**t.** wie →*T.*5, °NB, °OP vereinz.: *Kuhldeia* Kuhfladen Wurmannsquick EG.

WBÖ IV,511.

[**Löchlein**]**t.** wie →*T.*3a: *Löchlteller* durchlöcherte Scheibe im Butterrührkübel Greising DEG.

[**Mehl**]**t.** Meßgefäß für Mehl: °*a Mehlteller* O'haching M.

[**Milch**]**t.** flache Milchschüssel: *Milidaja* Neukchn LF.

[**Opfer**]**t.** Schale für Opfergeld, OB, NB, SCH vereinz.: *Oupferdeeler* Derching FDB; *wenn i so*

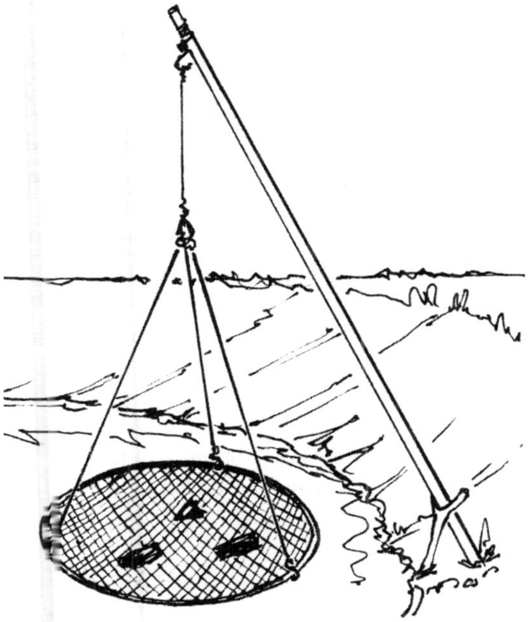

Abb. 13: *Krebsteller* 'mit Gitter bespannter Reif an Drähten zum Krebsefangen' (Tirschenrth).

mein Evangeli lies, und … an Blick auf mein zinnens Opfertellerl nüber wirf MÜLLER Lieder 161.

[**Reich**]**t.**: °*Roachteller* Holzteller mit langem Stiel Eidenbach VOF.

[**Unter-satz**]**t.** wie →*T.*2: *Untasatzdella* Eining KEH.

†[**Sauce**]**t.** Soßenschüssel: *1 Meßßiges Soz Dähler* Frsg 1613 Frigisinga 7 (1930) 239.

[**Be-scheid**]**t.** Teller für Mitbringsel vom Hochzeitsessen: „die *Bescheidteller* vergiß nicht, und silberne Löffel für Braut und Bräutigam" KERN Haberfeldtreiber 203.

[**Schneid**]**t.** wie →[*Brettlein*]*t.*, °OB, °OP vereinz.: °*Schneidteller* „besonders beim Hausschlachten" Kehnthumbach ESB.

[**Service**]**t.** wie →[*Auf-trag*]*t.*, OB, OP vereinz.: *Serviadella* Maiersrth TIR.

[**Spinat**]**t.** scherzh. wie →*T.*5: °*Spinattala* „Kuhfladen" Nabburg.

[**Unter-steh**]**t.** wie →*T.*2: *Untastehteiler* Untertasse Pielesrt WOS.

[**Supp(en)**]**t.** Suppenteller, °OB, °NB, OP, SCH vereinz.: *Suppdaija* Mittich GRI; *Subbndęlla* nach POELT-PEUKER Wb. Pöcking 12.
WBÖ IV,511.

[**Unter**]**t.**, [**Ünter**]- wie →*T.*2, OB, NB vielf., Restgeb. mehrf.: *s Interdaia* Arnbruck VIT; *Untertellala* Selb; *Unterteller* ⁴ZEHETNER Bair. Dt. 359.

[**Waag**]**t.** Waagschale: *Waochdalla* Fürnrd SUL.

[**Zinn**]**t.** Zinnteller, OB, NB vereinz.: *Zinndeja* Staudach (Achental) TS; *Zinntaala* BRAUN Gr. Wb. 920; *zwey Zin Teler* 1453 Frsg. Dom-Custos-Rechnungen I,75.
WBÖ IV,511.

[**Zucker**]**t.** Tellerchen für Zucker: *Zuckatellal* „Porzellantellerchen, auf dem im Kaffeehaus der Zucker gereicht wird" Fürstenfeldbruck; *15 Kaffeegeschirre, 7 Zuckerteller* Landshut Landshuter Ztg 17 (1865) 1331. E.F.

dellern, (Fässer) dicht machen, →*dechteln*[1].

-dellern
Vb., nur im Komp.: [**ver**]**d.** verlieren, verlegen, verschlampen: *Danou haout suara Rinvöich wieder an Schlüssl verdöllert* SCHEMM Dees u. Sell 26. E.F.

dellig[1]
Adj.: *a delliger Bodn* „schwerer, toniger Boden" Brunnen SOB.

Komp.: [**heiß**]**d.** hitzig (vom Ackerboden): *hoaßteliger Grund* Umbertshsn KEH. E.F.

dellig[2]
Adj.: °*deji* angestoßen, angefault (vom Obst) (Ef.) Rottal. E.F.

Delm, Dampf, Nebel, →*Dell.*

delsten
Vb.: *döißn* „schwer und laut dahertrampeln" Achbg TS.
Etym.: Wohl gleicher unklarer Herkunft wie →*delstig.* E.F.

delstericht

Adj.: *s Hai is dejsterat* „dumpfig, feucht“ Mittich GRI.

Etym.: Gleicher unklarer Herkunft wie →*delstig*; WBÖ IV,1459.

SCHMELLER I,506.– WBÖ IV,1459. E.F.

Delsterling

M. **1** Schuh.– **1a**: °*Dejsterling* „Schafwollsocken mit Ledersohle als Hausschuh“ Ramsau BGD.– **1b**: *Töistaling* „schwere Schuhe“ Achbg TS.
2 Speise, Nahrung.– **2a** spundiges Brot, unfertige, teigige Mehlspeise, °OB vereinz.: °*Dölsterling* „nicht fertig gekochte Dampfnudeln oder Knödel“ Pittenhart TS.– **2b** teigige od. verschrumpelte Frucht, °OB, °NB vereinz.: °*übern Winter sind unsere Äpfel lauter Delsterling worn* Breitenbg WEG.
3 von Menschen.– **3a** unbeholfener, schwerfälliger Mann, °OB vereinz.: °*Delsterling* Garching AÖ; *deiftaley* nach KOLLMER II,85.– **3b** schüchterner Mensch, °OB vereinz.: *Delsterling* „hat keine Schneid“ Chiemgau.

Etym.: Gleicher unklarer Herkunft wie →*delstig*; WBÖ IV,1460.

SCHMELLER I,506.– WBÖ IV,1459f. E.F.

delstig

Adj. **1** dunstig, schwül, °OB, °NB vereinz.: °*heut is dejstö, es kimt a Gwitter* Attenhsn LAN; *dejsteg* Spr.Rupertiwinkel 20.
2 feucht (vom Heu), °OB, °NB vereinz.: *s Hai is ma z'delsti zun Eifoahn* Garching AÖ.
3 teigig.– **3a** spundig, unfertig (von Mehlspeise), °OB, °NB vereinz.: *hand da dös deustögö Sömön* NB; *Unser Bäuerin macht Nudeln … Bald toagi, boald deistö* GERAUER Bauerntisch 81f.– **3b**: °*a deistige Birn* „teigige Birne“ Pittenhart TS.– **3c** zäh, schwer (vom Erdboden), °OB vereinz.: °*wenns nåß is und werd a recht dafahrn, na werd a dejsti* Halfing RO.
4 von Menschen.– **4a** unbeholfen, schwerfällig, °OB vereinz.: °*deuste* „Gegenteil von zierlich“ Garching AÖ.– **4b**: *delstig* „schüchtern, wenn einer keine Schneid hat“ Chiemgau.– **4c**: °*dejstig* „kränklich, von angeschlagener Gesundheit“ O'högl BGD.

Etym.: Herkunft unklar; WBÖ IV,1460.

WBÖ IV,1460. E.F.

Dem(en), Dampf, Niederschlag, →*Daum*[1].

dem →*der*[1].

-dem

Adv., Konj., meist ugs., aus Dat.Sg.N. des Dem. pron. →*der*[1], nur in Komp.: [**trotz**]**d. I** Adv., trotzdem: *nouti bleibst fei trotzdem* MORGENSCHWEIS mei Schloch 69.– **II** Konj., obwohl: °*trotzdem e gsagt ho, er deaf niad fuatgej, iser abghaut* Rottendf NAB; *ko nix findn, trotzdem er allweil gnetta* [genau] *da a's Wassa einiglegt, da wo'r … de Karbn nei'gschnittn hat* BREITENFELLNER Spinnstubengesch. 66.

WBÖ IV,1727.

[**ehe**]**d.** Adv., früher: *dö Gschicht von ehdem* Mittich GRI; *êdem* SCHMELLER I,4.

SCHMELLER I,4.– WBÖ IV,1727f.

[**vor**]**d. I** Adv., zuvor, vorher: *So krumb und Bucklat is a vorden net daherghatscht wia dawach* BREITENFELLNER ebd. 107.– **II** Konj., bevor: *kurz vordem die Dirn in den Stall herunterkam* GRAF Werke XI,2,72 (Kalendergesch.).

WBÖ IV,1728.

[**in**]**d.** Konj., meist in der Fügung *i. daß*. **1** während, °OB, °NB, °OP, °MF vereinz.: *„i kim moang“, håd a gsågd, indem a 'Tia zuagmocht håd* Aicha PA; °*indem das i s Bett gmacht ho, is mir d Milch überglaffa* Neukchn PAR.– **2** weil, °Gesamtgeb. vielf.: °*i kaf nix, indem daß i koa Gejd net hå* Dachau; °*indem das i furd måg kun ada net håifa* Lohbg KÖZ; *recht vui kon i Eahna nimma vazähln, indem daß i domois an ziemlichn Suri* [Rausch] *ghabt hob* TOCHTERMANN Oiß wos Recht is 163; *So kan die sach … geschehen. Indem doch überall die sindt Ein leichten weeg … findt* ROSNER Passionssp. 6.– **3** nachdem, als Folge davon, °OB, °OP vereinz.: °*indem daß i dö andere Seitn aa ghört ho, schaut dö Gschicht anderscht aus* Eschenlohe GAP.

WBÖ IV,1728.

[**nach**]**d.** Konj., wie →[*in*]*d.*2: *Nàchdem du àliwai so brāv bist, kriagst wàs Guàds!* FEDERHOLZNER Wb.ndb.Mda. 156; *nachdem Ewr verrichtung nit so gar aigentlich khan specificiert werden, so beruhet es … auf dem, das Sy unsern Obristen Cammerern … respectieren* Mchn 1597 Dt.Hofordnungen II,224.

SCHMELLER I,1714.– WBÖ IV,1729f.

[**(zu-)samt(en)**]**d. I** Adv., wie →[*trotz*]*d.* I, °OB, °NB, °OP vereinz.: °*samtdöm hama gwunna!*

W[illegible]nm PAN; *Aufbassn miass ma zamtden* MM 18.3.1998, 3.– **II** Konj., in der Fügung (*zu-*)*s. daß*, wie →[*trotz*]*d.*II, °OB, °NB, °OP vereinz.: °*as Gras wochst schee daher, zammden daß so koid is* Grafing EBE; *zamdem daß'a so fleißę wos ham's'n nausgschmißn* H. Weiss, Syntax des Bair.,Tübingen 1998,34.

WBÖ IV,1730.

[**seit**]**d.** **I** Adv., seitdem, OB, NB, OP vereinz.: *seitdem måg i n nima* Mittich GRI; *Na isa seitdem nimma neiganga dazua* Schrobenhsn Böck Sagen Neuburg-Schrobenhsn 159.– **II** Konj., auch in der Fügung *s. daß*, seit, NB, SCH vereinz.: *seitdem er a Wei hod, gead er weani mear as Wirdshaus* Derching FDB; *seitdem daß'a koa Bier mehr dringd, gehd's eam … bessa* H. Weiss, ebd.

WBÖ IV,1730f.

[**unter**]**d.** **I** Adv., unterdessen: *Unterdem bricht der Krieg aus* Diess Stegreif 113.– **II** Konj., in der Fügung *u. daß*, wie →[*in*]*d.*1: *untadöm daß dLeit beim Heia warn, is da Schtodl obrönt* Hohenpeißenbg SOG; *Untă dēhn daß mă rēdn, is d'Wahri scho kemma* Lachner Bayr. 85.

WBÖ IV,1731.

[**wegs**]**d.** Adv., deswegen: *daß 's Elshausa Gschloß bloß wegsden … nogsunga is, wans so vaschweindarisch gwen san* Edelshsn SOB Böck ebd. 42.

WBÖ IV,1731. A.R.R.

Démant →*Diamant.*

demeln, dampfen, riechen, →*daumeln*[1].

dement

Adv. **1**: *dement* „fort, hinaus!" Berchtesgaden.
2 als M., in Phras. mit scherzh. Anlehnung an →*Tempel*: *zum D.* (*hinaus*) u.ä. aus dem Haus, fort, OB vereinz.: *is a scho wida zun Dement aus* Ingolstadt; *Schaug, dass zan Dementn kimmst* „irgendwo hin verschwindest" Helm Mda.Bgdn.Ld 54; *dea steht auf und thuet glei wandern zum Tement aus* Lautenbacher Ged. 32.

Etym.: Wie kärntnerisch *dâment* Spielform von →*dan*[1]; Kärnt.Wb. 51. Anders WBÖ IV,523.

WBÖ IV,523 (dame). E.F.

†**demmen**

Vb., prassen: *demmen* Schmeller I,509.– V.a. in Phras. →*schlemmen und d.*

Etym.: Mhd. *demmen*, wohl zur selben idg. Wz. wie →*Dampf*; [2]DWB VI,622.

Hässlein Nürnbg.Id. 56; Schmeller I,509.– WBÖ IV,1468. E.F.

demmer, dämmrig, →*dämmer*.

demmig, dunstig, feucht, →*daumig*.

demolieren

Vb.: *dĕmarían* „demolieren, zerstören" nach Kollmer II,86.

Etym.: Aus frz. *démolir*; Kluge-Seebold 189.

WBÖ IV,1469f. E.F.

Tempel

M. **1** Tempel, Kultstätte, °OB, °OP vereinz.: °*Templ* Scharmassing R; *uel templum edo tempal* 8./9.Jh. StSG. I,28,21; *daz Salomon dez tempels stain da mit tailt vnd zeprach* KonradvM BdN 337,3f.– Phras.: °*der Templ wär schon schön, aber der Heiling nicht* „finanziell wäre es eine gute Heirat, aber der Bräutigam ist häßlich" Malching GRI.– °*Die san im Tirolertempel gwen* „die Burschen standen wie in Tirol beim Gottesdienst vor der Kirche" Kreuth MB.– †Übertr. Gotteshaus: *die Tempel, und mit Gold: und Silberreichen Pomp prangende Altär der Heiligen GOTTes* Chur-Bayr.-Geistlicher Calender, Fünffter Theil: Das Herzogthum der Obern-Pfaltz, München 1758, Dedicatio fol.5[v].
2 Wohnhaus, Gebäude, °OB, °OP mehrf., °Restgeb. vereinz.: °*in dem sein Templ möcht i net wohna* Tölz; °*sperr dein Tempel zua!* Pleinting VOF; *Wöi s Wei glickle wieda draß woar von Templ* Heinrich Stiftlanda Gschichtla 34.– Phras. *aushin zum T.* u.ä. aus dem Haus, fort, °OB, °NB vielf., °OP, °SCH mehrf., °OF, °MF vereinz.: °*nachn Essa isch de scho furt, da geits nix, wia naus ausn Dempl* O'ammergau GAP; °*as next Mal fliagst ausse ban Templ* Weiden; *der Jackl … is außa bei 'n Tempel, und der Lehra is aa furtganga* Franz Lustivogelbach 29; *Er jagt s' ja naus zum Tempel gar* Rgbg 1716 Hartmann Hist.Volksl. II,227.

Etym.: Ahd. *tëmpal*, mhd. *tëmpel* stm./n., lat. Herkunft; vgl. Kluge-Seebold 912.

Schmeller I,605.– WBÖ IV,1471.

Komp.: **[Schulden]t.** mit Schulden belastetes Haus, °OB, °OP vereinz.: °*jetzt hab i mein Schuldntempl beisammen* „wenn einer ein Haus mit vielen Schulden gebaut hat" Ambg. E.F.

tempeln, schlagen, klopfen, → *tämpeln*.

Temper(er), Schlag, Klopfen, → *Tämper(er)*.

Temperament
N., lebhafte, leicht erregbare Wesensart: *Temprament* Passau; *denn schliaßle ham mia Temprament* Altb.Heimatp. 65 (2013) Nr.18,4.

Etym.: Aus lat. *temperamentum* 'richtige Mischung'; KLUGE-SEEBOLD 912.

WBÖ IV,1473.

Abl.: *temperamentisch*. E.F.

temperamentisch
Adj., temperamentvoll: *temparamentisch sei* sich rühren Kammerbg FS. E.F.

†temperieren
Vb. **1** (an)mischen, vermischen: *der asch, auz dem vnck* [Basilisk] ... *wer silber damit ... temperier* KONRADvM BdN 292,1f.; *Wildu Indich temperiren So reib den Indich mit wasser* 2.H.15.Jh. Liber illuministarum 94.
2 auf eine mäßig warme Temperatur bringen: *daß der ... Taig ... an einem temperirten ort ... gemacht werde* HAGGER Kochb. II,1,2.

Etym.: Mhd. *temperieren*, aus lat. *temperare*; KLUGE-SEEBOLD 912f.

SCHMELLER I,605f.– WBÖ IV,1474. E.F.

Dempf, Kompott, → *Dämpf*.

Demut → *[De]mut*.

den → *der*[1].

denast → *[denn]noch*.

denen → *der*[1].

†Tener
M., Handfläche, flache Hand: *Ir ténar* Frsg 10.Jh. StSG. II,7,8; *ein mervisch ... zwair denr lang* KONRADvM BdN 282,4f.; *so salb den tener vil vast mit dem selbigen laym* Windbg BOG 1405 Cgm 4543,fol.141[v].

Etym.: Ahd. *tënar*, mhd. *tëner* stm., zur selben idg. Wz. wie → *Tenn(en)*; WBÖ IV,1488.

SCHMELLER I,540.– WBÖ IV,1488f. E.F.

Dengel
M. **1** auch F. (°EG), Dengel, °OB, °NB, °OP, °SCH vereinz.: °*aufdrahtö Dengl* „verklopft, falsch gedengelt" Arnstorf EG; „damit die Sense wieder einen scharfen *Dengel* ... hatte" JUDENMANN Opf.Wb. 40.
2 Dengelhammer, °OB, °NB, °OP, °MF, °SCH vereinz.: °*mi'n Denge wead danged* Dachau; „zur Glasfabrik noch besonders ... die zur Zeit vorhandenen *Dengel*" Silberhütte TIR 1830 Oberpfalz 70 (1982) 342.
3 Dengelzeug, °OB vereinz.: °*Dengel* „die ganze Dengelanlage" Schleching TS.

SCHMELLER I,517.– WBÖ IV,569f.

Komp.: **[Hohl]d.** leicht gewölbter Dengel: °*Hohldengl* „nicht so gut wie schmaler Dengel" Ohlstadt GAP. E.F.

Tengel[1], Lehm, → *Tegel*[1].

Tengel[2], Tiegel, → *Tegel*[2].

dengeln
Vb. **1** dengeln, °Gesamtgeb. vielf.: °*åi Dåg auf d'Nåchd head man dengln* Ebersbg; *s Dengln muaß a vaschtanna sei* Hengersbg DEG; *Wer net guat dengln ko, ko net guat maahn* OB SCHMIDKUNZ Liederb. 55; *Eine Sans zu dengen 1 dl.* Münchsmünster PAF 1403 SCHMID Atterhfn 160; *Hammer und Amboß zum Denglen* SELHAMER Tuba Rustica II,17.– Phras.: °*gout denglt is halwe gmaaht* Wdsassen TIR.– Schnaderhüpfel im Wortspiel mit Bed.4: *s Deandl is wenzi kloa, setzt si am Denglstoa, dengln dats gern, owa neamads sollts hean* Treffelstein WÜM.– *Auf die Alma is lusti, toans kasn, toans rührn, daham müassns dengln, daß ar a Schneid kriagn!* Bergen TS KIEM obb.Volksl. 325.
2 schlagen, verprügeln.– **2a** schlagen, klopfen, °OB, °NB, °OP, °OF vereinz.: °*dua s Fleisch den-geln* „weich klopfen" Brunnen SOB; „nach dem Hause des neuen Ehepaares ... mit Schreien, Poltern und Klopfen, hier *Dengeln* genannt" J.B. PRECHTL, Chron. der ehem. bischöflich Frei-

singischen Graffschaft Werdenfels, Augsburg 1880,212; „*Dengeln* … das Pochen des Klopfkäfers … im Gebälk … als Vorzeichen des Todes“ SAUTER Bauernsterben 87.– **2b** verprügeln, °OB, °NB, °OP vereinz.: °*i dengl de glei* Rgbg; *Dengeln* „einen prügeln, einem viele Schläge geben“ DELLING I,119.
3 (Tiere) kastrieren, °NB, °OP vereinz.: *an Stia dengln* „mit einem Hammer“ Mengkfn DGF; „Castrieren der Stiere, Widder ec. durch Klopfen der Hoden heißt *dengeln*“ SCHMELLER I,517; *Denen Salzburgerischen Roßschneidern habe ich … von ainem 3jehrigen Fihl zu tengln geben* 1694 POSCHINGER Glashüttengut Frauenau 26.– Auch: *dengeln* „Quetschen der Hoden als Strafe für notorische Mädchenverführer“ Passau.
4 Geschlechtsverkehr ausüben, °OB, °NB, °OP vereinz.: °*dengln* Nabburg; *oi Dog … wird zwoimol … gnoglt, denglt, gstanglt* Nottau WEG U. KANZ u.a., Die Heimat auf der Zunge tragen, Regensburg 2012,56.
5 den Dienst wechseln: *Am Stephastag senn immer d'Mannsbüadr gschlenglt Und an Lichtmeß senn dann d'Weiwerleit tenglt* H. HÖRNING, F. KNITTEL, Meringer semmerr, Mering 1982,51.

Etym.: Mhd. *tengelen*, Abl. von mhd. *tengen* ‘schlagen, stoßen’, wohl gleicher Herkunft wie → *Dangel*[1]; PFEIFER Et.Wb. 214.

Ltg: *deŋ(g)ln, -ŋen* u.ä., ferner *deŋ(g)lɐn* u.ä. OP (dazu AIC, DAH, FS, SOB), westl. OB, SCH *-lα* (dazu BUL, NEW, TIR), *dẽ̄gln* OP (dazu HEB).

DELLING I,119; HÄSSLEIN Nürnbg.Id. 56; PRASCH 17; SCHMELLER I,517; WESTENRIEDER Gloss. 100, 579; ZAUPSER 21.– WBÖ IV,571-574.

Abl. *Dengel, Dengler(er), Denglerei, Denglet(s)*.

Komp.: [**ab**]**d.** wie → *d.*2b: *ǭdęŋln* „einen recht durchhauen, durchprügeln“ Eichstätt nach WEBER Eichstätt 172; *abdengeln* „abschlagen, abprügeln“ HÄSSLEIN Nürnbg.Id. 56.

HÄSSLEIN Nürnbg.Id. 56.– WBÖ IV,574.

[**abhin**]**d.** mit Worten zusetzen, die Meinung sagen, °OB vereinz.: °*den hab i abidengld* Teisendf LF.

[**an**]**d.** durch Dengeln mit einer Schneide versehen: °*a Schneid odengln* O'viechtach.

[**auf**]**d.** wie → *d.*2b: °*den hab i a^{e}denglt* Lohbg KÖZ.

[**aus**]**d. 1** wie → *d.*1, °OB, °MF vereinz.: °*hohl ausdenglt* „mit einer leicht aufgebogenen Schneide versehen“ Kohlgrub GAP.– **2** (im Spiel) auszählen: *ausdenglt* „durch einen Reim“ Eschenbach.– **3** Part.Prät.: °*des is a ganz Ausdenglada* „schlauer Mensch“ O'nrd CHA.

[**der**]**d. 1** verhageln, °OB, °OP vereinz.: °*da hats alls derdenglt* Pittenhart TS.– **2** auch refl., verprügeln, °OB, °NB, °OP vielf., °Restgeb. vereinz.: °*dadenglt ham sa se, daß bluat ham wiara Sau* Pörnbach PAF; *dö habn ananda d'Schedl ghöri dadenklt* Cham; *Ea schlouffd nuu. I ho nan nemli a bissl dadenglad* LODES Huuza güi 28.– Auch: °*an Walter hams bei den letztn Auswärtsspiel gscheit dadenglt* „gefoult“ Weildf LF.– **3** wie → [*abhin*]*d.*, °OB, °NB, °OP, °MF vereinz.: °*mei, dö Frau hat mi derdenglt* Regen.

[**ein**]**d. 1**: °*da håb i z'weit eidenglt* „bin beim Dengeln zu weit ins Sensenblatt hineingeraten“ Inzell TS.– **2**: °„die Meinung *eidengln*, einbleuen“ Perach AÖ.

WBÖ IV,574.

[**ver**]**d. 1** unsachgemäß dengeln, °OB, °OP, °MF vereinz.: °*dea had die Sensn vadengld* Regelsbach SC.– **2** wie → [*der*]*d.*2, °OB, NB, °OP, °SCH vereinz.: *s Dåch* (den Kopf) *vådengln* Landshut; *Eam hams ganz schee vâ:dengld* CHRISTL Aichacher Wb. 226.– **3** wie → [*abhin*]*d.*, °OB, °SCH vereinz.: °*dia hat en verdenglt* „die Meinung gesagt“ Augsburg.

WBÖ IV,574.

[**hohl**]**d. 1** so dengeln, daß sich die Schneide leicht wölbt, °OB, °OP vereinz.: °*hohdengln* „wenn die Schneide aufwärts steht“ Gaimershm IN.– **2** wie → [*ver*]*d.*1, °OB, °OP vereinz.: °*hohldenglt* „unregelmäßig gehämmert“ O'viechtach.

[**nieder**]**d.** wie → [*abhin*]*d.*: °*niederdengln* zurechtweisen, ausschelten Kemnath.

WBÖ IV,574f.

[**zu-sammen**]**d. 1** zusammenschlagen, niederprügeln, °OB, °NB, °OF vereinz.: °*oin zammdengln* Thiershm WUN.– **2** wie → [*abhin*]*d.*: °*den hab i zamdengld* „völlig fertig gemacht“ Teisendf LF. E.F.

tengeln, Tarock mit geringem Spieleinsatz spielen, → *tegeln*[3].

[**ein**]**tengeln**, einschmeicheln, → *-tegeln*[2].

dengern
Vb., dengeln: °*dengan* Neukchn a.Inn PA.

Etym.: Zur selben Wz. wie → *dengeln*.

Komp.: [**aus**]**d.** durch Dengeln beseitigen: *a Schachn ausdengan* „eine Scharte" Mittich GRI. E.F.

dengerst → [*denn*]*noch*.

Dengler(er)
M. **1** jmd, der Sensen herstellt od. dengelt, OB, NB vereinz.: *Tenglr* Türkenfd FFB; „*Denglâ* … der Sensen fertigte" CHRISTL Aichacher Wb. 20; *tângelâre … kâltsmît* Aldersbach VOF 12.Jh. StSG. III,138,63.
2 Dengelhammer, °OB, °NB, °OP vereinz.: °*der Dengler* Schwandf.
3 Dengelamboß: *dęŋla* Schönau BGD nach SOB V,280.

Etym.: Ahd. *tangilâri, te-*, mhd. *tengeler* stm., Abl. von → *dengeln*; KLUGE-SEEBOLD 189.

WBÖ IV,575. E.F.

Denglerei
F., unsachgemäßes Dengeln, °OB, °NB vereinz.: °*der vabringt a so a Denglerei, daß glei da Sau graust* Reichersbeuern TÖL. E.F.

Denglet(s)
N. **1** (unsachgemäßes) Dengeln, °OB, °NB, °OP vereinz.: °*mit dean Denglat host ja lauta Blodan einebrocht* Halfing RO.
2 Dengel, °OB, °NB, °OP vereinz.: °*s Denglat* O'viechtach.
3 Dengelzeug: °*hast du aufs Denglad vogessn?* Schönbrunn LA.
4 Gesamtheit der Sensen, Sicheln, °OB, °MF vereinz.: °*s Denglad* „alle Sensen der Heuarbeiter" Burggen SOG.
5: °*Denglad* „Schlägerei" Reichersbeuern TÖL. E.F.

Denk
M. **1** Verstand, Denkfähigkeit: °*an Denk hots wiar a Henn, un de hot koan* Benediktbeuern TÖL.
2 †Trauring: *ain guldener zwifacher Denckh* Mchn 1585 Bayerld 19 (1908) 356. E.F.

Tenk, -en
M. **1** von Menschen.– **1a** Linkshänder, °OB vereinz.: *du Tenk* „Linkshänder" Kösching IN.– **1b**: °*Deank* „mißgestalteter Mann" Deggendf.– **1c** ungeschickter Mensch, Trottel, °OB, °NB vereinz.: °*a so a oida Deank mua a no heiratn* Ampfing MÜ; *diak* „Tölpel" KOLLMER II,8[illegible].– **1d** Spaßvogel, °OB, °NB vereinz.: °*laß ma die Kinder in Ruah, alter Deak* „kindischer Kerl" Aidenbach VOF; *du bist schañ a so an oida Deañk! Muast oiwai de kloan Kinda trãzn!* FEDERHOLZNER Wb.ndb.Mda. 55.– **1e** grober, ungehobelter Mensch, °NB vereinz.: °*Dea'k* „lästiger, aufdringlicher Mensch" Dingolfing.
2 Mißgestaltetes, Mißratenes.– **2a** Mißgestaltetes, Mißratenes allg., °NB vereinz.: °*a Deank* „etwas Mißgestaltetes" Deggendf.– **2b** verkrüppelter Körperteil, v.a. Finger, °OB, °NB vereinz.: °*konnst du mit den Deakn arbatn?* Altenbuch LAN.– **2c** schlecht aufgegangenes, unförmiges Backwerk, v.a. Brot, °OB, °NB vereinz.: °*heit ist s Brout lauta Deankn worn, s [illegible]ra* [Sauerteig] *is nix gwen* Passau.
3 Schmolle, °OB vereinz.: °*Dea*ⁿ*k* „innerer, feuchter Teil vom Backwerk" O'bibg WOR.
4 Rübe, bes. Kohl- od. Runkelrübe, °OB, °NB vereinz.: *Deankn* „Zuckerrübe" U'höft EG.

Etym.: Abl. von → *tenk*. Zu *-ęa-* vor Nasal vgl. Lg. §7e3.

Komp.: [**Hau**]**t.** wie → *T.* 1c: °*Haudeak* „macht alles verkehrt" Osterhfn VOF.

[**Hennen**]**t.** dass., °OB vereinz.: °*der Hennad[illegible]gg schaffts nie* „was er auch tut, klappt nicht richtig" Töging AÖ. E.F.

tenk
Adj. **1** linksseitig, links, °OB, °NB vielf., °OP, °SCH vereinz.: °*denk ländn* am linken Ufer anlegen Staudach (Achental) TS; *haus denna auffö, si ißt scha wida mit da denkn Hent!* Mittich GRI; *Gib eahm feiñ de schéñ Händ an Fean Pfoara, net dās d' eahm de denk gibst!* FEDERHOLZNER Wb.ndb.Mda. 54; *die denk Hend* OP VHO 13 (1849) 265; *Ez hat auch den rehten fůzz clain vnd den denken grozz* KONRADvM BdN 260,4f.; *auf der denken seiten des chors* AVENTIN V,263,29 (Chron.).– Phras.: †*zu / auf der t.en Hand* dass.: *auf der want ze der tenken hant* 1346 Urk.Raitenhaslach 629; *stiendt öhnhel* jenseits] *auf der denckhen handt ä graußer casten an der wandt* Landshut um 1650 Jb.Schmeller-ges. 2012, 19,59f.;– *t.er Hand*: „*is dengga Hand a da Gstöckn drin* … linker Hand am bestockten Abhang" Bay.Wald BRONNER Bayer.Land 330; *denkerhand übers Feld* QUERI Matheis 82.– *Zwei t.e (Pratzen / Hände) haben* u.ä. ungeschickt

sein, °OB, °NB, °OP, SCH vereinz.: °*du mit deine zwoa Denken* Schaufling DEG; *bal er ned zwoa tengge Händ hod* Mchn.Turmschr. 59.– *Dea håd zwoa denkö Fiaß* „ist schlecht zu Fuß" Mengkfn DGF.– °*Er hat d'Händ denk eighenkt* „ist Linkshänder" Julbach PAN.– *Zwei t.e / t. eingehängte Füße / Haxen / Kniescheiben haben* u.ä. X- od. O-Beine haben, OB, NB vereinz.: *der hot zwoa denke Kniascheibn* Tyrlaching LF.– *Mit dem t.en Fuß aufgestanden sein* u.ä. schlecht gelaunt sein, °OB vereinz.: *bist heint mitn deŋgŋ Fuaß vom Bet außagschtiŋ* Kochel TÖL; „Schlechter Tag ... *wenn man mitn denggn Haxn zuerst aus dem Bett kraxelt*" ILMBERGER Fibel 45.– *Du bisd schã rẹchd auf dà õàn Sàiddn, ǫwà-r-auf dà andàn dengg* „hast ein zwiespältiges Wesen" KAPS Welt d.Bauern 88.

2 meist subst., linkshändig, mit der linken Hand geschickter, °OB, °NB vielf., °OP, °SCH vereinz.: °*da Sepp wead se schwar doa ois Schreiner, des is ja a Denka* „Linkshänder" G'holzhsn RO; *Ein denker Toffl* „Bursche, der statt der rechten Hand die linke braucht" DELLING I,119f.; *du hast ja as Betbüache verkehrt in da Händ ... So is scho recht für mi – i bin ja dengg!* ILMBERGER ebd. 25; *herren Perhtolden den tenken* Rgbg 1281 Corp.Urk. I,418,13.

3 verkehrt, auf, von der falschen Seite, innen-, unterseitig, °OB, °NB, SCH vereinz.: *dea hat s Hemat dengg a* Simbach PAN; „Er hat das Hemd verkehrt an ... *aov da denkŋ saith*" Johanniskchn EG nach SNiB II,84.– Auch mit dem Handrücken gegeben (von einer Ohrfeige), °OB vereinz.: °*a denke Watschn* N'bergkchn MÜ; *Denge* „Watschen mit dem Handrücken" St.Rupertiwinkel 20.

4 krumm (gewachsen), schief, °OB mehrf., °NB, °OP vereinz.: °*der Bub kommt ja ganz dengg daher* Hiltersrd WÜM.

5 unbeholfen, ungeschickt, °OB, °NB vereinz.: °*Diendl, des håsd ganz dengg ogfangd!* Schleching EBE; *wenn oan 's Mai dengg aufgeht, sogt ma ... ps, wos ma bessa net sogad* BAUER gut bayer. 176.– Auch: °*dengg* „unsicher, gehemmt, ängstlich im Auftreten" Eiting MÜ.

6 hinterhältig, unaufrichtig, °OB, NB vereinz.: *a ganz a denka Mensch* „falsch und schlecht" Mittich GRI; *Aioth, von Beniamin pürtig, was denk* AVENTIN IV,165,21 (Chron.).

7 ungewöhnlich, skurril, unüberlegt, °OB, °NB vereinz.: °*der hat dengge Eifej!* Lohbg KÖZ.

8 mißlungen, °OB, °NB, SCH vereinz.: °*des is ganz denk ausgfälln* „das ist Pfusch geworden" Passau; *dös kund de*[i]*ng gea* „schief gehen" Derching FDB.

Etym.: Ahd., mhd. *tenc*, germ. Wort idg. Herkunft; vgl. WIESINGER in: Althochdeutsch 1030-1047.

KRANZMAYER Kennwörter 12f.; WIESINGER in: Althochdeutsch 1030-1047.– DELLING I,119f.; SCHMELLER I,524f.; WESTENRIEDER Gloss. 579.– WBÖ IV,1489-1493.

Abl.: *Tenk, Tenkel, tenkeln, tenken, Tenkerling, tenkern, tenkicht, tenkisch, tenks.*

Komp.: **[an]t. 1** wohl wie →*t.*1: *å̃deŋke hent* Nöham PAN nach SNiB II,80.– **2** wie →*t.*2, °NB vereinz.: °*der Bua is odenk* Aich VIB.– **3** wie →*t.*5: *ådenk* Haarbach GRI; *å̃deŋk* „ungeschickt" Hebertsfdn EG nach ebd. 82.

[hennen]t. 1 wie →*t.*2: „Linkshänder ... *hēnadẹŋka*" Eggstetten PAF nach ebd. 80.– **2** wie →*t.*5, °OB, °NB vereinz.: °*dös is a ganz a hennadengga* „macht alles verkehrt" Ruhstorf GRI; *Deà schdejd se schã so henà-dengg* KAPS Welt d.Bauern 84.– **3** wie →*t.*7, °OB vereinz.: °*der hat scho so hennadengg derhergredd, daß ma uns bogn ham vor Lachn* Reit i.W. TS.– **4**: *der schaut mi hennadenk å* „hochmütig, von oben herab" Heiligkreuz TS.

[links]t. wie →*t.*2: „Linkshänder ... *linkfdēŋka*" Exing LAN nach SNiB II,80. E.F.

†-denk

Adj., nur im Komp.: **[in-ge]d.** sich erinnernd, bedenkend: *das bier* [wir] *also zuegeben haben und als bier ingedennkch sein* Frsg 1482 Sammelbl. HV.Frsg 11 (1918) 65.– Mhd. *ingedenke*. Abl. von →*denken*; vgl. WBÖ IV,1494.

WBÖ IV,1494. E.F.

Tenkel

M. **1** von Menschen.– **1a** schwerfälliger, ungeschickter Mensch, °OB, °NB, °OP vereinz.: °*dös is a so a Derkl* Hohenpolding ED; *deakl* „Tölpel" KOLLMER II,84.– **1b** grober, ungehobelter Mensch: °*Deakl* Wiesenfdn BOG.

2 schlecht aufgegangenes, unförmiges Backwerk, v.a. Brot, °OB, °OP vereinz.: °*Derkl* Schwandf. E.F.

tenkeln

Vb., schwerfällig gehen: °*der derklt* „tut sich mit dem Gehen schwer" Fronau ROD.

Komp.: **[an]t. 1** an jmdn anstoßen, anrempeln: *odearkln* Winklsaß MAL.– **2**: °*i schmeiß eich* *glei ausse, wenn's weida aso ananda oodeagglds* „streitet“ Stammham AÖ.

Mehrfachkomp.: [**hin-an**]**t.** wie →[*an*]*t.*1: °*an den bin i heint noderklt* an jemand anstoßen Edelshsn SOB.

[**da-her**]**t.** wie →*t.*, °NB vereinz.: °*wia der daherdearklt* Winklsaß MAL. E.F.

denken

Vb. **1** den Verstand gebrauchen, nachdenken, °westl.OB mehrf., °Restgeb. vereinz.: *denk doch a weani!* Kochel TÖL; °*denka moußt do, daß dir da Schedl z'springt* „scharf nachdenken“ Mintraching R; *Der Mo denkt überzwerch* ILMBERGER Fibel 45; *cogitat danchit* 8./9.Jh. StSG. I,162,34; *Lorandin dacht hier vnnder* FÜETRER Poytislier 24,78.– Phras.: *Ums Denka, ko ma koan henka!* „Gedanken sind frei“ KIEM Kreuther Tal 129;– erweitert: *von Denka Ko eam neamad henka, Owa von Sogn Ko ma-r-eam afs Mal afeschlogn* Bruck ROD.– *Wià dà Schejm denggd, à-so is-à-r-àà* KAPS Welt d. Bauern 109.

2 meist refl., sich vorstellen, glauben, meinen, °Gesamtgeb. vielf.: *då tat a ma nindascht nix denkchn* „ich sehe keine Gefahr“ Kochel TÖL; *dea sogts außa, wia a si's denkt* Zwiesel REG; °*wea häit dees amal denkt!* Selb; *schier hätt i ma's denkt!* DINGLER bair. Herz 125; *Conitiebant dahtun* Frsg 10.Jh. StSG. II,607,17; *ich dächt pey nam du anndre mynne trúegest* FÜETRER Persibein 25,92; *Denck nur keiner/ daß man diß höchste Geheimnuß fassen kan* SELHAMER Tuba Rustica I,386.– Phras.: *schlecht d.* argwöhnen, mißtrauen, OB, NB vereinz.: *der denkt schlecht van oan* Kreuzbg WOS.– *Das kannst dir d.* Ausdruck der Ablehnung, °OB, NB vereinz.: *dös kost da denga!* Mengkfn DGF; *tes kxǫⁿšta*ʳ *teŋkxn* SCHWEIZER Dießner Wb. 200.– *Sich nichts dabei d.* u.ä. etwas leicht, nicht ernst nehmen, OB, NB vereinz.: *då denk a ma nix* Dietersburg PAN.– °*Denkn deafst allas, nea niat song* Sulzbach-Rosenbg.

3 seine Gedanken, sein Interesse, seine Aufmerksamkeit auf etwas od. jmdn richten, OB mehrf., °Restgeb. vereinz.: °*wos du aa doust, denk imma ans End!* Weiden; *Vata, gel, und denk aa aufs Dirndl* CHRIST Werke 76 (Erinnerungen); *wo də‘ Wintə‘ nét drauf denkə~ kà~* Marktl AÖ PANZER Sagen II,253.– Phras.: *Ich denk neat droa(n‘* „Abweisung“ BRAUN Gr.Wb. 91.

4 beabsichtigen, erwägen, in heutiger Mda. nur im Komp.: *Deliberando … denchento* Frsg 9.Jh. StSG. II,166,5; *sein wir weder ains noch das ander gar nit ze khauffen gedacht* Lichtenbg LL 1603 SbMchn 1910, 5. Abhandlung, 5 (Inv.).

5 †Part.Prät., besagt, vorher erwähnt: *svln si div/ vorgedahten/ stivr … geben* Mchn 1295 Corp.Urk. III,375,39f.; *Ain vor allemahl habe sie gedachter Schrämblin nichts gethan* Ambg 1696 Wir am Steinwald 2 (1994) 75.

6 im Gedächtnis haben, sich erinnern, °Gesamtgeb. vereinz.: °*des denk i nima* Grafing EBE; *auf dös hab i wirklö nimmer dengt, daß heit d'Ostamoada-Nocht is!* PONZAUNER Unter uns gsagt 23; *I denk 'ən Carl Theodor nimmə‘* SCHMELLER I,523; *an disiu wort denchet* 12.Jh. SKD 358,25 (Benediktbeurer Beichte III); *dann dacht er seiner ameyen* [geliebten Frau] *klar* FÜETRER Poytislier 57,183; *Mă denkt 's kâm, daß Oină hie hing'richt't worn sei* R 1723 HARTMANN Hist. Volksl. II,234.– †Phras. *lang d.* betagt sein: *Hàlts Maul, wenn Leut rédn, die lengə‘ denkə~, wàs* [als] *du!* SCHMELLER ebd.– †Auch unpers.: *Denkts də‘ no~, wiə d· Isə-'bruckng ei~·gfàlln is?* ebd.

7 (im Gottesdienst) gedenken, ehrend erinnern, °OB, °NB, °OP mehrf., °MF, °SCH vereinz.: °*gehst aa mit zum Denga, Fanny?* „zum jährlichen Totengedenken“ Essenbach LA; °*hosd as Denga bon Pfora scho zolt?* Cham; „*denken* … *Einen* oder *Einem* (Verstorbenen)“ SCHMELLER ebd.; *denken (einen)* „Den Namen … verkünden, und für ihn bethen“ ZAUPSER Nachl. 15.– Auch: °*der is zum Denka ganga* „zum Leichenbegängnis ansagen“ Neumarkt.

Etym.: Ahd., mhd. *denken*, germ. Wort idg. Herkunft; KLUGE-SEEBOLD 190.

Ltg: *deŋkα*, *-ŋα* u.ä., ferner *-ŋkχα*, *-ŋkχŋ* westl.OB, SCH, *dẽ̄kα* (WM, WOR), *dẽ̄hα* u.ä. (AIC, DAH, GAP, STA, WM).– Part.Prät. *deŋkt* u.ä., auch *-ŋkχt* westl.OB (dazu DON, ND), *dẽ̄ht* (AIC, FFB; FDB).– Konj. *deŋkαd* u.ä., auch *dạχt* (EG, TÖL; WUN).

DELLING I,120; SCHMELLER I,485, 523; ZAUPSER Nachl 15.– WBÖ IV,1495-1500.

Abl.: *-danke*, *Denk*, *-denk*, *Denker*, *denklich*.

Komp.: [**her-ab**]**d.** wie →*d.*7, °OB, °SCH vereinz.: °*fria sein de Vastorma oi Sunta rodenkt woarn* Tandern AIC.

[**an**]**d. 1** wie →*d.*2: °*ja, denkts a, a Wossaroud kennand dö Leit nöd, sö hamd an eigana Bruna* Grafenau.– **2** †wie →*d.*3: *ane denche dige. lege. bete mine* Windbg. Ps. II,28.– **3** wie →*d.*6: °*denk amal oa, wöi lang des etzt her is* Selb; *daz ih dina guoti unta dina gnada megi anadenchin* 1[illegible].Jh.

SKD 182,3 (Otlohs Gebet).– **4** als N.– **4a** Erinnerung, Gedenken, °OB, °NB vereinz.: *Odöcha* Edling STA; *tatst 's O'denk'n it* [nicht] *fercht'n vo da Muatta?* THOMA Werke VI,451 (Wittiber).– **4b** Gegenstand der Erinnerung, Souvenir: *Andenken* „Geschenk" Passau; *I'gib dir an Andenken drauf und daß d'in späterne Jahr'... an dös alt˜ Annamirl ... denkst* MEIER Werke I,528 (Natternkrone).

WBÖ IV,1500f.

Mehrfachkomp.: [**dar-an**]**d.** **1** wie →*d.*3, °Gesamtgeb. mehrf.: °*koana hod drodenggd, daaß ma aa s Schliedei numoi inschbiziarn kundd* Reichenhall; *an dös hobi a schou dradenkt* Edelsfd SUL; *Is mir scho schier loade worn bein Drodenka!* CHRIST Werke 623 (Rumplhanni).– Als N., in Phras. (*da ist*) *kein D.* es ist aussichtslos, OB, NB vereinz.: *då is koa Drådenkchng* Kochel TÖL; *I hab zerscht gmoant, i kunnt'n alloa daheben ... aber da is koa Drodenka net g'wen* THOMA Werke IV,14;– *Da Sommer mecht se rundum verschwendn koa Drodenka* [undenkbar] *es kant amoi endn* M. RIEDLBERGER, Wei's mi gfreit, Aichach um 1992,44.– **2** wie →*d.*6, °OB mehrf., Restgeb. vereinz.: °*den koscht nix leicha, oiwei muascht'n drodengad mācha* Dachau; *hat an Aufschub kriagt von dera Straf ... und hat nimmer drodenkt ... und hätt jetz ins Loch müaßn* S. SUTTNER, Die Darstellung der Bayern im „Komödienstadel", Frankfurt a.M. 1997,185.– **3** †lohnen, vergelten: *'S Kindai làcht mi herzi å˜; Sie* [es] *werd dir schò˜ denkă˜ drå˜* Au BGD HARTMANN Volksl.36.

WBÖ IV,1501.

[**auf**]**d.** **1** aufmerken, aufmerksam sein, °OB, °NB, °MF vereinz.: °*i hiats gar nit gspannt, aba da Nachba hot mi aufdengat gmacht* Fischbachau MB; *Denk auf* „Ausruf der Verwunderung. In Gebirgsgegenden" DELLING I,120.– **2** auch refl., ins Gedächtnis, in Erinnerung rufen, °OB, °NB vereinz.: °*wan i mi so aufdenk* „erinnere" Taching LF.

DELLING I,120.– WBÖ IV,1501f.

[**aus**]**d.** **1** auch refl., sich ausdenken, ersinnen, zusammenreimen, Gesamtgeb. vereinz.: *i ho ma ebbes ausdenkt* einen Plan fassen Dettenschwang LL; *Des mit dem Meter ham aa wieder de Großkopfet'n ausdenkt* Altb.Heimatp.5 (1953) Nr.24,10; *außDencken* SCHÖNSLEDER Prompt. K8r.– Phras. (*sich*) *das Hirn a.* scharf nachdenken, °OB, °NB, °OP vereinz.: °*denk da s Hirn as, na woast as* O'viechtach.– **2** Part.Prät., durchtrieben, raffiniert, vif, °OB vielf., °SCH mehrf., °NB, °OP, °MF vereinz.: °*der hat an ausdenkdn Kopf* „studiert alles fein aus" Haimhsn DAH; °*dös is a ganz Ausdenkter* „nimmt immer seinen Vorteil wahr" Tegernbach MAI.

WBÖ IV,1502.

[**ausher**]**d.** wie →[*aus*]*d.*1, in Phras. *sich das Hirn a.* scharf nachdenken, °OB, °NB, °OP, °SCH vereinz.: °*da kannst da s Hirn aussadenkn, nacha fallts dir no niat ei!* Wernbg NAB.

[**be**]**d.** **1** auch refl., überlegen, erwägen, über etwas nachdenken, NB vereinz.: *wiad sö nöt lang bedänga* Wdhf PAN; *Wann ma's richti bedenkt, is a lange Zeit* THOMA Werke II,219 (Medaille); *allero mannoliih scal sih pidenchen in desem uuortom* Rgbg 9.Jh. SKD 44,52-54 (Freisinger Paternoster B); *daz wir ... unser eigen sůnte bedenchen* O'altaicher Pred. 129,16f.; *ist bisher unfruchtbarlich ... die Hofnung gewesen, er werde sich recht bedenken* Cham 1472 BLH VIII,51.– †Auch in Betracht ziehen, berücksichtigen: *Allein der Richter hätte bedenken sollen* Gerlhsn FS 1803 HARTINGER Ordnungen III,320; *luzzilpidahtun* Rgbg 10.Jh. StSG. II,331,63.– **2** †auch refl., besprechen, beraten: *pidenche* Windbg BOG 12.Jh. StSG. I,568,51; *darueber haben wir vns bedacht mit vnserm rat* Mchn 1356 LERCHENFELD Freibr. CCIII.– **3** kritisch betrachten, abwägen: *bedenken* „bezweifeln, argwöhnen" Passau; *Metiuntur pidenchant* Tegernsee MB 11.Jh. StSG. II,251,33.– **4** zuteil werden lassen, beschenken: *mit am Testament bedenken* Passau; *wil dû mich bedenchen* Kaiserchr. 300,11968; *Welche Personen für leichtfertig ... zuhalten/ daß sie nit Erbensein : oder sonsten bedacht werden mögen* Landr.1616 353.– **5** †Sorge tragen für etwas od. jmdn, sich um jmdn annehmen: *bidencha desi stat* Rgbg 11.Jh. SKD 185,48f. (Otloh); *das er alls Lehenherr darInn der kirchen nutz v. wolfart bedennckhe* Mchn 1553 OA 25 (1864) 287.– **6** †wie →*d.*7: *damit sol man bedenken vnd auch begen seinen jartak* Mchn 1336 Urk.Schäftlarn 139.– **7** †als N.– **7a** Bedacht, Abwägung: *haben die Justizbehörden kein Bedenken zu tragen* 1800 G.F. DÖLLINGER, Repertorium der Staats-Verwaltung des Königreichs Baiern, Bd I, München [2]1814,354.– **7b** Ermessen, Gutdünken: *Im Dorff mag ein schaffner nach seinen gut bedenckhen geben nach dem und die person oder dienstperkait ist* Indersdf DAH 1493 HuV 17 (1939) 215.– **7c** Ein-

wand: *ich habs kein beDencken* SCHÖNSLEDER Prompt. K8ᵛ.– **8** †Part.Prät., wohlüberlegt, absichtlich: *daz ich mit bedahtem můt … han gegeben … sehs schilling … dem spital* 1304 Urk. Heiliggeistsp.Mchn 41; *künig Codrus … hebt ain hader mit bedachtem muet mit ainem knecht an* AVENTIN IV,220,13-15 (Chron.).

WBÖ IV,1502f.

Mehrfachkomp.: [**un-be**]**dacht** unbedacht, unüberlegt: *werden si unbedachte, unabschlegige antwurt geben* Rgbg 1525 Chron.dt.St. XV,63,17f.

[**Jahr-tags**]**d.** N., Gedenken eines Verstorbenen am Jahrtag seines Todes: °*Jahrtagsdenka* „in der Kirche, muß extra bezahlt werden" O'schleißhm M.

†[**ehren**]**ge-dacht** geachtet: „so hat sich der *ehrengedachte* Hochzeiter heut … einfindig gemacht" VIT HAZZI Aufschl. IV,1,266.

†[**ein**]**d.** refl., wie → *d.*2: *I hà'mə's scho˜ ei˜'denkt* südl.OB SCHMELLER I,523.

SCHMELLER I,523.

†[**er**]**d. 1** wie → [*aus*]*d.*1: *Comminiscor erdenku* Rgbg 9.Jh. StSG. IV,327,25; *manege erdenchent in lugene* Kaiserchr. 79,29; *etwas von ihm selbst/ auß seim kopff erdencken* SCHÖNSLEDER Prompt. L1ᵛ.– **2** herausfinden, feststellen: *man kans leicht erdencken* ebd.– **3** wie → [*be*]*d.*1: *dez hertz hat manige stund erdenchet tag und naht wie er iht gewinne mit reht* O'altaicher Pred. 51,9f.– **4** wohl wie → [*be*]*d.*3: *Nun wollen wir ein andern Fund erdencken* Errettung der Jungfrau 69.

SCHMELLER I,523.– WBÖ IV,1504f.

†[**erst**]**ge-dacht** wie → *d.*5: *Weiters volgt an erstgedachtem 113. Blat des Salbuchs nachbeschribene Rubrica* Schierling MAL 1444 HARTINGER Ordnungen III,472.

[**ver**]**d. 1** übelnehmen, verdenken, °OB, °NB vereinz.: °*des kosd eam ned vodenga* Neufraunhfn VIB; *I ko 's eahm net vodenga, daß er d Franz net gheiat hot!* JUDENMANN Opf.Wb. 164; *Hab Ursach, darf mich Keiner verdenken* 1715 HARTMANN Hist.Volksl. II,210.– **2** †verdächtigen, beargwöhnen: *aller der, di schuld daran habent oder darynn verdacht sind* 1418 Runtingerb. III,65; *die Partey/ so sich deß wideret/ wurde verdacht/ vnd vermuetet ein böse sach zu haben* Landr.1616 141.– Als †N., Verdacht, Argwohn: *daß die Weisung dem aufgelegt werde, wider den ein Verdenken, oder Verwähnen sey* wohl 1481 BLH XI,412.– **3** †geringschätzen, verachten: *I kå˜ di'nét vódenkə˜, wenn st ədiəmàl bös werst* SCHMELLER I,524; *fardanchit* 8./9.Jh. StSG. I,44,37; *Man muß mich nicht verdencken/ daß ich so bäurisch red* SELHAMER Tuba Tragica I,526.– **4** †wie → [*be*]*d.*1: *Daz gerůchet von ewern genaden verdenchen* 1357 Rgbg.Urkb. II,113.– **5** †Part.Prät., wie → [*be*]*d.*8: *do er es mit verdachten můt wol getůn mocht* 1333 Urk.Raitenhaslach 588.

SCHMELLER I,485, 523f.; WESTENRIEDER Gloss. 616.– WBÖ IV,1505f.

Mehrfachkomp.: †[**un-ver**]**dacht 1** wie → [*un-be*]-*dacht*: *ob jemand einen Todtschlag aus Zorn, und unverdachtem Muthe … thäte* Mchn 1[illegible]44 BLH I,170.– **2** unverdächtig: *es hab dann de[illegible] … noch einen andern vnuerdachten Zeugen* Landr.1616 165.

SCHMELLER I,485f.

†[**vor**]**ge-dacht** wie → *d.*5: *seien dieselben durch die vorgedachte sechs Spruch- und Vertragsmänner … abgelegt worden* Straßkchn SR HARTINGER Ordnungen III,489.

WBÖ IV,1509f.

†[**Für**]**d.** N., Totengedächtnis: „*Das Fürdenken, Fürgedenken*, hominum memoria" SCHMELLER I,745.

SCHMELLER I,745.

[**ge**]**d. 1** wie → *d.*2: *ois wås z gedenka is* „alles was man sich denken kann" Achbg TS.– **2** wie → *d.*3, ä.Spr., in heutiger Mda. nur in Phras.: *lat unß gedenkhen daz wir fridlich unterainander sein* Mchn 1398 Chron.dt.St. XV,473,16.– Als N. in Phras.: *kxoaⁿ keteŋkxn it!* „ich denke gar nicht daran!" SCHWEIZER Dießner Wb. 86.– **3** wie → *d.*4: °*gedenken* „im Sinne haben, beabsichtigen" Passau; *darumb … gedacht der valsch man sich an dem kaiser zu rechen also* ARNPECK Chron. 580,34-36; *Er habe … in dz Surmoß allwo Er den Blumb-Besuch* [Weide] … *zu ga[illegible]ieren hat, zu treiben gedenckhet* StA Mchn Hofmark Amerang Prot.18 (24.5.1753).– **4** wie → [*aus*]*d.*1: *Concipiunt gidenchenth* Rgbg 1[illegible].Jh. StSG. II,469,59; *Da gedachten in die Römer auch ein list* AVENTIN IV,481,4 (Chron.).– **5** wie → *d.*6: „so nah ist heuer alles aufeinander wie ich mir's früher nie *gedenke*" K.A. v.MÜLLER,

Unterm weißblauen Himmel, Stuttgart 1952, 219; *das du dirs ymmer mer darfst gedencken* Füetrer Persibein 24,88; *Damit ihr stätts auf mich gedenkt* Rosner Passionssp. 60.– **6** wie →*d.*7, °OB, °NB, °OP vereinz.: °*heit hot ma fürn Nachba gedenkt* Schönbichl FS; *Ich gedenngk, das das geschloß erst ist gebawt worden* Thumsenrth NEW 1498 Wir am Steinwald 13 (2005) 27.– **7** als N., wie →[*Für*]*d.*, °OB, °NB, °OP vereinz.: °*zum Gedenken gehn* Nabburg; „*Das Gedenken* … dauert oft über eine Viertelstunde" Schmeller I,523.

Schmeller I,523.– WBÖ IV,1506-1509.

Mehrfachkomp.: [**An-ge**]**d.** N. **1** †Gedenken allg.: *welches Alles wir zu ewigen angedenken unsern Nachkommenten … haben communicieren … wollen* Neuburg 1654 Collectaneen-Bl. für die Gesch. Bayerns 93 (1928) 21.– **2** wie →[*Für*]*d.*: *Hl. Meß zon Angedenka an sein Sterbtåg* „wer Geld hat, läßt ein Seelenamt halten" NB.

WBÖ IV,1509.

– [**Toten-ge**]**d.** N., wie →[*Für*]*d.*: °*der Pfarrer hat ein Todengedenken ghabt* Reichersbeuern TÖL.

– †[**Manns-ge**]**d.** N., in Phras. *seit / bei / über M.* seit Menschengedenken: *daß nachstehend specificirte Ehehaft schon bey Mannsgedenken … eingenommen worden* Gerlhsn FS 1803 Hartinger Ordnungen III,315; *der eysenkauf ist auch bey mansgedenken nie als wolfail gewesen als yetz* 1518 Urk.Juden Rgbg 360.

WBÖ IV,1510.

– †[**nach-ge**]**d.** **1** wie →*d.*1: *philosophari … wissen wellen, erfaren, nachgedencken, der warhait rechten grund … liebhaben* Aventin I,555,1-4 (Gramm.).– **2** wie →[*ver*]*d.*1, in Phras. *zu Argem n.*: *ich pitz durch ewre tugent, das ir zu argem mirs nicht nach gedencket!* Füetrer Gral 342,2307.

WBÖ IV,1511.

– [**Seelen-ge**]**d.** N., Totengedächtnis an Allerseelen: °„*s Seengedenga* muß bestellt werden" Attenhsn LA.

[**hin-und-her**]**d.** angestrengt über etwas nachdenken, NB, OP vereinz.: *i denk hi und hea* M'rteich TIR; *Ja … no … da denk i hin und her* Thoma Werke VI,494 (Ruepp); *da ich lang hin und her dachte* Schönsleder Prompt. L1v.

WBÖ IV,1511.

†[**hoch**]**ge-dacht** wie →*d.*5 (von hochgestellten Personen): *ir als richter in namen vor hochgedachts meines genedigisten fürsten und herrn* Mühldf 1588 Grimm Weisth. VI,171; *als ob Hochgedacht Sr. Excell. bey der Armee quittiret hätten* Münchner-Ztg 1759,357.

WBÖ IV,1510.

[**nach**]**d.** **1** wie →[*be*]*d.*1, °Gesamtgeb. vereinz.: °*mia ham need vie Zeid zum Schaugn oda zum Nochdenga ghabd* Reichenhall; *i wer jetzt dahoam nachdenka über dös* Thoma Werke VI,323 (Wittiber); *ein nachDencken machen* Schönsleder ebd.– Spruch: °*übers Nachdenka is scho mancher gstorbn* „Aufforderung an einen zögerlichen Spieler, endlich eine Karte auszuspielen" Petershsn DAH.– **2** wie →*d.*6, OB, NB, OP vereinz.: *etwas nachdenken* „sich an etwas erinnern" Klinglbach BOG.

WBÖ IV,1512.

[**nachhin**]**d.** wie →[*be*]*d.*1: *nochidenka* Holzen WOR; *Da Opa ist … aufiganga … in Dochbodn … zum Nochidenkn, hoda gsogt* Berchtesgadener Heimatkalender 2014, 181.

†[**ob**]**ge-dacht** wie →*d.*5: *Wir und unser lieber Bruder obgedacht* Straubing 1465 BLH V,126; *weiln man … erst obgedacht 1629isten jars damit ein rechten anfang gemacht hat* Fried-Haushofer Dießen 67.

[**zu-ruck**]**d.** wie →*d.*6, OB, NB, OP, MF vereinz.: *er ka nima zrugdenka* „kann sich nicht mehr erinnern" Schongau; *'s Zruckdenka* O. Kerscher, Brauchtum u. Leben in der Bauernstubn, Grafenau 1981,49.

WBÖ IV,1512.

[**zu-sammen**]**d.** auch refl., wie →[*aus*]*d.*1, OB, NB, OP vereinz.: *wos a se wieda zamdicht und zamdenkt* Gartelsrd AIC.

WBÖ IV,1512.

†[**hinter-sich**]**d.** wie →*d.*6: *Hinterschi denken* „zurück denken" Delling I,268; *und denck hintersich/ wie und wie offt ich … Gott mein Heyland belaidiget* Selhamer Tuba Rustica I,214.

Delling I,268.

[**über**]**d.** **1** wie →[*be*]*d.*3: °*des muaß i guat überdenkn* Bayersoien SOG; *Urschula, bal i 's recht übadenk* Thoma Werke VI,373 (Wittiber);

vberDencken/ coniectura aberrare SCHÖNSLEDER Prompt. L1v.– **2** †refl., nicht recht bedenken, sich vergessen: *Ob sich ouch überdenket ein wild* HADAMARvL 115,460.– **3** †außer Acht lassen, vergessen: *die stæten alle, die … ir triuwe durch niemen wellent überdenken* ebd. 2,5.

SCHMELLER I,523.– WBÖ IV,1512.

[Kirch-weih]d. N., Totengedächtnis an Kirchweih: °„am Kirchweihmontag war früher das *Kirchweihdenken*“ Winklsaß MAL. E.F.

tenken

Vb. **1** sich prügeln, raufen: *deakn* Haarbach GRI.
2 Scherze machen: °*deakn* Arnstorf EG; *deañkn* „necken, scherzen“ FEDERHOLZNER Wb.ndb.Mda. 55.
3: °*deankn* „trotzen (von Kindern)“ Reisbach DGF.

Etym.: Abl. von →*tenk*.

Komp.: **[an]t.** **1** an jmdn, etwas anstoßen, anrempeln, °OB, °NB vereinz.: °*bass auf, dascht as ned odeaggscht* „die Frau“ Dachau.– **2** übertr.– **2a** unangenehm auffallen: °*der muaß überall anderkn* „anecken“ Gögging KEH.– **2b** necken, reizen.– **2bα** durch Reden verletzen, °NB vereinz.: °*ondeaka* Eging VOF.– **2bβ** durch Scherz, Spott, Stichelei reizen, °NB vereinz.: °*odeakn* „zur Balgerei reizen“ Pleinting VOF; *àdeañkn* „scherzen, necken, schelmisch streiten“ FEDERHOLZNER Wb.ndb.Mda. 15.

[hin]t. wie →*[an]d.*2bβ, °NB vereinz.: °*do sollst nicht immer an ihn hindeakn* Aidenbach VOF. E.F.

Denker

M. **1** geistig reger Mensch, Denker: „Der Ruepp war ein feiner *Denker*, der einer Sache schon auf den Grund gehen konnte“ THOMA Werke VI,548 (Ruepp).
2 Gedächtnis: *er hat koan Denker* schlechtes Gedächtnis Wasserburg.

WBÖ IV,1513. E.F.

Tenker, Linkshänder, →*tenk*.

Tenkerling

M. **1** von Menschen.– **1a** Linkshänder, °OB, °NB vereinz.: *der Tenkalöng* Innviertel; *teŋkaliŋ* O'glaim LA nach SNiB II,82.– **1b** ungeschickter Mensch, Trottel, °OB, °NB vereinz.: °*Denkerling* „faßt alles verkehrt an“ Garching AÖ.
2 schlecht aufgegangenes, unförmiges Brot: °*[illegible]s is a Deankerling* Teisendf LF.

WBÖ IV,1513. E.F.

tenkern

Vb.: °*Buben derkern* „raufen spielerisch“ Gangkfn EG. E.F.

tenkicht, -ig

Adj. **1** linksseitig, links: °*di denkate Hand* „die linke Hand“ Schäftlarn WOR.
2 linkshändig, mit der linken Hand geschickter, °OB, °NB vereinz.: *er tuat alles denkat* Wasserburg; „Linkshänder … *a dęŋkəda*“ Bogen nach SNiB II,80.
3 innen-, unterseitig: *die dengat Seitn* „vom Stoff“ M'nwd GAP.
4 unbeholfen, ungeschickt: °*denkat* Mchn; *dengert* „linkisch, ungeschickt“ SCHILLING Paargauer Wb. 36.
5 schlecht aufgegangen, unförmig (von Backwerk, v.a. Brot), °OB, °NB, °OP vereinz.: *dea Loab is deaki* Fronau ROD.

Komp.: **[hennen]t.** wie →*t.*2: °*tuast scho u[illegible]eda hennadenggat oawetn!* „wenn einer den Rechen mit der linken Hand vorne nahm“ Marktl AÖ. E.F.

tenkisch

Adj. **1** linksseitig, links, °OB, °NB, °OP vereinz.: °*dengisch* „Zuruf ans Roß, wenn es links abbiegen soll (Ef.)“ Winklarn OVI; *dẽŋkeʃ* nach KOLLMER II,86.– Phras.: °*bei der Arwet hats lauta denkische Händ!* „sie stellt sich ungeschickt an“ Benediktbeuern TÖL.
2 linkshändig, mit der linken Hand geschickter, °OB, °NB, OP, SCH vereinz.: *deŋgisch h[illegible]hn* Kochel TÖL; °*der is denkisch* Schaufling DEG; *dös is a dengkischa* südl.OB HuV 7 (1929) 19; *Tenkisch seyn* ZAUPSER 76.
3 auf, von der falschen Seite, innen-, unterseitig, °OB mehrf., °NB, OP, SCH vereinz.: *dea deŋlt deŋkisch* „verkehrt, auf der falschen Seite“ Jachenau TÖL; *i ho mein Hemad denkisch o'glegt* STA 1861 OA 121 (1997) 147; *N' Strumpf tenkisch anziehen* ZAUPSER 76.– Auch mit dem Handrücken gegeben (von einer Ohrfeige) °OB vereinz.: *a Denkische* Anzing EBE.

4 unbeholfen, ungeschickt, °OB, °NB, °OP vereinz.: °*dös is a Denggischa* Pittenhart TS; *A weng denkisch is er …!* MM 24./25.6.2000, J2; *Tenkisch* „das Hintere vor dem Vördern ergreiffen" WESTENRIEDER Gloss. 579.

5 unrichtig, fehlerhaft, unerwünscht, °OB, NB vereinz.: *dös hoscht ganz denggisch verstande!* Hofhegnenbg FFB; *Bals* [wenn es] *aar a diawei'n* [manchmal] *denggisch geht* AUZINGER Es feit si' nix 42.

6 ungewöhnlich, skurril, °OB, °NB vereinz.: °*den foit doch ois dengische ei* Endlhsn WOR.

DELLING I,119; SCHMELLER I,525; ZAUPSER 76.– WBÖ IV,1513-1515.

Komp.: [**un**]**t.1**: *ũdenkisch* „nicht verkehrt" Kochel TÖL.– **2** wie →*t.*6: *udenggische Einfäll* ungewöhnliche Einfälle Rottach-Egern MB. E.F.

†denklich

Adj. erinnerlich: *dessen Vor-Eltern … bey noch dencklichen Jahren … Staats-Dienst … verwaltet haben* Jetzendf PAF M. WENING, Historico-Topographica Descriptio, Tl I, München 1701, 76.

Etym.: Mhd. *-denklich*, Abl. von →*denken*; KLUGE-SEEBOLD 190.

Komp.: †[**un-für**]**d.**, [**-vor**]- unvordenklich: *die unfürdenkliche Verjährung … nach der … Verordnung vom 10. Juny 1805* A. SCHLICHTHÖRLE, Die Gewerbsbefugnisse in der K. Haupt- u. Residenzstadt München, Bd 1, Erlangen 1844, 474; *in der Haubtstatt München von vnfürdencklichen Jaren hero … gebräuchig gewesen* Landr. 1616 30.

SCHMELLER I,523, 745. E.F.

tenks

Adv. **1** auf der linken Seite: *er steht tenks* Geisenfd PAF.

2 mit der linken Hand, OB, NB vereinz.: *dröschn du ö denks* Mittich GRI; *denks* SCHMELLER I,525.

SCHMELLER I,525.– WBÖ IV,1489-1493. E.F.

denn

I †Adv.– temporal, dann, danach, nachher: *uuirdit denne furi kitragan daz frono* [königliche] *chruci* 9.Jh. SKD 72,100 (Muspilli); *wirt diu erde und der luft errainiget und wirt denn erwaschen mit dem himelischen wazzer* O'altaicher Pred. 12,13-15; *bis ann denn dritten Tag … Khumbt denn das Gericht unnd nimbt in an, das lassen wier beschechen* Gündlkfn LA 1478 HARTINGER Ordnungen I,197.

2 modal, unter diesen Umständen: *karisit* [ist gebührend] *denne, daz allero manno uuelih sih selpan des uuirdican gatoe* 9.Jh. SKD 43,5-7 (Freisinger Paternoster A); *wer hinein schrib, der zum rechten komen wolt … dez leib und guet solt denn sicher sein* Mchn 1400 Chron.dt.St. XV,491,29-31.

3 außerdem, überdies: *Das gehe yberblut kombt denn auch ser in die Dermen* HÖFLER Sindelsdf. Hausmittelb. 23; *Was denn drittens, die 3 Tag Schneiden, so man in der Erndt zu thun schuldig, anlangent* Schwarzenfd NAB 1655 HARTINGER ebd. II,892.

4 in der Fügung *noch d.* dennoch: *Nach sölichem ungefell schickt es got noch denn zum pesten* FÜETRER Chron. 60,12f.

II Konj.– **1** †Vergleichspartikel.– **1a** als, beim Kompar.: *merahapent … tolaheiti … dennespahi* [Klugheit] 8.Jh. StSG. III,13,9-11; *Man sol niht mer haben denne zwen priester* Eichstätt um 1250 Sammelbl.HV.Eichstätt 64 (1971) 12 (Spitalregel); *der soll solch pfand nit lenger behalten denn drei finster und zwo lichten* Winhöring AÖ 1594 GRIMM Weisth. VI,143.– **1b** mit Ausnahme von, mit der Einschränkung: *sy hieten vollen gewalt aller ding, denn umb den Ruedolf und umb sein haus nit* Mchn 1402 Chron. dt.St. XV 499,14f.

2 denn, die Begründung angebend: *An Seppn is 's grad recht … denn d'Kreuzer han scho wieda weg* BREITENFELLNER Spinnstubengesch. 25; *gib … achtung auf die Ros, denn die fliegen … beisen des Pferd in den hintern* HÖFLER ebd. 63; *Dum priuato … dennepisceritero* [schert sie ab] Frsg 9.Jh. StSG. II,165,44; *von zwo Säuen auch so viel, denn man rechnet zwo Säu vor ein Kuhe* Rosenbg SUL 1542 HARTINGER ebd. 822.

3 †temporal, wenn, als, nachdem: *daz er iz allaz kisaget, denne er ze deru suonu quimit* 9.Jh. SKD 70,71 (Muspilli).

4 ausgenommen, außer wenn, nebenordnend in Konditionalsätzen, in heutiger Mda. nur in Fügung: *Kaə Schlàg uməsunst, denn ə' get də'nébm* SCHMELLER I,513; *Es sie denne, daz etesliech mv̊zen sin bie den siechen* Eichstätt um 1250 Sammelbl.HV.Eichstätt ebd. 18; *Es soll keinem … verstattet sein, mehr Handwerk zu treiben, er habe denn zuvor die Zunft erkauft* Frsg 1560 ZILS Handwerk 68.– In der Fügung *d. sei*: *densäch* „außer, es sei denn, daß" Naabdemenrth NEW.

III Abtönungspartikel, denn, verstärkend.– **1** in Fragesätzen, °Gesamtgeb. vielf.: °*no wås is n* *iatz scha wider los?* Siglfing ED; *wo brends den?* „Zuruf an einen Rennenden“ Aicha PA; *wöi Zeid is n?* Mockersdf KEM; *Hast 'n du net Derweil* [Zeit], *bis mir vo selm* [hier] *rasteign?* Breitenfellner ebd. 38; *waz ist denne daz er seit* [sagt] LamprechtvR 123,1961; *wez sol ich denn leben* Mchn 1399 Chron.dt.St. XV,489,28.

2 vereinz. in Aussage- u. Ausrufesätzen: °*daß denn du niat gscheiter weast!* Windischeschenbach NEW; *so man ... denne uuanit* Rgbg 10.Jh. StSG. II,98,47.

Etym.: Ahd. *denni*, mhd. *denne*, Nebenf. von →*dann*; Et.Wb.Ahd. II,528f.

Schmeller I,513.– WBÖ IV,1516-1520. A.R.R.

Tenn(en), Tennt, Tenne

M., F., †N. **1** befestigter Boden, Grundfläche.– **1a** Tenne, Scheuneneinfahrt, Dreschplatz, °OB, °NB, °OP, °SCH vielf., °Restgeb. mehrf.: °*Deen* „Überfahrt aus Brettern und Balken“ Walpertskchn ED; °*da heegisö Dänd* „Obertenne“ Krinning WEG; °*er is auf d'Denna obegfalln* Pertolzhfn OVI; *Da Deena is öitz dichdi g'froan, drum is as best, mia dräschan's Koan* Schwabenländer Woldnoo 28; *Aestiuę areę sumarlihes tennes* Tegernsee MB 10./11.Jh. StSG. I,659,59; *das Malz ... liegen lassen auf der Tenne drei Wochen* Landshut 1486 Zils Handwerk 15; *ein 4. jähriges Kind ... von dem obersten bis unteristen Thennen herab ... hätte todt fallen müssen* Gnadenblum 61.– Phras.: *hart wie ein(e) T.* sehr hart, NB, °OP vereinz.: °*s is hoat wöi a Denna* „die Kruste“ Nabburg.– °*en andan Tog is 's Howanfejd dagleng, glatt wia da Tennd* Seiboldsrd REG Friedl Geister 48.– *A Mai wia r a Dehna so gråuß* „großes Maul“ Glonn EBE.– *Auf seinem / seiner T. dreschen* u.ä. sich um die eigenen Angelegenheiten kümmern, °OB, °NB vereinz.: °*drisch auf dein Tenn und net allawei bei andere Leit* Pittenhart TS;– °*der drischt auf meim Denn* „mischt sich in meine Angelegenheiten“ Irlbach SR;– °*mach no zerscht dein Denna sauwa, dann konnscht die für ander Leit Sachan kümmern* Wettstetten IN.– *Auf jmds T. dreschen* jmdn ausnutzen, °OB, °NB, °OP vereinz.: °*dea drischt auf dein Tenna* Fronau ROD.– °*Des hoscht woi auf dein Tenna droschn* „hast du dir ausgedacht“ Wildenroth FFB.– °*Do konn er wieder auf seiner Tenna dreschn* „das ist von Vorteil für ihn“ Hohenpeißenbg SOG;– *das paßt / ist (etwas / Wasser) auf / für jmds T.* kommt jmdm gelegen, °OB, °NB, °MF vereinz.: °*dös is ebbs au dein Tennd* Metten DEG;– °*des is was für dei Tenna* „du meisterst das“ Polling WM.– *Auf jmds T. dreschen* über jmdn reden, schimpfen, °OB, °NB, °OP vereinz.: °*gestern hams wieda auf dein Den droschn* „über dich hergezogen“ Vilzing CHA.– *Jmdm auf den / die / seine(r) T. dreschen* u.ä. die Meinung sagen, zurechtweisen, °OB, °NB vereinz.: °*oam auf seina Denna dreschn* „stark kritisieren“ Dachau.– *Jmdm auf seine(n) / seiner T. dreschen* verprügeln, °NB vereinz.: °*oan af sein Dön dreschn* „einem den Schädel herschlagen“ Neukchn KÖZ.– *Af ama Leit eahna Denn is guat dreschn* „arme Leute können sich nicht wehren“ Staudach (Achental) TS.– **1b** Fußboden im Wohnhaus, °OB, °NB vereinz.: *a gschloga Dend* „Lehm mit Rindsblut gemischt und festgeschlagen“ Gottsdf WEG; „Der Boden ... gleichzeitig die Decke für die darunterliegende Stube ... war gekneteter Lehm, mit Strohgraten vermischt ... *geschlagene Tenne*“ Weiss Bauernjahr Kirchdf.Ld 8.

2 Gebäude, Raum darin.– **2a** Scheune, Raum darin.– **2aα** Scheune, °Gesamtgeb. vereinz.: °*schiama an Wång vom Tennt außa!* Dingolfing; *schleich i zuawi, hintern Tenna, kimmt da Hund und i muaß renna* Altb.Heimatp. 7 (1955) Nr.7, 11; *aufm Thennen, .2. zuegerichte Wängl 4. rechen* Reichenhall 1672 StA Mchn RMA München Unterbehörden 8237, fol.7v (Inv.).– **2aβ** Heuboden, Dachboden, °südl.OB mehrf., °NB vereinz.: °*an Tenn om* Halfing RO; *du kunnst in d' Tenn aufi steig'n und Heu oba schmeiß'n* Thoma Werke VI,458 (Wittiber); *weil man drunt im Hauß/ im Stall/ im Stadl/ und auf den Thenen herum schilt* Selhamer Tuba Rustica I,393.– Auch in Phras. *obere(r) / höhige(r) T.* °NB vereinz.: °*da hegi Dent* „oberster Boden in der Scheune“ Nottau WEG; „Ein ... Knecht hatte die ... Strohbauschen ... in den Stock, *auf den oberen Dent* ... zu heben“ Sauer Arbeiten Bayer.Wd. 28.– **2b** Hausgang, Flur, auch Boden darin, °MF mehrf., °OB, °OP, °SCH vereinz.: °*putz n Dena* Dietfurt RID; „Der mit Natur- oder Backsteinen belegte *Tenner* ... welcher meist auch als Zugang zum Stall diente“ Regler Opf.Dorf 77; *Die gar alten ... sezten sich unden an die tennen auf helfenpainen sessel* Aventin IV,321,23-27 (Chron.); „In die Kunstkammer gehet man durch dopplete Thürn und ein kleines *Dännelein*“ A.G. Ertl, Chur-Bayer. Atlas, Nürnberg 1687-1690, I,253.

3 (mit Baumstämmen u.ä.) eingefaßte Flußsohle am Wehr, um Flöße sicher zu leiten, OB vereinz.: *Dehna* „Schleußentenne“ Lenggries TÖL; „Für die Floßdurchfahrt ... wurde eine sogenannte *Tenne* oder Floßgasse eingebaut“

Q BEER, Chron. der Stadt Wolfratshausen, Dachau 1986, 144.

Etym.: Ahd. *tenni* stn., mhd. *tenne* st/swf./m./stn., wohl germ. Wort idg. Herkunft; vgl. PFEIFER Et.Wb. 1424.

Lt: *dena*, *-ē-* u.ä., auch *den*, *-ē-* OB, NB, OP, *dent* NB (dazu ED, MÜ; R), vereinz. *dẽd* (DEG), *dẽa* (RO; REH), *dē* (KÖZ).

HÄSSLEIN Nürnbg.Id. 132; SCHMELLER I,608; WESTENRIEDER Gloss. 579.– WBÖ IV,1521-1525.

Abl.: *Tennet*, *-tennig*.

Komp.: **[Binder]t.**: *da Bindatend* „oberer Boden im Stadel mit eichenen Dielen" Fischerdf DEG.

[Planken]t. Einfahrt aus Planken ins Obergeschoß der Scheune: *Plankntenn* Hengersbg DEG.

[Boden]t. **1** wie →*T.* 1a, °Gesamtgeb. vereinz.: °*ma schaukln auf Kirta wieda auf da Bodntenna* Lenggries TÖL.– **2** oberer od. oberster Boden in der Scheune, °OB, °OP, °MF, °SCH vereinz.: °*Bodndenna* „über der Stadeltenne" Dollnstein EIH.

[Bor]t. wie →[*Boden*]*t.* 2: *da Buiten* „Holztenne" Kchbg LF.– Zu →*Bor* 'Empore'.

[Ge-treide]t. **1** wie →*T.* 1a, OB, NB, OP vereinz.: *Troadtend* Pfarrkchn; *bis daß seine Kopfschuarten ausschaut wie eine Traidtenn nach dem Drusch* HOFMILLER Helmbrecht 67; *Getraia-Tenne* HÄSSLEIN Nürnbg.Id. 132.– **2** wie →[*Boden*]*t.* 2: *Troaddenn* „im ersten Stock, wo man das Getreide ablädt" Langquaid ROL.

HÄSSLEIN Nürnbg.Id. 132.– WBÖ IV,1525f.

[Dresch]t. Tenne zum Dreschen, °OB, °NB, °OP, °MF vereinz.: *Dreschdeena* „läuft quer zur Fahrtenne" Jachenau TÖL; „Aufbewahrungsort für das Getreide ... *drēsdēn*" O'wössen TS nach SOB V,240; *1 Treschthenne 1 Kühestall auf 8 Stücke Viehe* Teisendf LF 1810 StA Mchn BezA/LRA 230018, fol. 6f.; *darbey ain Treschtennen* 1580 Chron. Kiefersfdn 102.

WBÖ IV,1526.

[Drischel]t. dass., °OB vereinz.: °*da Drischltenna* Wildenroth FFB; „Der westliche *Stadeltener* war als *Drischeltener* die Haupt- und Dreschtenne" Reinwarzhfn HIP 1830 BJV 1954, 25.

[Fahr]t. Tenne zum Fahren, Scheuneneinfahrt, °OB vereinz.: *Fahrdenna* „wo hauptsächlich Heu eingefahren wird" Lenggries TÖL; „aus

Abb. 14: *Firsttenne* 'in Firstrichtung verlaufende Tenne' (Bodenmais REG).

einer halbgemauerten ... Viehstallung mit *Heuboden* u. *Fahrtenne*" Tölz Intelligenzbl. der Königlichen Regierung von Oberbayern, 1850, 1662.

[Auf-fahrts]t. Auffahrt, Einfahrt ins Obergeschoß der Scheune: *Affahrtstenn* Chieming TS.

[Ein-fahrts]t. wie →[*Fahr*]*t.*: °*Eifahrtsdenn* „immer ebenerdig" Aicha PA.

[First]t. **1** in Firstrichtung verlaufende Tenne, Scheuneneinfahrt, °OB, °NB, °OP, °SCH vereinz.: °*Firsttenn* „Einfahrt an der Giebelseite" Malching GRI; „*First...tenn* ... Dreschraum mit dem Boden aus gestampftem Lehm" PEETZ Kiemseekl. 117.– S. Abb. 14.– **2** wie →[*Boden*]*t.* 2, °OB, °NB, °OP vereinz.: °*Pfirschttenna* „Lagerboden, vom First aus durch eine Tür zu betreten" Maxhütte-Haidhf BUL.

SCHMELLER I,608.

[Floß]t. wie →*T.* 3, OB vereinz.: *Floßtenna* Wildenroth FFB; „rettete sich aber durch Schwimmen, über die *Floßtenne*, an das jenseitige Ufer" Die Bayer. Landbötin 1 (1830) 97.

†**[Vogel]t.** Platz od. Vorrichtung zum Fangen von Vögeln, Vogelherd: *als mit Vogelthennen, Netzen, Gruben, Fallen* Landshut 1506 BLH XVI,40.

WBÖ IV,1526.

[Vor]t. Scheuneneinfahrt: *Vordenn* Staudach (Achental) TS; „die gesamten Scheunenanlagen mit *Vortenne, Dreschtenne, Garbenböden*" P. WERNER, Bäuerliche Baukultur im Berchtesgadener Ld, Berchtesgaden 1984, 64.

WBÖ IV,1526.

[Futter]t. Boden, Raum in der Scheune für Viehfutter, OB, °NB vereinz.: °*da Fuadatenn* „zum Lagern für Grünfutter, unmittelbar vor den Stallungen" Malching GRI; „Die größern Scheunen haben eine *Getraid-* und eine *Futter-Tenne*" KÖZ, REG, VIT Bavaria I,988.

WBÖ IV,1526.

[Gersten]t. Raum zum Keimen der Braugerste: *da Gäschtntönna* Ascholding WOR.

WBÖ IV,1526f.

[Haufen]t. dass., °OB, °NB, °OP, °SCH vereinz.: °*Haufntenna* „wo die nasse Gerste zum Schwitzen auf Haufen geschüttet wurde" Polling WM; „Die *Haufen-* oder *Wachstenne* ... soll auf böhmische Art gewölbt werden" SCHARL Braunbier 148.

[Haus]t. wie → *T.*2b, °OB, NB, °OP, OF, °MF vereinz.: °*putz n Haustena!* Dietfurt RID; *wie wenns vom Kuhstall lauta Kaiwla vorziehen täten ... und an Haustenna ... abstechen täten* Kastl NM BÖCK Sitzweil 20; *Im Hauß thenn. 1 Grosser sulz zuber* M'rfels BOG 1633 BJV 1962,207 (Inv.); *kollen in der hausthennen* Auerbach ESB 1780 HELM Konflikt 103.

HÄSSLEIN Nürnbg. Id. 132; SCHMELLER I,608.– WBÖ IV,1527.

[Heu]t. Heuboden, Einfahrt dazu, °OB, °NB, OP vereinz.: *Heitönn* Haunzenbergersöll VIB; „Im Jahre 1731 ... auf der *Heutenne* ... ein Feuer ... entdeckt" O'ammergau GAP OA 20 (1859-1861) 150.

SCHMELLER I,608.– WBÖ IV,1527.

[Hoch]t. im oberen Stock gelegene Tenne, Einfahrt dazu, °OB vielf., °NB, °OP, °SCH vereinz.: °*da Houdenn is iwam Kuaschtoj* Taching LF; °*Houden* „Einfahrt am Giebel, wenn der Stadel am Hang steht" Cham; *Gengiwa vom Houchtena is sWohnhaus* PINZL Bäuerin 123.

WBÖ IV,1527.

[Holz]t. Tenne aus Holzbohlen, °NB, °OP vereinz.: °*Holztenn* „1 m tief ausgeschachtet und Hartholzbohlen auf ein Balkengerüst gelegt" Straßkchn SR; *auf der Holztenne drinnen pumperte taktmäßig der ... Achterdrusch* SCHLICHT Bayer. Ld 17.

WBÖ IV,1527.

†**[Kasten]t.** Kornhaus: *eine eiserne Ketten aus der Kastentennen ... enttragen* 1705 BREIT Verbrechen u. Strafe 158.

[Keim]t. wie → *[Gersten]t.*, °OB, °NB, °OP, °SCH vereinz.: *da Kaimdeen* Mittich GRI; *Brauhäuser mit Keimtennen, Malzdarren und Kellern* Landshuter Ztg 11 (1859) 518.

[Kot]t. Tenne aus gestampftem Lehm, °NB vereinz.: °*a Kottennd aus Lehm* Metten DEG.

WBÖ IV,1527.

[Kreuz]t. 1 quer zur Firstrichtung od. in einem querliegenden Anbau verlaufende Tenne, Scheuneneinfahrt, °OB, °NB, °OP, °SCH vereinz.: °*Kreizdön* Lohbg KÖZ; „nach dem Orte, den er in der Scheuer einnimmt, bald ein *First-* bald ein *Kreuz-... Tennen*" SCHMELLER I,608.– S. Abb. 15.– **2** Quergang zum Hausgang: °*Kreuztena* Dollnstein EIH.– **3** Querbau einer kreuzförmigen Scheune, °OB vereinz.: °*Kreuztenne* Hohenschäftlarn WOR; *Kreuz...tenn* PEETZ Kienseekl. 117.

SCHMELLER I,608.

Abb. 15: *Kreuztenne* 'in einem querliegenden Anbau verlaufende Tenne' (Mettenham TS).

[Leim]t. wie →*[Kot]t.*, °NB, OP vereinz.: °*Loamtenn* „festgestampfter Lehm, mit Stroh vermischt“ Malching GRI.– Zu →*Leim* ‘Lehm’.
WBÖ IV,1528.

[Maische]t. Raum, Boden im Brauhaus, wo Maische hergestellt od. gelagert wird, °OB, °NB, °OP, °SCH vereinz.: °*Maischtenn* „dort wird das Malz von den Keimlingen befreit“ Gangkfn EG.
WBÖ IV,1528.

[Malz]t. wie →*[Gersten]t.*, °Gesamtgeb. vereinz.: *da Hoolztenna* „Raum und Boden zum Keimen der Gerste“ Naabdemenrth NEW; *Malzdenn, Sommerkeller, und Mühle ist entfernt* Bilanz 1782 29.
SCHMELLER I,608.– WBÖ IV,1528.

[Nieder]t. ebenerdige Tenne, Scheuneneinfahrt, °OB, °NB, °OP vereinz.: °„in alten Höfen *Hochtenn*, heute gibt es nur mehr *Niedertenn*“ Riedering RO.
WBÖ IV,1528.

[Ob]t. wie →*[Boden]t.*2, °OB vereinz.: °„bei Höfen mit einer Hochfahrt ist die Tenne über dem Stall, darüber ist dann die *Obtenna*“ Bayersoien SOG; *optena* „Oberstock der Tenne“ FREUDENBERG Böbing 36.
WBÖ IV,1528.

[Ober]t., [Über]- 1 wie →*[Hoch]t.*, °OB, °NB, °OP, MF vereinz.: °*der Obrtenna* „über dem Stall mit einer Obeneinfahrt verbunden“ Fronau ROD; *ōwadēna* „zweiter Stock; hier alles Hocheinfahrten“ Huglfing WM nach SBS VIII,45; *An Pauholz ist … bewilligt … 1 Stemblein Wolff Thoma zum Oberden ins Haus* Kchnreinbach SUL 1621 HARTINGER Ordnungen II,659.– **2**: °*Owadend* „Brettergerüst zum Hochaufladen und Abladen der Garben beim Dreschen“ Gangkfn EG.
WBÖ IV,1528.

†**[Reim]t.** wohl wie →*T.*2aα: „begriff … die Behausung eine Stube, eine Küche … daneben angebaut die *Remtenne* und eine geräumige Hofstatt“ 18.Jh. PEETZ Kiemseekl. 113.– Zu →*Reim* ‘dass.’.

[Reiben]t.: *Reimdenna* „Fahrraum im Stadel, wo sich *Zwerchtenne* und *Firsttenne* kreuzen“ Valley MB.– Wohl zu →*Reibe* ‘Kurve’.

†**[Schoß]t.** (mit Baumstämmen u.ä.) eingefaßte Flußsohle am Ausgang einer Schlucht, um Aufstauungen von Geröll zu vermeiden: *daß Ärchel* [Wehr] *vorm Rechen … biß auf den anndern Schoßdennen … mit … grossen stainen ausgefillt* 1606 Stadtarch. Rosenhm GRE 40,232.
SCHMELLER II,479.– WBÖ IV,1528.

[Stadel(s)]t. 1 wie →*T.*1, °OB, °OP, °SCH mehrf., °Restgeb. vereinz.: °*Stolldenna* „Stadeleinfahrt“ Mammendf FFB; °*er is af d Stodltenna untagfalln* Kchndemenrth NEW; *se soj se … auf d'Nochd zwischn 12e und 1 in Schdodltenna … nausschdelln* Berg SOB BÖCK Sagen Neuburg Schrobenhsn 22; *Bey dem dreymaligen Dreschen muß die Stadeltenne vor und rückwärts offen stehen* Münchener Intelligenzbl. 1783, 56.– **2** wie →*T.*2b, OB vereinz.: *Schtalltenna* „Hausflur“ Hzhsn LL.
SCHMELLER I,608.– WBÖ IV,1529.

[Über]t. wie →*[Hoch]t.*, °OB, °NB, °OP vereinz.: °*da Ibadend* „Bretter auf halber Höhe im Stadel, für Heu und Stroh“ Vilshfn; „Die rückwärtige Auffahrt zum Stadel ist die … *īwadei*^{n}*nə*“ LECHNER Übergangsgeb. 62.
WBÖ IV,1529.

[Unter]t. wie →*[Nieder]t.*, °OB, °NB vereinz.: °*da Untadent* „ebenerdig“ Breitenbg WEG.
WBÖ IV,1529.

[Wind]t.: °*Winddennl* „überdachter Verbindungsgang an der Außenwand, um vom Wetter geschützt von einem Scheunenteil zum anderen laufen zu können“ Eiting MÜ.

[Zwerch(st)]t. 1 wie →*[Kreuz]t.*1, °OB mehrf., °NB, °OP, °SCH vereinz.: *Zwerschtdenna* Valley MB; °„der *Zwergsttennt* geht quer über die Dreschtenne“ Passau; *Zwe*^{a}*chdeen* „Quertenne“ BAUMGARTNER Wasserburger Ld 74.– **2** wie →*[Kreuz]t.*2: °*Zwerchtenna* „Quergang zum Hausgang“ Dollnstein EIH.– **3** Querbau einer Scheune, °OB vereinz.: °*Zwerchtenna* „Seitenbau der Tenne“ Fischbachau MB; „*Zwerch-* oder *Aestenn*, d.i. Heutenne“ PEETZ Kiemseekl. 117.
SCHMELLER I,608. E.F.

denna →*[denn]noch*.

Tenne →*Tanne*.

denne(s)t → [*denn*]*noch*.

Tennet
N. **1** Tenne, Scheuneneinfahrt, Dreschplatz, °OB, NB vereinz.: °*Tennat* Herrsching STA; „auf dem *Tennet* haben … zwei Dreschflegel von selber zu dreschen angefangen" QUERI Rochus Mang 21.
2 Heuboden: *der is … vom Tennat runtergflogn* ders. Pfanzelter 43. E.F.

-tennig
Adj., nur im Komp.: [**zwei**]**t.** mit Obergeschoß: „der *zwei-* bis *dreitennige Stadl* mit seinem Steildach" HÄRING Gäuboden 5. E.F.

Tenór, Ténor
M. **1** hohe Männersingstimme: °*Tenor singen* „im Kirchengesang" Rettenbach WS; *Tenor* ⁴ZEHETNER Bair.Dt. 346.– Phras.: °*in dem Tenor hör ich dir nicht mehr lang zu* „zu einem, der recht schimpft" Reit i.W. TS.
2 Tenorsänger, °OB vereinz.: °*Tenor* Fürstenfeldbruck; *Es ist halt ein Kreuz … wenn man nur einen einschichtigen Tenor hat* Altb.Heimatp. 8 (1956) Nr.27,7.– Phras.: °*Tirolertenor* „schlechter Tenorsänger" Thanning WOR.
3 die Gruppe Tenorsänger in einem Chor: °*in Tenor kaannt ma nu oin brauchn* Altenstadt NEW; *In äjerschtn Tenor warns zo zweit* SCHEMM Die allerneistn Deas-Gsch. 73.
4: °*da is a guata Tenor vohandn* „da herrscht ein gutes Betriebsklima" Inzell TS.

Etym.: Aus it. *tenore*. In Bed.4 schriftsprl. aus lat. *tenor* 'Zusammenhang'; KLUGE SEEBOLD 913.

SCHMELLER I,609.– WBÖ IV,1530.

Komp.: [**Gänse-gurgel**]**t.** kehlige, gepresst klingende Tenorstimme: °*Gänsgurgltenor* Nabburg.

[**Häfelein**]**t. 1** schlechte, blecherne od. schwache Tenorstimme, °OB, °NB, °OP, °MF vereinz.: °*du mit deim Haferltenor!* Schrobenhsn.– Spruch: °*der hat einen Haferltenor* „ist ein guter Trinker" Kchseeon EBE.– **2** Sänger mit dieser Stimme, °OB, °NB, °OP vereinz.: °*Haferltenor* „hat eine rostige Stimme" Mintraching R.– **3** Säufer: °*Haferltenor* „Trinker" Laaber PAR.

[**Helden**]**t.** schöne, kräftige Tenorstimme, °NB, °OP vereinz.: °*Heldntenor* Dingolfing.– Auch ironisch: °*Heldntenor* „Amateursänger" Eslarn VOH.

[**Knödel**]**t. 1** wie →[*Gänse-gurgel*]*t.*, °OB, °NB, °OP, °MF, °SCH vereinz.: °*der hot an Knödltenor* „singt gepreßt" Edelshsn SOB.– Spruch: °*der hat einen Knödeltenor* „ist ein guter Esser" Kchseeon EBE.– **2** Sänger mit dieser Stimme, °Gesamtgeb. vereinz.: °*Knödltenor* „singt, wie wenn er einen Knödel im Halse stecken hätte" Ried ND.– **3**: °*Knödltenor* „Mensch, der viel frißt" Laaber PAR.

WBÖ IV,1530.

[**Krawättlein**]**t. 1** wie →[*Gänse-gurgel*]*t.*: °*Krawattltenor* „Tonansatz im Hals, gequetscht" Mchn; *Gä weida, des is do a Krawattltenor …* „gepresste Stimme" MM 15./16.11.1997, S.5.– **2** wie →[*Knödel*]*t.*2, °NB, °OP vereinz.: °*Krawattltenor* Mintraching R; *wenn einer … recht … über das A hinauskommt, dann ist er … ein ganz windiger Krawattltenor* Altb.Heimatp. 8 (1956) Nr.27,7.

WBÖ IV,1530.

[**Schmalz**]**t.** schmalzig singender Tenor, °OB, NB vereinz.: °*Schmalztenor* „singt tremolierend, zu gefühlvoll" O'stimm IN. E.F.

dent, drüben, →[*da*]*ent*.

Tent → *Tenne*.

tentieren
Vb. **1** unternehmen.– **1a** erwirtschaften: *dẽntían* „unternehmen, wirtschaften" nach KOLLMER II,322; *êitz kà˜ mə˜ nicks mèiə' tentiə'n* Bay. Wald SCHMELLER I,611.– **1b** †Maßnahmen ergreifen, versuchen: *oder sunst etwas zu tentiern* Ingolstadt 1614 C.M. v.ARETIN, Chronologisches Verzeichniss der bayer. Staats-Verträge, Passau 1838, 167.
2 †untersuchen, prüfen: „Aus welcher Superstition … dies geschehen … habe er bisher noch nicht *tentieren* wollen" Werdenfels 1607 RIEZLER Hexenproz. 185.

Etym.: Aus it. *tentare* od. frz. *tenter*; WBÖ IV,1532.

SCHMELLER I,611.– WBÖ IV,1531f. E.F.

Tentsch, Schmarren, Mehlspeise, → *Täntsch*.

Denz → *Vater*.

Denze, Gabeldeichsel, → *Änze*¹.

tepfeln
Vb., (Ostereier) gegeneinanderstoßen, Osterbrauch, °OB vereinz.: °*dema Oadepfin!* Dachau.
M.S.

tepfen
Vb. **1** stoßen, drücken.– **1a** stoßen.– **1aα** anstoßen, einen Stoß geben, °OB, °OP vereinz.: *der hat'n depft* „ein Schusser den anderen" Barbing R; „*däpfte* (wenn ein Schusser den anderen trifft)" GASSNER Rgbg.Vkde 27.– Phras.: °*i wer der gleich oane depfn* „eine Ohrfeige geben" Schwandf.– **1aβ** (Ostereier) gegeneinanderstoßen, Osterbrauch, °OB, °NB, °OP, °MF, °SCH vereinz.: °*öitz dama Oia depfa* Frauenbg PAR; „Kinderspiel an Ostern ... das *Eierdepfen*" GASSNER ebd. 24.– **1b**: °*muaßt besser depfn!* „niederdrücken" Riedering RO.
2 übertreffen, entmutigen, hereinlegen, zurechtweisen.– **2a** übertrumpfen, besiegen, °OB, °NB, °OP vereinz.: °*da Sepp håt scho gmoant, er werd Schütznkönig, aber da Anderl håt'n däbft* Hzkchn MB.– **2b** entmutigen, deprimieren, °OB vereinz.: °*was schaugst denn so depft?* Mchn; *depft* „niedergeschlagen, gedrückt" [4]ZEHETNER Bair.Dt. 138.– **2c** hereinlegen, überlisten, °NB, °OP vereinz.: °*der hat mi depft* Dingolfing.– **2d** zurechtweisen, die Meinung sagen, °OB, °NB, °OP vereinz.: °*den Bruder derfst a weng depfn, der wird zu frech!* „in die Schranken verweisen" Schönbrunn LA.
3 klauen, stehlen, °NB (v.a. O) mehrf.: °*heit hån i an Såck voll Epfi depft* Passau.
4 gehen, laufen.– **4a** schwerfällig gehen, °OB vereinz.: °*der is depft* Ellmosen MB.– Auch: *däpfa* „hinken" Chieming TS.– **4b** fest auftreten d gehen, °OB vereinz.: °*depfn* „stapfen" Perchting STA.– **4c** schnell laufen, rennen, °OB vereinz.: °*da bin i vielleicht depft!* Manching IN; *depfen* Mchn DWA II,5.– **4d** refl. °*dua di depfa, boi* [wenn] *i di ned zammrenna soi!* „geh aus dem Weg!" Dachau.

Etym.: Herkunft unklar, vielleicht Spielform zu →*tappen*; WBÖ IV,1534.

WBÖ IV,1534.

Abl.: *tepfeln, Tepfer, -tepferln.*

Komp.: [**ab**]**t.**: °*der is vielleicht abdepft!* „schnell weggelaufen, weggefahren" U'föhring M.

[**abhin**]**t. 1** übertreffen, zurechtweisen.– **1a** wie →*t.*2a, °OB vereinz.: °*den hob i owidepft* „übertrumpft" Geisenfd PAF.– **1b** wie →*t.*2d, °OP vereinz.: °*den hams gestan oidepft* „die Meinung gesagt" Beratzhsn PAR.– **2** wie →*t.*3: °*owidepft* „unerlaubt weggenommen" Tittling PA.

[**hin-auf**]**t.** wie →*t.*2a, in Phras.: °*do hob i eahm oani naufdepft!* „in einem Streitgespräch ausgestochen" Hohenpeißenbg SOG.

[**be**]**t. 1** betäuben, benommen machen: *bedepft sei* Traunstein.– **2** wie →*t.*2b, °OB vereinz.: °*ganz bedepft* „niedergeschlagen" Rechtmehring WS; „Die Res ... entfleuchte ganz *dasig* und *bedepft* der Stätte ihres Reinfalls" Altb.Heimatp. 64 (2012) Nr.45,25.– **3** Part.Prät.: °*der is bedäpft* geistig beschränkt Schwandf.
WBÖ IV,1534.

[**der**]**t. 1** ermüden, betäuben.– **1a** auch unpers., ermüden, ermatten, °OB, °NB, °OP vereinz.: °*dö Hitz hot mi ganz dadepft* Wettstetten IN; °*den hots dadepft* „er ist schlapp geworden" Rdnburg; *Bin I dadepft...!* „erschöpft" MM 26./27.7.1997, J5.– **1b** wie →[*be*]*t.*1, OB, NB vereinz.: *derdepft* „besinnungslos" Passau; *derdepft* „benommen" [4]ZEHETNER Bair.Dt. 95.– **2** wie →*t.*2b, °OB, °NB vereinz.: °*der is ganz dadepft* „zermürbt" Deggendf.– **3** verblüffen, erschüttern, fassungslos machen, OB, NB vereinz.: *ganz dadepft sei* „betroffen" Plattling DEG; *derdepft* „verdutzt" ZEHETNER ebd.– **4**: °*den hats dadepft* „erwischt, unglücklich getroffen" Garching AÖ.
M.S.

Tepfer
M. **1** Schelte, Rüge, °OB, °NB vereinz.: °*oan an Depfer gebn* „ausschimpfen" Kelhm.
2 Schlappe, Niederlage: °*dem hob i an Depfa gebn* Inzell TS.
WBÖ IV,1535. M.S.

-tepferln
Vb., nur im Komp.: [**zu-ruck**]**t.** zurücklaufen: *Daß de Schaffner aber gar nimmer ausruafa! ... jetzt kann i wieder zwoa Stationa zruckdäpferln* KREIS Münchner 144. M.S.

Depp
M. **1** abwertend von Menschen.– **1a** dummer, ungeschickter Mensch, °Gesamtgeb. vielf.: *i lass mi net zum Deppm machn!* Dünzelbach FFB; °*du bist scho a ganza Depp, sunst hätst vo dera Sach deine Händ lassn* Ruhstorf GRI; °*a ganz*

großer Depp „Hanswurst" Sulzbürg NM; *Hamma mit dem oidn Deppen selba ned scho gnua Kreiz?* LOEW Grattleroper 89.– Spruch: °*Wenn du Depp immer Depp zu mir Depp sagst, dann sag i so lang Depp zu dir Depp, bis du Depp nie mehr Depp zu mir Depp sagst!* Altb.Heimatp. 53 (2001) Nr.10,24.– Ortsneckereien: „Rosenheim ... *Deppen*" Dt.Gaue 8 (1907) 120.– „*Deppen* gibt's überall, aber nicht nach der Wahl *als wia z'Reichenhall*" Chiemgau HuV 15 (1937) 56.– **1b** Geistesgestörter, Verrückter, °OB, °NB, °OP, °MF vereinz.: °*des is a ganza Depp, drum hamsn in a Anschdoid do* Halfing RO; „Da sah er den ... *Teppen*, wie er mit seinen schielenden ... Augen ... auf den Boden starrte" LINKE Jahr 383.– Phras.: *di hat der Depp gstreift* „du bist verrückt" Bruckmühl AIB.– °*Des is so viel, als wenn i an Deppn gutn Morgn wünsch* vergebliche Mühe H'schmiding WOS.– **1c** zu gutmütiger, unterwürfiger Mensch, °Gesamtgeb. vereinz.: °*i mach do net dein Deppn* „lasse mich von dir nicht ausnutzen" Mchn; *mit mir kann die ganz Welt toa, was s' mag! I bin der Depp hint und vorn!* CHRIST Werke 589 (Rumplhanni).– **1d** schüchterner Mensch, NB, OP vereinz.: *Tepperl* Hohenthan TIR.
2 Mißratenes, Mißgebildetes, Verletztes.– **2a**: °*Depp* „alles, was nicht normal ist" Inzell TS.– **2b** mißratenes Backwerk, v.a. Brot, °OB, °NB, °OP, °MF vereinz.: *wanna da Toag z leh* [weich] *is, nocha wiad s Broud a lautana Depp* Hengersbg DEG; °*Deppn* „verformte Semmeln" Michelsneukchn ROD.– Auch: °*heit hamma lauta Deppn gmächt* „mißglückte Knödel" Passau.– **2c** verkrüppeltes, verletztes Körperglied.– **2cα** verkrüppelter, verletzter Finger, °OB, °NB, °OP, °OF vereinz.: °*i ho an Däppn an da linkn Hend, dou ko i niat gscheid zougreifa* Pertolzhfn OVI.– **2cβ**: °*Deppn* „verkrüppelte Hände" Neuhs PA.– **2cγ**: °*Depp* „verkrüppelter Fuß" Passau. **3**: °*i ho an Deppm davotrong* „eine Verletzung" Thiershm WUN.

Etym.: Wohl Abl. zur Wz. von →*tappen*; ²DWB VI,686.

SCHMELLER I,613.– WBÖ IV,1535-1537.

Abl.: *depp(e)licht, -deppeln, Depperei, Depperling, deppicht, deppisch.*

Komp.: [**April**]**d.** Aprilnarr, °OB, °NB, °OP, °SCH vereinz.: °*du Abruidebb!* Dachau.

WBÖ IV,1537.

[**Bauern**]**d.** dummer, ungehobelter Mensch (vom Land), OB, NB, OP, OF vereinz.: *mechtn se de Bauntepm a a da Stodt herin progln!* „aufspielen" Erding; *Bauerntepp, damischer!* Kötzting.

WBÖ IV,1537.

[**Dorf**]**d. 1** Dorftrottel, °OB, NB, °OP vereinz.: *Dåffdepp* Ruhstorf GRI; *Dorfdepp* BINDER Saggradi 43.– **2** dummer, ungehobelter Mensch vom Dorf, °OB, NB, °OP vereinz.: °*Dorfdepp* Ammerthal AM; „Im übrigen sei die Bayernpartei ... als ...'Verein der *Dorfdeppen*' bezeichnet worden" SZ 8 (1952) Nr.292,2.– Auch Schimpfw. allg.: °*der is a ganzer Dorfdepp!* Salzweg PA; *Doafdεpp* AMAN Schimpfwb. 46.

WBÖ IV,1537.

[**Voll**]**d.** sehr dummer Mensch: °*mid döm Foideppn kå må nix åfanga!* Wimm PAN; *Voiddepp* „Steigerung von *Depp*" BINDER Saggradi 24[illegible].

[**Halb**]**d. 1** wie →*D.* 1a, °OB, NB vereinz.: °*Haibdepp* „Dummkopf" Piding BGD.– **2**: *Halbdepp* „etwas närrischer Mensch" Perasdf BOG.

[**Haus**]**d. 1**: *is hålt a so an årmer Hausdepp* „geistig Zurückgebliebener innerhalb einer Familie" Wasserburg.– **2** wie →*D.* 1a, °OB, NB, OP vereinz.: °*du Hausdepp, muaßt jetzt du des weitertratschn!* Wettstetten IN; *jetzt tuat der Hausdepp an Rechtn* [vierthöchsten Trumpf beim Watten] ... *eine, wo i den Greanling trump[illegible]sch gnomma hätt!* Altb.Heimatp. 5 (1953) Nr.[illegible]8.– **3** willensschwacher, unterwürfiger Mensch.– **3a** Pantoffelheld, °OB, NB vereinz.: °*a rechda Hausdebb issa scho, da Baua, dea griachd ja seina Oidn in Orsch eini!* Ebersbg; „Sie berufstätig, ich *Hausdepp*" H. ACHTERNBUSCH, Ist es nicht schön zu sehen wie den Feind die Kraft verlässt, Weitra 2002, 21.– **3b** wie →*D.* 1c, °OB, NB vereinz.: *moanst i mach da an Hausdeppn!* „den Diener" Staudach (Achental) TS; *Bo[illegible]nti ... Hausdäpp* BERTHOLD Fürther Wb. [illegible]8.– **4**: *Hausdepp* „Kind, das gegenüber den Geschwistern schlechter behandelt wird" O'lind VOH.

WBÖ IV,1537f.

Mehrfachkomp.: [**Brot-haus**]**d.** wie →[*Voll*]*d.*, °OB vereinz.: *Brouthausdepp* „sehr dummer Mensch" Walpertskchn ED.

[**Hoi**]**d.**: °*Hoidäbb!* „hinterwäldlerischer Blödel!" Rottendf NAB.

[**Hunds**]**d.** wie →[*Voll*]*d.*: *Hundsdäpp* Irlahüll EIH; „Ein großer *Depp* ist der *Goasdepp*, der

Handsdepp“ Siebzehnriebl Grenzwaldheimat 278.

[**Laiblein**]**d.**: °*Loabidepp* „Schimpfwort für Bäkker“ Inzell TS.

[**Loim**]**d.** wie →*D.*1a: °*Loamdepp* „einer, der etwas nicht begreifen will“ O'viechtach.

[**Loch**]**d.**: °*Lochdepp* Schlammbeißer Dachau.

[**Ge-mein**]**d.** **1** wie →[*Dorf*]*d.*1, °OB, °NB, °OP, °MF vereinz.: °*so saudumm ka nöd amoi da Gmoadepp daherredn* Tittmoning LF; *Gmoadepp* „Dorftrottel“ Binder Bayr. 74.– **2** wie →*D.*1a, °OB, °NB, °OP vereinz.: °*Gmoadäp* Strohkopf Rgbg; *Gmõãdɛpp* Aman Schimpfwb. 66.– **3** wie →*D.*1c, °OB, NB, °OP vereinz.: °*moinst vielleicht, i mach enkan Gmoideppn?* „lasse mich ausnutzen“ Kchndemenrth NEW; *nacha muaß er ... in diese Sachen a'n Gmoadepp markier'n* Mchn.Stadtanz. 8 (1952) Nr.22,3.

[**Mode**]**d.** übertrieben modisch gekleiderter Mensch: *Modödepp* Hengersbg DEG.

[**Mond**]**d.** **1** Mond, °OB vereinz.: °*schaug an Mondebbe o, wia bled dea åwazåhnt* Dachau.– **2** von Menschen.– **2a** mondsüchtiger Mensch, °OB, °NB vereinz.: °*des isch a Maudepp* Eresing LL.– **2b** wie →*D.*1a, °OB, °NB, °OP vereinz.: °*Monddepp* „blöder Mensch“ Schwandf.

[**Ofen**]**d.** wie →*D.*2b: °*Ofndepp* „schlecht gebakkener Brotlaib“ Kay LF.

[**Sau**]**d.** wie →[*Voll*]*d.*, °OB, NB vereinz.: °*du bischt a Saudepp!* Weilhm; „großer *Depp* ... *Saudepp*“ Siebzehnriebl Grenzwaldheimat 278.

M.S.

depp(e)licht

Adj., dumm, einfältig, °OB, NB, vereinz.: °*täpplert* alberskindisch Polling WM.

WBÖ IV,1545f. M.S.

-deppeln

Vb., nur im Komp.: [**ver**]**d.**: °*der Finger is vodeplt* „verkrüppelt“ Schnaittenbach AM. M.S.

-deppen

Vb., nur in Komp., in heutiger Mda. nur Part. Prät.: [**be**]**d.** **1** betäubt, benommen, OB, OP vereinz.: *bedeppt sei* Mchn.– **2** verlegen, ratlos: *„Ja woaßt,“ sagte etwas beteppt der Rüpi, „i hon ja 's Roß a no net!“* Kroher Ache 526.– **3** †zurückstoßen, niederdrücken: *zipideppanne* Tegernsee MB 10./11.Jh. StSG. II,135,24f.– Ahd. *bidebben*, mhd. *beteben*, wohl zur selben Wz. wie →*tappen*; WBÖ IV,1541.

WBÖ IV,1541.

[**der**]**d.** **1** wie →[*be*]*d.*1: *da bin i ganz derdeppt* betäubt Maxhütte BUL.– **2** wie →[*be*]*t.*2: *dadebt* verlegen Aicha PA.– **3**: *dadebt sa* klein und häßlich Mchn.

WBÖ IV,1541. M.S.

Depperei

F., Blödsinn, Unfug: *Wås habt's denn für'a Däpparei å(n)gschtejd?* Rasp Bgdn.Mda. 43.

WBÖ IV,1542. M.S.

Depperling

M.: °*Depperling* „schlecht gebackener Brotlaib“ Fischbachau MB.

WBÖ IV,1542. M.S.

tepperln

Vb.: °*debaln* „prasselnd klopfen, z.B. Regen auf dem Dach“ Kötzting.

Etym.: Abl. zur Wz. von →*tappen*; vgl. WBÖ IV,1541 (-teppeln). M.S.

-deppern

Vb., nur im Komp.: [**be**]**d.** **1**: °*der hat mi ganz bedeppad* „übertölpelt, betrogen“ Manching IN.– **2** Part.Prät., benommen, verblüfft.– **2a** benommen: °*bedepat* Winhöring AÖ; *bedeppert* [4]Zehetner Bair.Dt. 64.– **2b** verblüfft, fassungslos: *warum mi da Helmut sua bedäbbąt a'g'schaut haout* Kraus lusti 65.– Gleicher Herkunft wie →*-deppen*; Kluge-Seebold 100. Anders WBÖ IV,1542.

WBÖ IV,1542. M.S.

Teppich, Tebich(t)

M. **1** Teppich, in ä.Spr. auch Wandteppich, °OB, °NB, °OP, °MF, SCH vereinz.: °*i loos mir an Teppich wircha* Reichersbeuern TÖL; *Dëwëch* OB Bavaria I,348; *tẹ̄wat* nach L. Zehetner, Die Mda. der südl. Hallertau, Ex.masch. München 1963, 47; *Tapetivm tepih* Rgbg 11./12.Jh. StSG. III,655,60; *Nu was der sal reichlich mit tebichen*

... *bedecket* HAYDEN Salomon u.Markolf 337, 1106-1108; *1 Tyroller Tewich* Griesstätt WS 1758 MHStA BrPr.Wasserburg 680, fol.76ʳ.
2 Tischdecke: *Zwen seiden Türckhische döbich iber vieregkhet disch* Lichtenbg LL 1603 Sb Mchn 1910, 5.Abhandlung, 6 (Inv.).

Etym.: Ahd. *teppih*, mhd. *tep(p)ich* stm./n., aus lat. *tapetum*; KLUGE-SEEBOLD 914.

SCHMELLER I,580.– WBÖ IV,1542-1544.

Komp.: [**Bändlein**]**t.** Fleckerlteppich, °OB, °NB vereinz.: °*Bandlteppich* Gündlkfn LA; „die *Bandlteppiche*, wie sie ... in bäuerlichen ... Häusern ... durch die ... Stube ... liefen“ HAGER-HEYN Dorf 143.

†[**Bank**]**t.** Decke für eine Bank: *zwen panck tebich* 1495 Stadtarch. Rgbg Inv.Aman, fol.9ʳ.
WBÖ IV,1544.

†[**Tafel**]**t.** wie → *T.2*: *Ain lannger rother Türckhischer dafel döbich* Lichtenbg LL 1603 SbMchn ebd.

†[**Tisch**]**t.** dass.: *1 gruen alten tischdepich* Rain SR 1547 Rgbg u.Ostb. 117 (Inv.); *3 leinwandene Tischteppicht* Wunsiedel 1715 SINGER Vkde Fichtelgebirge 25.
WBÖ IV,1544f.

†[**Esel**]**t.** Decke für einen Esel: *vier esl tebich* Mchn 1576 Bayerld 24 (1912/13) 331.

[**Fleckelein**]**t.**, [**Flecklein(s)**]**-**, [**Flecker**]**-** Fleckerlteppich, °OB, °NB, °OP vielf., °Restgeb. vereinz.: °*Fleckerteppich* Koppenwall ROL; °*Fleklasdebbich* Regelsbach SC; „kein Parkett ... und auch keine Perser, sondern höchstens *Fleckerlteppich*“ Mchn.Stadtanz. 16 (1960) Nr.6,4.– Übertr. vielfältig gestaltete Fläche: „Ottobrunn ... ist wegen seiner ungeordneten Bebauung der reinste *Fleckerlteppich*“ SZ 9 (1953) Nr.235,5.
WBÖ IV,1545.

[**Hadern**]**t.** dass.: °*Hådanteppich* „Fleckerlteppich“ Ampfing MÜ.

[**Lauf**]**t.** längerer, schmaler Teppich, Läufer: *an Laufdepich aufn Gång löng* Mittich GRI.
WBÖ IV,1545.

[**Lumpen**]**t.** wie → [*Fleckelein*]*t.*, °OB, °OP, °SCH vereinz.: °*Lumpntewich* Pöcking STA.

[**Stroh**]**t.**: *Strouteppich* Strohmatte Reit i.W. TS.
WBÖ IV,1545. M.S.

deppicht, -ig

Adj. **1** ungeschickt, dumm, geistesgestört.– **1a** ungeschickt, unbeholfen, °OB, °NB, °OP mehrf., °Restgeb. vereinz.: °*heit hob i wieder zwoa deppatö Händ!* Pfaffenbg MAL; *der stellt se scho so däbbad wi da Aff beim Scheißn* Seng-kfn R; *Wos bin e aa so däbbat grennt!* SCHWÄGERL Dalust 107.– **1b** dumm, einfältig, °OB, °NB, °OP mehrf., °Restgeb. vereinz.: °*deppad daherredn* Haag WS; °*so wås Deppads is mia no nia untakömma* Wimm PAN; *wer arm gheirad hod, dejs isch a debbiger Siach* [Kerl] WÖLZMÜLLER Lechrainer 132.– Auch von Gegenständen: *recht depperte Damenhüat* Mchn.Stadtanz. 16 (1960) Nr. 25,5.– **1c** geistesgestört, verrückt, °OB, °NB, °OP, °OF vereinz.: °*der is deppad* „geistig nicht normal“ Rgbg; *Ma moant immer, in Haar* [Irrenanstalt bei Mchn] *drauss, da san die Depperten. Derweil is genau umgekehrt* MM 3./4.1.2004, 3.– Phras.: *Er ... ziagt wie deppert* [außerordentlich stark] *am Strick* Wdmünchn. Heimatbote 31 (1997) 64.– *Is grod so, als wenn du an Deppatn an guatn Morgn sogst* „sinnlos, vergebliche Mühe“ Truchtlaching TS, ähnlich °OB, °NB, °OP vereinz.– **1d** konfus, außer Fassung, OB vereinz.: *du bist ja ganz deppig* ganz von Sinnen Dünzelbach FFB; *Er macht mi ganz deppert mit seim Gspreng* J. REITMEIER, TH. STAMMBERGER, Woyzeck, Viechtach 1996, 15.– **1e** närrisch, wunderlich, OB, OP vereinz.: *a ganz a deppeter Lapp* Zolling FS.– **1f** an Drehkrankheit leidend, OB, OP vereinz.: „das Schaf ist *däbad*“ Seligenporten NM.
2 willensschwach, unentschlossen, OB, °OP vereinz.: *a deperter Kerl* Mensch, der nie weiß, was er will O'alting STA.
3 taub, benommen, niedergeschlagen.– **3a** taub, empfindungslos, °OB, °NB, °OP vereinz. °*döi Fingala han ganz deppat, gaua koi Gfühl koms möina* Schnaittenbach AM.– **3b** benommen, °OB, °NB, °OP vereinz.: °*a deppada Kopf* „nach einem Rausch“ O'neukchn MÜ; *deppert* KILGERT Gloss.Ratisbonense 55.– **3c** †: *Debig* „Still, und niedergeschlagen“ ZDL 54 (1987) 324 (Nachtr.Zaupser).
4 mißraten, mißgebildet, verletzt.– **4a** schlecht gebacken, spundig, °OB, °NB, °OP vereinz.: °*dös is a deppada Loabrot* Fronau ROD.– **4b** mißgebildet, verkrüppelt, °OB, °NB vielf., °OP, °MF, °SCH vereinz.: °*i ho an deppetn Finger, drum ko i it* [nicht] *recht zuagreifa* Bayersoien SOG; *a*

deppats Mai håm Aicha PA; °*der håt an deppadn Haxn* „Klumpfuß" Ambg.– **4c** verletzt, °OB, °NB, °OP vereinz.: °*i habs net gescheid haltn kunna mit meim deppadn Finger, wo i mi gestern brennt hab!* Hzkchn MB.
5 sehr viel, über das Normalmaß hinaus, mit refl. gebr. Vb.: *sich an was däppet essen können* „von einer Speise nicht sattbekommen können" DENZ Windisch-Eschenbach 120.

SCHMELLER I,613.– WBÖ IV,1538-1540, 1545.

Komp.: [**an**]**d. 1** wie →*d.*1a, °OB, °NB vereinz.: °*adeppat* Kumrt WOS; *o(n)däppat* „unbeholfen" RASP Bgdn.Mda. 115.– **2** wie →*d.*1b, °OB vereinz.: °*oteppat* Steinhögl BGD; *ãtepət* „geistig ziemlich beschränkt" Burghsn AÖ nach DIETL Erg.Schmeller I,19.

WBÖ IV,1540.

[**hirn**]**d.** wie →*d.*1c: *hiandebbi* „unzurechnungsfähig" Friedbg; *koa Wunder bei dera Hitz; da muass ja oans hirndeppat wern* Mchn Zwiebelturm 8 (1953) 288.

WBÖ IV,1540. M.S.

deppisch
Adj.: *deppisch* ungeschickt Ingolstadt.

WBÖ IV,1545. M.S.

Teps, -en
M. **1** Geistesgestörter, Verrückter, °OB vereinz.: °*Depsn* Fürstenfeldbruck.
2: °*Deps* „verpatzter Brotlaib" Ramsau BGD.

SCHMELLER I,529.– WBÖ IV,1546. M.S.

tepsen -tepschen
Vb. **1**: °*tepsn* „Gläser, Schüsseln zerschlagen" Hütting ND.
2: °*i lass mi do net depsn* „ausschmieren" Reit i.W. TS.
3 klauen, stehlen, °OB, °NB, °OP, °MF, °SCH vereinz.: °*der hat depst, eatz kona dafür hocka* Wettstetten IN; *depſn* Mörnshm EIH nach WEBER Eichstätt 63.
4: °*der tut depsn* „ist ein Depp" Thanning WOR.

Etym.: Wohl Intensivbildung zur Wz. von →*tappen*; WBÖ IV,1547.

WBÖ IV,1546f.

Abl.: *Teps.*

Komp.: [**abhin**]**t.** wie →*t.*3: °*wo hast n des åbitebst?* „gestohlen" Passau.

[**be**]**t.** Part.Prät. **1** verblüfft, fassungslos: °*ganz bedepst* Pittenhart TS; „Ruland schaute ganz *bedepst*" M. FLEISSER, Briefwechsel 1925-1974, hrsg. von G. RÜHLE, Frankfurt a.M. 2001, 52.– **2**: °*ich bi ganz bedäpst* „angeheitert" Kchndemenrth NEW.– **3**: *bedeppst* betäubt Traunstein.

[**der**]**t. 1**: °*den hams gestan im Wirtshaus richtig derdäppst* „aufgezogen, verspottet" Ramsau BGD.– **2**: °*der war ganz derdepscht* „deprimiert" N'hsn LAN.

WBÖ IV,1547. M.S.

Deputat
N. **1** jmdm zustehende Sachleistung, °OB, °NB, °OP vereinz.: °*s Deputatl* „Dreingabe zum Austrag" Inzell TS; *Debudad* „Der in Naturalien (Fleisch, Eier, Brennholz usw.) entrichtete Anteil des Lohnes" CHRISTL Aichacher Wb. 58.
2 Dim., (scherzh.) Nachttopf, °OB, °NB, °OP vereinz.: *s Debbadadl* Reisbach DGF.
3: °*Deputatl* „kleiner Streit" Passau.

Etym.: Aus lat. *deputatum* 'Bestimmtes, Zugeteiltes'; KLUGE-SEEBOLD 191. Bed.3 Kontamination aus *Debatte* u. →*Disputat*; WBÖ IV,1206.

WBÖ IV,1206 (Debattát), 1549. M.S.

der[1], die, das
I Pron.– **1** Dem.pron., dieser, jener, der da, °Gesamtgeb. vielf.– **1a** hinweisend.– **1aα** mit Genus- u. Numerusbezug auf das Referierte: °*schaugts mer net de dort on!* Edelshsn SOB; °*wennö dem ö d'Händ griag!* Grafenau; *wea* [wem] *khöiat des?* Mähring TIR; *Ah, Muatta, Vata, dö schaugts o! Dö gengan ja grad wia meine hülzern'Mandln* CHRIST Werke 42 (Erinnerungen); *Himmeldunner – hat die an Schlaf – Deandl – tua auf* STIELER Ged. 79; *der erchent den purger wol … sprichet: „Der ist von der stat …"* Frsg.Rechtsb. 52.– Auch in Fügungen *d. da*: *is's dea do oder dea do?* Taufkchn M; *Da dritte Mo is der da gwen* DINGLER bair.Herz 38.– **1aβ** Sg.N.– **1aβi** als Hinweis auf ein aktuelles Geschehen: °*is des a Sauerei!* Mchn; *wåu dös nun hifiat!* Mittich GRI; *Ja, was waar denn jetzt dös!* THOMA Werke III,270.– **1aβii** als Subj. im Gleichsetzungssatz Unbestimmtes, ein Individuum od. Exemplar aus einer Menge bestimmend od. identifizierend: *des is mei Su* Wielenbach WM; *wea isn dös?* Dommelstadt PA; *dös is ja a Zahnlucketi*

Weiden; *Dös waar also an Baama* [Fuhrknecht] *sei' Kammern* HALLER Dismas 68; *Dös is ja von an Schandi ... an alter Helm* STIELER Ged. 189.– **1b** dieser, jener, mit Bezug auf Vorerwähntes, Vorausgesetztes, offensichtlich Vorhandenes.– **1bα** mit Genus- u. Numeruskongruenz mit dem Bezugswort: °*den wemma dawischn, dem doa ma ebbs å* Grafenau; *mid deani bin i vrwand* Derching FDB; *a Saubere, Brüaderl ... So sagat i dera* DINGLER bair.Herz 133; *ein walvisch. Der ist der gr̊ost visch ob allen vischen* KONRADvM BdN 274,8; *Kayser Fridrich het ainen vettern ... der hofet zu Ynsprugk* FÜETRER Chron. 227,31f.; *ihrn dickn Franz Der is a rechta Schwanz* STURM Lieder 74.– Auch: zur emphatischen Vorweg- od. Wiederaufnahme eines Satzglieds im selben Satz: °*de dirrn Hånichl* [dürren Bäume], *dö miaßn weg* Grafenau; *Dem sein' Gsund, den müassat ma habm!* HALLER ebd. 141; *Die waar's scho lieber, dene Polen, Sie taat's der Teufel selber holen* STIELER Ged. 41.– Auf Subst. mit best. Art. folgend genus-, numerus- u. kasusidentisch zur Hervorhebung von Beschimpfungen: *dös Rindviech dös!* Passau; *Am End' hot er doch recht, der kropfert Bazi, der!* GRAF Kalendergesch. 410.– **1bβ** Sg.N.– **1bβi** zur Zusammenfassung vorausgegangener Inhalte: °*i bin an groußn Umweg ganga, dös war awa ned schlimm* Kollnbg KÖZ; *durch dēhs ... ihsă-r-ă d'Schuĭdn kēmmă* LACHNER Bayr. 93; *Da Hans'l-Baou ... Lateinisch leana maouß ... Dees hot 'n Pfoarra gfreut* SCHUEGRAF Waldler 29; *daz gloubo ih fasto nah den gotes gnadun* 11.Jh. SKD 140,28f. (Wessobrunner Glauben); *Allew iar ... sol man den mist ... auzfůren ... Swer daz ůbervert* [dagegen verstößt], *der geit* [gibt] *dem richter 12 dn* 1365 Stadtr.Mchn (DIRR) 406,2-8; *Dein Weib und Kind Habn oft nix z'beißn ... Das woaß da liebe Gott* STURM ebd. 71.– **1bβii** identifizierend als Subj. im Gleichsetzungssatz: *wia s' aso gschmatzt habm, denkt si' die Bäuerin: Dös, moan i, is a ganz a Wifö* HALLER ebd. 80; *ein nader. Daz ist ein slang* KONRADvM BdN 303,2.– **1bβiii** im Hauptsatz als Korrelat eines satzgliedwertigen Nebensatzes: *Aba was sei muaß, des muaß sei* DINGLER bair.Herz 37; *waz scheltwart sint, daz sult ir wizzen* Frsg.Rechtsb. 318.– **1bβiv** in der Fügung *d. und d.* dieses u. jenes: *Die eifern aa um dees und dees* STIELER Ged. 36;– *d. und selb* °OP vereinz.: °*daou is dös und söll* Weiden; *Dees und sell* SCHEMM Dees u.sell 3.– **1c** auf Nachfolgendes hinweisend.– **1cα** genauere Identifizierung folgt dem Dem.pron.– **1cαi** mit Genus- u. Numeruskongruenz mit dem Bezugswort: *dea, wo dös gsagt hat, is a Lüanger* Passau; *die, die dar fona himile quemant* 9.Jh. SKD 66,[illegible] (Muspilli).– **1cαii** Sg.N.: *Nix ogeh? ... bal des m[illegible]' Acker is, wo zsammtretn werd!* BREITENFELLNER Spinnstubengesch. 106; *Dez waz jederman w[illegible]lig, denn die von München nit* Mchn 1403 Chron. dt.St. XV,501,8f.; *Das will i vor allem: ein Ordnung muß sein!* 1704 HARTMANN Hist.Volksl. II,152.– **1cβ** Sg.N., im Hauptsatz als Korrelat eines satzgliedwertigen Nebensatzes: °*is dēs woahr, daaß du dabei gwen bisd?* Aufham BGD; *Des woaß mi scho, daß mi Bauern net so g'schwit sei kinna wia de Herrn, de wo auf des studie[r]en* THOMA Werke II,223 (Medaille); *daz daz unmugelich sie, daz iemen dem almahtigen got [w]ol muge geuallen ane den rehten gelouben* 12.Jh. SKD 345,2f. (Münchner Glauben); *das mag [a]lso sein, das er am ersten zu Oting begraben sey* ARNPECK Chron. 477,7f.– **1d** †Sg.N.Gen., desto, vor Kompar.: *so würdt deß ringer daß Tra[u]ren mein* Der älteste Text des Oberammergauer Passionsspieles Ao. Do. 1662, hg. von G. QUERI, Oberammergau 1920, 11.

2 Rel.pron.– **2a** der, in heutiger Mda. auch in der Fügung *d.* →*wo*, ä.Spr. auch *d.* →*da*[1], °OB, NB, °OF vereinz.: °*vo dee vien Oarwaadda, dee „Barawa" ghoaßn ham* Aufham BGD; °*des se[i] döi Plätzla, döi woun sua gout sen* Selb; *(d) Kis[t]'n, ö dea s Göid drin is* Regen BRONNER Bayer.Land 330; *vo zwegn den Adlaflam, den wo mei D[ea]ndl tragt* DINGLER bair.Herz 48; *einen got ... de[r] dir skephari ist himelis unde erda* 11.Jh. SKD 135,12f. (Wessobrunner Glaube); *dâmit di[e] kirche ... werde dem appet der si buue* Kiefersfdn RO 1267 Corp.Urk. I,154,31f.; *hon khain gsechen, der gfeyert hat* Landshut um 165[illegible] Jb. Schmellerges. 2012, 18,12.– **2b** †wer, was, als Einleitung eines Relativsatzes: *Dèr á'm Char[fr]eydə' Durst leid't, dèn schadt s ganz Jàr kaə˜ [T]runk* SCHMELLER Mda. 530; *Daz ich iu sage, daz i[s]t wâr* Kaiserchr. 403,425; *Der mit saltz gen Swab[e]n arbait und vert ... sol ez auf seiner aechs v[i]l haben* nach 1319 Stadtr.Mchn (DIRR) 229,17-19.

II demonstrativer Art., dieser, jener, der da., °Gesamtgeb. vielf.– **1** hinweisend.– **1a** auf best. Sachen, Personen u.ä. im Raum, auch in der Fügung *d.* →*da*[1]: *de Goas håd zwoa Kitzla* Raisting WM; °*af dera Seitn van Boch* diesseits des Baches Erbendf NEW; *Schau de Drecksau añ!* FEDERHOLZNER Wb.ndb.Mda. 53; *„wie hoaßt der Berg?" „Der Berg da?"* STIELER Ged. 31.– **1b** auf einen best. Zeitraum: °*a dera Zeid* (derweil) *konsd schlofa* Buch LA; *Seit dera Zeit hab i von ihm Koan Stroachl mehr bekomma* MÜLLER Ged. 14; *den Hirgscht wern's elf Jahr* THOMA Werke VII,314 (Jagerloisl).

2 mit Bezug auf Vorerwähntes, Vorausgesetztes, offensichtlich Vorhandenes: °*dea Bua wenn amoi grouß is, dös wiad a kianöga Ma!* Grafenau; *A gräina Kachluafm stäiht aa in dera Wirtsstubm* SCHEMM Neie Deas-Gsch. 115; *diu rede ist niht der tumben* Kaiserchr. 118,1992; *Die Zeitung* [Nachricht] *is ăn Batzen wert …!* Rgbg 1716 HARTMANN Hist.Volksl. II,228.
3 vor Subst. mit nachfolgendem identifizierenden Attr.: °*dö Hund, dö vej bəjn, beißnd nöd* Wimm PAN; *De Ehr' muaß ihr a niada Mensch lass'n, daß ihr d'Arbet guat von da Hand ganga is* THOMA Werke VI,291 (Wittiber); *deu reht, diu der stat verschriben sint von chůnik Ludwig* 1316-1319 Stadtr.Mchn (DIRR) 289,14f.
III best. Art., der, die, das, °Gesamtgeb. vielf.– **1** individualisierend.– **1a** mit Bezug auf Vorerwähntes, Vorausgesetztes, offensichtlich Vorhandenes: °*fahrma moang in dö Berg?* Mchn; °*voram Bögln duad ma d Hemada und dö druggane Wösch a wenig anödsn* Wimm PAN; *d Fejß dän ma wäih* Eggersbg BEI; *Da an Baun is amoi a Dian oiwei draure gwen … Nacha hods da Baur gfrag* Edelshsn SOB BÖCK Sagen Neuburg-Schrobenhsn 43; *Im Stall hint im Eck* STIELER Ged. 304; *vonna den adrun in daz fleisk* 9.Jh. SKD 374,3 (Pro Nessia); *daz der mon sein lieht nimpt von der sunnen* KONRADvM BdN 92,17f.; *wann sy roten wein getrunken hett, so hett man ir den wein in der kel hinab sechen gen* ARNPECK Chron. 668,40-669,2.– **1b** vor Subst. mit nachfolgendem identifizierenden Attr.: °*s Radl vo da Nachbarin* Wasserburg; *i˜ 'n Heuət is dər [illegible]ət von ə˜n Kloustər auf seiné Wis·nə˜ naus gangə˜* OB SCHMELLER Mda. 501; *Hast as Geld bei die des ma z'samm g'legt hamm?* THOMA Werke VI 44 (Andreas Vöst); *Daz ist div regel des spitals des hiligen geistes ze Eystet* Eichstätt um 1350 Sammelbl.HV.Eichstätt 64 (1971) 12 (Spitalregel); *Dises Jar haben wir dz thor bey dem [illegible]irz hauß von Neuem Machen Lasen* 1636 HAIDENBUCHER Geschichtb. 118.– **1c** zur Hervorhebung der Einmaligkeit, Einzigartigkeit, v.a. in der Bildung des Sup., auch mit Form des Kompar.: °*da schlechst Keal wou i kənn* Eschenbach; °*d'Hapzoch daß a Må is!* Weiden; *Der zahlt ka' mehr, Der is ja no' der dümmer der* KOBELL Ged. 107; *Die Scheck* [Kuh] *sell* [dort] *doben is mi de allaliaba* THOMA Werke III,75; *Der elter … bekrieget die jungen zwên fürsten* AVENTIN V,440,2f. (Chron.).– In Doppelsetzung vor u. nach →*ganz* zur Hervorhebung des folgenden Adj.: *die ganz die großn Brezn* F. PLANK, Noun Phrase Structure in the Languages of Europe, Berlin 2003,366.– **1d** vor Dem.- u. Interrogativpron. *d.selbe* (→*selb*) 'jener', *d. welche* (→*welch*): *in derselln Brauerei* LUTZ Kumpf 31; *De wecha vo drei Töchtan zeascht heuert'n soll?* SCHUEGRAF Waldler 95.– **1e** vor Namen.– **1eα** vor PN.– **1eαi** vor Familien-, Haus- u. Übern.: °*ea is da Schdean Sepp gwen nochm Hausnam* Aufham BGD; *Mitm Schreibnam hat der Blamberger Muckenthaller ghoaßn* HALLER Dismas 68; *mein Nachbar der Wibmer von Höckhing* Landshut um 1650 Jb.Schmellerges. 2012,38,9f.– **1eαii** vor Vorn.: °*bMari* „Maria" O'schleißhm M; *bon Seppn* „beim Josef" Hengersbg DEG; *da Kanes* Johannes Wdsassen TIR; *Da Lenz, dea is ma liawa wia da Naz!* FEDERHOLZNER Wb.nbd.Mda. 53; *Sie zogen links um 's Herodes sein Haus* ND 19.Jh. HARTMANN Volksl. 232; *mir gab der Hånnsl 38 Ungerisch guldein* 1392 Runtingerb. II,258; *ain guett khaufft von dem Lamprecht zu Lanngenuils* 1614 HAIDENBUCHER Geschichtb. 33.– **1eβ** vor Orts-, Länder-, Fln. u.ä.– **1eβi** vor best. ON: *d Au, s Lechel* „Stadtteile Au, Lehel" Mchn; *der Lodnbo* O'laimbach EG; „Freihung … *af də fraing*" HONB Stadt- u. Lkr. Amberg 31; „Weiden in der O.Pf. … *áf d· Wei'n gêi˜, i˜ de' Wei'n sei*" SCHMELLER II,858; *Leonhart Gach in der Schöffau* 1616 Chron.Kiefersfdn 360.– Vor ON mit adj. Attr.: °*ea hod vo friahra, vom oidn Aufham vozejd* Aufham BGD.– **1eβii** vor Gebiets- u. Ländernamen, vor N. veraltend: *vo Straubing bis ins Behm* Grafenau; °*dö Pfalz* „Oberpfalz" Arzbg WUN; *s Deutschland, s Estreich* SCHWÄBL altbayer. Mda. 51; *'s Amerika oh mei'* STIELER Ged. 41; *das nider Ungerland, an die Walachei stossend* AVENTIN V,419,16f. (Chron.).– **1eβiii** vor Fln., Namen von Bergen, Flüssen, Seen, Straßen, Pässen u.ä.: °*iwas Gåschta owe* „das Gasteig hinunter" Bruckmühl AIB; °*eantahoi da Doana* „jenseits der Donau" Lalling DEG; *da muaß mar am Zugspitz nauf!* DINGLER Arntwagn 46; *A Sennderinn auf der Gindlalm* KOBELL Werke 18 (Brandner Kasper); *Swer saltz her fůrt ůber die Yser* nach 1319 Stadtr.Mchn (DIRR) 229,15.
2 generalisierend.– **2a** vor Subst. im Sg. als Vertreter einer Gattung: °*da Baua is a Schlaua* „Bauern sind schlau" Aubing M; *dawāl wǫa in dria* [ON] *šo da ąmerikāna* [US-Armee] *dǫu* nach BRUNNER Wondreb 73; *daz der man* [Mensch] *den almahtigun truhtin* [Herrn] *sinan fater uuesan quidit* [sagt] 9.Jh. SKD 43,3-5 (Freisinger Paternoster A); *Der adler tailt andern vogeln seinen raup mit* KONRADvM BdN 194,8; *Der gemain man, so auf dem gä und land sitzt* AVENTIN IV,42,14f. (Chron.).– **2b** vor Subst. im Pl. für alle Vertreter der Gattung: *d Mauara*

und d Schwoöwal kemand mitanand „d.h. im Frühjahr“ Aicha PA; *waal die Arweiter zo uns ins Rasiern … kumma sen* SCHEMM Internist 118; *'Tyrolər und 'Baərn hamd àllwə-r- ə˜n Strit* OB SCHMELLER Mda. 543; *Ordnung der kertzen, wie die nach einander geen sollen … die pawrn … die pader … die schroter* 1470 Runtingerb. III,74; *D'Welschen künnă˜ â västopfă˜ 'N Leuten 's Maul mit gift'tă Speis* 1699 HARTMANN Hist.Volksl. II,131.– **2c** vor Stoffbez. u. zur Bez. unbest. Mengen von Gleichartigem, mit Bezug auf die Gesamtheit des Stoffs, der Menge: *s Mej göt aus* Simbach PAN; °*s Geld gejd dahi* Rottendf NAB; *s buachi Houlz wagst auf koan guada Bouda* Mering FDB; *wie lang dau'rt no' 's alte Bier?* STIELER Ged. 164; *'s Troad mag nimma wachs'n* THOMA Werke II,476 (Brautschau); *daz vns die ersam Purger … beweist habent, daß sy die Niderleg von dem Salz ze Recht haben sullen* Landshut 1340 LORI Bergr. 10.– **2d** vor Abstr., die den Begriff als Gesamtheit benennen: °*d Zeid vagääd* Simbach PAN; *d Håufat* [Stolz] *mou zwickt saa* „d.h. um Ohrringe zu tragen, wird in die Ohrlappen gestochen“ Bruck ROD; *D'Dummheit is so oid wia d'Menschheit* Schrobenhsn K. BAUM, Aus Äbfe Amen, [Schrobenhausen 2015,] 38; *Di Fàlscheit in 'n Augngən* OB SCHMELLER Mda. 541; *ze den giriden des euuigin libes* 11.Jh. SKD 182,7 (Otlohs Gebet); *der sich der minne rechte will ergeben* HADAMARVL 63,253; *ains gepewt das guot, sexe verpieten das poes* BERTHOLDVCh Theologey 362.

3 distributiv, je genannte Menge od. Maßeinheit: °*dea sogt hunnatmol d Stund „Opa“* Windischeschenbach NEW; *nå … mǭxadas um via mąrk an stea* nach HINDERLING Zinzenzell 272,134; *12 lot sùryan* [syrische Seide], *5 guldein das libra* [Pfund] Lererb. 172.

4 Sg.N., zur Substantivierung anderer Wortarten.– **4a** mit Inf. zur Bez. der Durchführung der Tätigkeit des Vb.– **4aα** vor einfachem Inf.: *s höat s Regna gor nimma auf* Maisach FFB; *då mecht da ja glei s Speim auskemma!* Osterhfn VOF; *mejßma s Åggan åfånga* Vohenstrauß; *mittn ei ins Singa und Derziahln* SCHEMM Stoagaß 123; *dás mi' mei˜ Déənál ə˜n Juchəz·n 'kennt* OB SCHMELLER Mda. 533; *hinderm* [unterm] *fuchtlen* Landshut um 1650 Jb.Schmellerges. 2012,18,17.– **4aβ** vor mit Obj., Präd., adv. Angaben erweitertem Inf.: *dös is zan Daodlacha* Aspertsham MÜ; *s Poltaomdschuißn* „Schießen am Polterabend vorm Haus“ Tittling PA; *dös is zun Davolaffa heagricht* Stadlern OVI; *'s Fuchspassen und 's Moderausjagn is mei extragi Freud* KOBELL Werke 16 (Brandner Kasper); *Zu'n Bockhüat'n brauchet'st du ehnd'r a Goaßel* THOMA Werke VII,248 (Jagerloisl); *der soll schuldig sein zu dem waßer heben zů geben* 1465 Stadtr.Ambg II,52.– **4b** mit Adj., Adv., Pron. u.a., s. *Blau*, *Du*, [*War*]*um* usw.

Etym.: Ahd., mhd. *dër*, *diu*, *daz*, germ. Dem.pron. idg. Herkunft; KLUGE-SEEBOLD 191.

Ltg, Formen: (1) In Bed. I, II betont od unbetont. (1a) Sg.Nom.M. *dęa*, auch *dę(ə)r* westl.OB, SCH.– Akk.M., Dat.M./N. *den*, auch *dein* SCH (dazu AIC, DAH, FFB, GAP, STA), *dęan* OF (dazu BEI, NEW; FDB), ferner *dem* (MB; GRA), *deim* (GAP), *dęam* (AIC, FFB);– ferner vereinz. Akk. *dęan*, Dat. *dęam* (LL, SOG).– Nom./Akk.F. *de* u.ä., ferner *dei* OP, OF, MF (dazu KÖZ, VIT), daneben *dia* OB, SCH (dazu BEI, CHA, R), *deia* (KÖZ, VIT; WÜM; N).– Dat.F. *dęara* u.ä., auch *dęa*.– Nom./Akk.N. *dēs*, auch *deis* westl.OB, SCH, vereinz. *dīs* (WUG), *dǭs* (KÖZ, WEG), *dēds* Bay.Wald (SCHMELLER Mda. 202, heute †).– (1b) Pl.Nom./Akk. *de* u.ä., auch *dei* OP, OF, MF (dazu KÖZ, VIT);– ferner Nom./Akk.M./F. *dei*, N. *deia* (TIR; WUN).– Dat. oft wie Nom./Akk., daneben *dene*, auch *den*, *dena* (DAH, IN; N, SC, WUG), *dęan* (DEG; REH), *denan* (EG, KÖZ), *dęane* SCH.– (2) In Bed. III nur unbetont. (2a) Sg. Nom.M. *da*, *d(ə)r*.– Akk.M., Dat.M./N. *an* (unter Zusammenfall mit dem unbest. Art), auch *en*, *n*;– vereinz. Akk.M. *də* (LL, SOG), *an* (LL, SOG), Dat.M. *am* (LL, SOG), *im* (SOG).– Nom./Akk.F. *de* u.ä., vereinz. *de* OP, mit Apokope daneben *d* OB, NB, OP, OF, SCH, meist nur vor Subst. ohne vorangestelltes Attr., vereinz. vor Adj. (WUN), dazu fortisiert *t* u. assim. *b*, *g*, *p*, *k*, vgl. A. ROWLEY, Morphologische Systeme nordostbayer. Mda., Stuttgart 1997, 112-114, STEININGER O'neureutherwaid 20-23.– Dat.F. *da* u.ä.– Nom./Akk.N. *s*, *as* auch *es*, vereinz. *ds* SCH (dazu LL, SOG; SC).– Relikthaft *des* Gen. M./N., vereinz. F. (WEG STEININGER ebd. 101f.), F. sonst wie Dat.– (2b) Pl.Nom./Akk. *de* u.ä.;– ferner M./F. *dei*, N. *deia* nördl.OP.– Mit Apokope *d* OB, NB, OP, SCH, meist nur vor Subst. ohne vorangestelltes Attr., vereinz. vor Adj. (WUN), dazu fortisiert *t* u. assim. zu *b*, *g* u.ä., s. oben (2a) zu Nom./Akk.F.– Dat. meist wie Nom./Akk., jedoch ohne Apokope, daneben *n*, *an*, auch *en* (SC).– Relikthaft *da* Gen. (heute †), auch wie Sg. *des* (WEG STEININGER ebd. 101).

SCHMELLER I,478f., 530f., 544-546, 558, II,197; WESTENRIEDER Gloss. 101; ZAUPSER 5f.– WBÖ IV,1551-1726.

Abl.: *-dem*, *-dessen*, *dest*(*en*). A.R.R.

der[2] → *derb*.

der-

Präf. **1** bei Vb., durch Präfigierung wird die Bed. des Grundw. hervorgehoben (*-bärzen*, *-dengeln*) od. spezifiziert (*-arbeiten*, *-tappen*), oft wird ein intr. Grundw. trans. (*-bucken*, *-warten*). Idiomatisierungen (*-bretteln*, *-bröseln*, *-kommen* ‘erschrecken’, *-wischen*) verdunkeln zuweilen die urspr. Benennungsmotive. Das Präf. ergänzt die Bed. des Grundw. um versch. Aspekte.– **1a** das

Können, die Fähigkeit od. Kraft, die Aktion des Grundw. ordnungsgemäß zu Ende zu führen, den Zweck zu erreichen: *-pampfen* 'aufessen können', *-heben*, *-heizen*, *-schreien* 'durch lautes Rufen erreichen', *-zahlen*.– **1b** oft mit nominaler Basis, das Versetzen od. Geraten in einen veränderten Endzustand: *-blinden*, *-drecken*, *-gräueln* 'verschimmeln', *-wärmen*.– **1c** das Erreichen, Erzielen eines Resultats, oft durch intensive od. wiederholte Ausführung der Tätigkeit des Grundw.: *-beten*, *-fragen*, *-raten*, *-spechten* 'erspähen'.– **1d** durch die Tätigkeit des Grundw. zu großem Schaden, zu Tode kommen: (*sich*) *-fallen* 'durch Fallen zu Tode kommen', (*sich*) *-rennen* 'durch Rennen, schnelles Fahren verunglücken'.– **1e** die Tätigkeit des Grundw. intensivierend: *-beuteln* 'stark schütteln', (*sich*) *-fallen* 'schwer stürzen', *-frieren*, *-hungern*, *-retten*.– **1f** entspr. einer gleichbed. od. standardsprl. Bildung auf →*er-*: *-barmen*, *-teilen*, *-lauben*.

2 bei anderen Wortarten aus deverbaler Abl.: *-bærm* 'Erbarmen', *-blecker* 'Verspotter', *-tatterich* 'ängstlich, verblüfft', *-laubnis*.

Etym.: Aus →*er-* mit Übergangsplosiv *d-* im Satzsandhi WBÖ IV,1732f.

T. AHLDÉN, Der = Er, Göteborg 1953.– SCHMELLER I,531f.– WBÖ IV,1732-1740. A.R.R.

[**un**]**der**, unartig, unanständig, →[*un*]*tell*.

derb

Adj. **1** vom Backwerk, v.a. Brot.– **1a** ungesäuert (u. daher hart): *derwa Kouch'n* „meist zusammen mit dem Hausbrot gebacken" BRAUN Gr.Wb. 92; *Lagana azima deraperflado* Tegernsee MB 11.Jh. StSG. I,347,3; *daz brôt ... sol derbe gebacken sîn, âne gerwen* BERTHOLDvR I,30,2-4; *prot an vrhab* [Sauerteig] *derbs brot* Indersdf DAH 1.H.15.Jh. Lib.ord.rer. I,177, 20.– **1b** zu wenig gegangen, °OP vereinz.: *s Brot is ter* Rdnburg.– **1c** wenig schmackhaft, altbakken °OB vereinz.: *a dearbs Brout is, håt koan Såft und koan Gschmå* Innviertel.– **1d** teigig, nicht durchgebacken, °OB, °NB, °OP vereinz.: °*a dërs Broud* Neukchn KÖZ; *ə˜ dèrbs Broud* Ilm SCHMELLER I,535.

2 †: „dürr, trocken ... *ə˜ dèrbs Körnl·*" OB ebd. 534.

3 feucht, °OB, °NB, °OP vereinz.: °*a derba Keja, a derbe Wand, a derbs Hei* Rechtmehring WS; *deáb* Garching AÖ Oettinger Ld 20 (2000) 357.– Auch: °*der Bodn is no recht der* „aufgeweicht, matschig" Vilzing CHA.

4 grob, rauh beschaffen, °OP, °OF vereinz.: °*der hat a derbe Jackn an* „aus grobem Stoff" Nagel WUN.

5 †mager, hager: *Eine Person schaugt so dèrb her, is so dèrb, dás d· nicks àls Haut und Baə˜ sigst* OB SCHMELLER ebd.

6: °*derb* „kräftig" Hahnbach AM.

7 grob, ungehobelt, °OB, °NB, °OP, °SCH vereinz.: °*a derbs Mannsbuid* Marktl AÖ.

8 †: *Einem derb die Wahrheit sagen* „tüchtig, rechtschaffen" OB SCHMELLER ebd.

Etym.: Ahd. *dërb*, mhd. *dërp*, germ. Wort idg. Herkunft, z.T. unter Einfluß von nd. *derb*, mnd. *derve* 'grob, heftig'; [2]DWB VI,706.

Ltg: *dęab*, *dęrb* u.ä., ferner *dęr* (FS, PAF; KÖZ; CHA, RID).

SCHMELLER I,534f.– WBÖ IV,1740-1742.

Abl.: *derb(e)licht*, *derbig*, *derbisch*.

Komp.: †[**un**]**d.** zu feucht: *So verdeut si all vndarbe fauchtikait vnd rohe chost* Ebersbg 15.Jh. Clm 5931,fol.203[v].

SCHMELLER I,535. A.S.H.

-derb

M., nur im Komp.: [**Ver**]**d.** **1**: „*də'... Voderb* Verderben" SCHWÄBL altbayer.Mda. 52.– **2**: *Vodeab* „die Verderbnis" FEDERHOLZNER Wb.ndb.Mda. 233. A.S.H.

derb(e)licht

Adj. **1** teigig, nicht durchgebacken, °OB, NB vereinz.: *deawlad* „vom Brot" Aicha PA.

2 feucht, °OB vereinz.: °*s Hei is zach und derbalad* Hagnbg MB.

3 nach Fäulnis riechend, muffig, °NB vereinz.: °*derwlad* „von Lebensmitteln" Breitenbg WEG. A.S.H.

derben

Vb., ä.Spr., in heutiger Mda. nur in Komp., zugrunde richten: *sâm derbit ubirâzze unde ubirtrunchenheit* [übermäßiges Essen u. Trinken] *ûnser edele sêle* Spec.Eccl. 40,13f.

Etym.: Mhd. *derben* 'zu Schaden bringen, töten' swv., *-dërben* 'zu Schaden kommen, sterben' stv., germ. Bildung wohl zur selben idg. Wz. wie →*derb*; PFEIFER Et.Wb. 1500 (verderben).

Ltg, Formen: *-dęam* u.ä., ferner *-derba*, *-derwa* u.ä. (GAP, SOG; DON), *-darm* (NEW), *-diam* NB (dazu ED, M, MB, RO, WS; NAB, R), *-diurem* (LF).– 3.Sg.Präs. *-diapt*, *-dirpt* u.ä., ferner *-diupt* (LF), *-dęapt* (NM,

PAR, ROD).– Part.Prät. stv. *-dǫam* u.ä., ferner *-dorba*, *-dorwa* u.ä. (FFB, GAP, SOG, WM; DON), *-dǫarem* (AÖ), *-duirem* (LF), *-då(r)m* OB, NB (dazu FDB), swv. *-diapt* OB, NB, *-duirept* (BGD, LF), *-dirp* (AIC, DAH, WOR), *-deapt* OB (dazu BOG, DGF, PA, VOF; NM, ROD; WUG; A), *-derp* (AIC; FDB), *-dorpt* (GAP), in attr. Verwendung vereinz. *-darwiga* u.ä. (FDB), *-derwiga* u.ä. (FFB; FDB).

Schmeller I,534.– WBÖ IV,1743.

Abl.: *-derb*, *-derben*, *-derber*.

Komp.: [**ab**]**d.** **1** durch schlechtes Wirtschaften herunterkommen, herunterbringen.– **1a** wirtschaftlich zugrunde gehen: °*abderbn* „von Haus und Hof kommen" Westerndf DAH.– **1b** herunterwirtschaften: °*abdorbn* „von Haus und Hof" Garching AÖ.– **2** dürr, trocken werden.– **2a** welk, dürr werden, absterben, °OB, °NB, °OP vereinz.: °*host deine Bleamö zweng gossn, iatz sans da alle odoabm* M'rfels BOG; *Də' Bám dirwt à', is à'dârwm* Schmeller I,534.– **2b** trocken werden, seine Feuchtigkeit verlieren: °*s Hei miaßat no aweng abderbn, daß mas eifahrn ko* Ried FDB.– **3**: °*du dirbst ja ganz o* „wirst dürr, mager" Klingenbrunn GRA.

Schmeller I,534.

[**ver**]**d.** **1** †vernichtet werden, vernichten.– **1a** vernichtet, zerstört werden, zugrunde gehen: *Got … chŏͤm seim gotzhaus ze helf, daz so gar verdirbt* KonradvM BdN 323,11f.– **1b** vernichten, zerstören, plündern, schwer schädigen: *daz nieman mit in beschaeitzzet* [mit einem Strafgeld belegt] *oder verderbt werde* 1310-1312 Stadtr. Mchn (Dirr) 288,27f.; *mein herrn wollen sich ye verderben, wann … sie haben kein halßgericht* Kemnath 1498 Wir am Steinwald 10 (2002) 22; *weillen die vnd'thonen … durch. den schwedtischen. Feündt … ganz in grundt verdörbt* 1636 Haidenbucher Geschichtb. 122.– **2** moralisch zugrunde gehen, richten.– **2a** moralisch zugrunde gehen, verkommen: °*da oane werd, da anda vadiabt* Parsbg; *Nua wenn a in selm Tog is gstoarm, Danoch aa is sei Seel vodoarm* Schuegraf Wäldler 80; *I verdirb no lang it* [nicht], *bal's* [wenn es] *aa hoaßt, daß i der Allerschlechter bi vo ganz Erlbach* Thoma Werke VI,279 (Andreas Vöst); *hæten wir des bruoders oder der frouwen niht, sô müesten wir verderben* BertholdvR II,260,32f.– **2b** moralisch zugrunde richten, schlecht beeinflussen, °OB, °OP vereinz.: °*der is ganz verdorbn* „in eine schlechte Gesellschaft geraten" Schwend SUL; *Da Kriag hod de Menscha vadorbn* F.X. Kroetz, Der Mondscheinknecht. Fortsetzung, Frankfurt a.M. 1983, 26; *wan sŏͤlich vnfů̊r* [Ungebühr] … *benimt er und verderbt di sel* KonradvM BdN 335,11-13; *Die Welt ist ganz vodorbn* Sturm Lieder 29.– Auch: *„Dem oan hat's g'hört, der ander hat's verdirbt …* verführt" Stieler Ged. 252.– **3** durch schlechtes Wirtschaften herunterkommen, herunterbringen.– **3a** wie →[*ab*]*d.* 1a, °OB, °NB, °SCH vielf., °Restgeb. mehrf.: °*wenn da Huaba a so weidaduat, na vodiubt a* Weildf LF; *hald doch du dei Maul, du vadarwigr Baur!* Mering FDB; *Aba auf an Stoahäuferl hausn Und kloan eis voderbn* Konzell BOG Huber-Simbeck Niedb. Liederb. 85; *ə˜ Bauər, ə˜ Wirt, ə˜ Handwerkər, ə Kaufmà˜ … və'dirbt* Schmeller I,534; *daz dhain* [kein] … *verdarben man an chainen rat der stat nicht chŏͤmen sol* 1403 Stadtr. Mchn (Dirr) 605,26f.; *Ob auch ein Herr einem Mayr sein Guet ließ/ zu dreyen Jaren … aber der Mayr in der zeit verdurb* Landr.1616 2[illegible]3.– Phras.: *dö vodoaräma Bauan wearn dö fle ßögan Knecht* Innviertel, ähnlich °NB vielf., °OB mehrf., °OP, °MF, °SCH vereinz.– Reim: *verdorben und gestorben* u.ä. OB, °NB, °OP vereinz.: °*der is verdorm und gstorm* Kchmatting SR;– erweitert: *Er is so arm warn, daß er verdarb'n waar, wenn er net g'starbm waar* Bauer gut bayer. 64.– **3b** wie →[*ab*]*d.* 1b, °Gesamtgeb. vereinz.: °*der hat sein Hof vodarm* Zwiesel REG.– **3c** †arm, mittellos machen: *jn eusserst verderben vnnd etzwa gar an den pettelstab bringen* Neuburg 1568 Wüst Policey 627.– **4** unbrauchbar, ungenießbar werden, machen.– **4a** unbrauchbar, ungenießbar werden, °OB, °NB, °OP, °MF, °SCH vereinz.: *dö schauflatn s Troad umanana und schauatn drauf, daß nöt vaduab* Hengersbg DEG; *mit'm Karb vodarbne Oar auf 'm Buckl* Bauer gut bayer. 64; *puluer widerpringen das verdarwen ist* 1.H.15.Jh. Cgm 600,fol.–[r]; *so dan Wein … verdurbe … weiln die Faß mangelhafft* Landrecht Der Churfürst: Du: in Bayrn, [et]c. Fürstenthumbs der Obern Pfaltz, München 1657, 222.– **4b** unbrauchbar, ungenießbar machen, zerstören, °OB, °NB, °OP vereinz.: °*jetz håst dös ganze schöne Essn vadoam* M'rfels BOG; *Dene gibst a Puiverl, dös wo nix voderben ko* Ponzauner Unter uns gsagt 65; *wo er etwas an gemächern, haußrhat, bethern vnd leingewandt verderbt oder zerrissen* Rgbg 1641 Wüst Policey 787; *Prinz Absalon, der schönste Bue … hat … Die ganz Frisur vodorbn* Sturm Lieder 104.– **4c** (Freude u.ä.) zunichte machen, NB vereinz.: *oan s Lebm voadiabn* Birnbach GRI; *Koan Gspoas voderbn* Schlicht Bayer.Ld 48.– Phras.: *sich das Spiel v.* sich unbeliebt machen, NB vereinz.: *mit sana Draufgeherai håd a sö*

Spui vadåm Mittich GRI;– „*Er will es sich nicht mit ihm verderben* … keinen Streit“ Christl Aichacher Wb. 238.– **4d** stumpf, nicht mehr gut schneidend machen, °OB, °NB mehrf., °OP, °SCH vereinz.: °*du hosd ma de Sasd vadirbd* Rechtmehring WS; *d'Hocka is verdirbt* Deggendf.– **5** sich eine Krankheit zuziehen, gesundheitlich schädigen.– **5a** refl., sich erkälten, sich eine Krankheit, ein Leiden zuziehen, °OB, °NB, °OP, °SCH vielf., °Restgeb. vereinz.: °*geh as Haus nei bei der Költn, du verdürbsch di wieda ganz* Tandern AIC; °*döi haout si niat ghaltn, öitz haout sa si vodoabn* „eine Wöchnerin“ Weiherhammer NEW; *Du haoust de mitaran kaltn Trank vador(b)m* Singer Arzbg.Wb. 248.– †Auch von Körperteilen: *er sollt s'* [Füße] *mit Branntwein schmirben. Damit s'ihm nit no(ch) ganz verdirben* Stieler Ged. 199; *Wenn der chronen ain aug verdirbt* KonradvM BdN 325,22.– **5b** gesundheitlich schädigen, beeinträchtigen, °OB, °NB, °OP, °MF, °SCH vereinz.: *s Gelüad hods eam* [sie sich] *vodiabd* Haimhsn DAH; *a vadoama Mogn* Hengersbg DEG; *Wenns … g'rächt a pechös Grassad* [harzhaltiges Reisig] *gwön is, na hamand sö d Vejha an Magn rächt vodeabt* Kerscher Waldlerleben 72; *mit saligen arbeitin sinin lîp uerderbte* Spec.Eccl. 63,9f.; *ein wurff … het jm gar leicht ein aug verderbt* Ambg 1535 Oberpfalz 60 (1972) 293.– **6** sterben, töten.– **6a** sterben, umkommen: *der war verdorm* Dingolfing; *daz man mich raiche* [überführe] · *svâ ich vnder wêgen verdirbe* Kiefersfdn RO 1267 Corp.Urk. I,154,22f.; *seun yber 30 perschon im feur verdorben* 16.Jh. Dok. Mchn Familiengesch. 196; *Ist denna vodorbn, Am Lungabrand g'storbn* Sturm ebd. 130.– **6b** töten, hinrichten: *hat man hie zu Straubing zwen verderbt, die ainen kaufman … bei nacht in der tafern ermört haben* 1426 S. u. H.H. Maidl Chron. Gde Buchhofen, Winzer 2007, 194.– **7** dürr, trocken werden, machen.– **7a** wie →[*ab*]*d*.2a, °OB, MF vereinz.: *de Bleama hand vodarbt* Wörth ED; *de Bleameln … kunnt no an Gfrear gebn, na müaßten s' verderbn* Dingler bair.Herz 18; *wan wesnit man die paum mit eysen, so verduͤrben sie* KonradvM BdN 390,7f.; *Welcher Paum sy khossten* [auswählen], *das Sy denselben aufarbeitn* [nutzen], *vnd ni verderben lassen* Rosenhm 1551 Inn-Oberld 21 (1936) 67 (Forstordnung).– **7b** wie →[*ab*]*d*.2b: *d'Haud vadiabt* Mittich GRI.– **7c** welk, dürr machen: °*a druggana Summa hod bai uns no nia fl vadiabt* O'schneidhart KEH; *Der paum verderbt all ander pawn … wan er sauget all fæuhten dar auz vnd derret sie* KonradvM BdN 351,16f.– **8** Part. Prät., müde, faul.– **8a** müde, erschöpft, °NB vereinz.: °*i bi vadoam, ogschlagn* Mettenhsn LAN.– **8b** träge, faul, °OB, NB vereinz.: °*wenn es* (denen ihre Arbeit) *oamoi mach, hands scho vodirbt* Grafing EBE; *Deà is vàdoàm bis dràì Fingà iwà-s Osch-loo … ẽi* „stinkfaul“ Kaps Welt d.Bauern 36.– **9** verlorengehen, vertreiben.– **9a** †verlorengehen, fortgehen: *daz er vns an dinst iht* [nicht] *verderbe/ vñ ovch vnder sinen genozzen mvͤg beleiben* Rgbg 1293 Corp.Urk. III, 133,28f.– **9b** vertreiben, verscheuchen: *wann S' weida an soichernen Spektakl macha, nacha vaderbn S' an Hirschn gwiß* G. Umrath, G'schichtn aus dem Isarwinkel, Lenggries 1998, 52.

Hässlein Nürnbg.Id. 134; Schmeller I,534; Westenrieder Gloss. 616.– WBÖ IV,1743-1749.

Mehrfachkomp.: †[**un-ver**]**dorben, -derbt 1** wirtschaftlich nicht ruiniert: *Darumb daz dieselben unser buͤrger unverdorben bi uns beleiben* 1304 Stadtr.Mchn (Dirr) 60,5f.– **2** unversehrt, nicht vernichtet: *daz ain solichs Land und Lewten erlich und Nuzlich sey, und dar durch aller Pest bey Friden, und Unuerdorben beleiben* Straubing 1425 [F.Ch.J. Fischer,] Gesch. der Straubingischen Erbfolge, 1.Jg., [München] 1779, 165.– **3** unbeschädigt, brauchbar: *Swaz man einem mann leicht oder setzzet* [übergibt], *daz sol man im unverderbetes widergeben* 1340 Stadtr. Mchn (Dirr) 336,9f.

WBÖ IV,1749. A.S.H.

-derben

N., nur im Komp.: [**Ver**]**d.** Unglück, Ruin, °OB, °NB vereinz.: °*wenn dea a so weidamochd, rennd a a sei Vodeam* Neufraunhfn VIB; *'S vülla Saff'm wår saa(n' Vader(b'm!* Braun Gr.Wb. 741; *das sich hinfur chain soleich ubel noch verderben nymmermer erheb noch auferstee* 1403 Stadtr.Mchn (Dirr) 604,23-25; *jene liederliche Ehemänner welche Weib und Kinder in das verderben stürzen* 1793 Slg der Churpfalzbaier. … Landes-Verordnungen, hg. von G.K. Mayr, Bd V, München 1797, 638.

Etym.: Mhd. *verdërben* stn., Abl. von →*derben*; Pfeifer Et.Wb. 1500.

WBÖ IV,1749f. A.S.H.

-derber

M., nur im Komp., ä.Spr., in heutiger Mda. nur im Mehrfachkomp.: [**Ver**]**d.** jmd, der etwas zerstört od. beschädigt: *verderber aller künst*

AVENTIN IV,327,29f. (Chron.); *die Holz Endtwendter dann überstimbler vnd verderbere* 1709 BREIT Verbrechen u.Strafe 79.– Mhd. *verdërber* stm., Abl. von →*derben*; WBÖ IV,1750.

WBÖ IV,1750.

Mehrfachkomp.: **[Ge-spaß-ver]d.** Spaßverderber: *koa Gschpoasvodeaba* Hengersbg DEG. A.S.H.

derbig

Adj. **1** vom Backwerk, v.a. Brot.– **1a** wenig schmackhaft, verdorben, NB vereinz.: *s Bråud is deawö* Mittich GRI.– **1b** teigig, nicht durchgebacken, °OB, °NB, °OP vereinz.: °*d'Nudl san ganz derbi, net durchbacha* Wiefelsdf BUL.– **1c** mürb, leicht zu kauen, NB vereinz.: *derbö* Neßlbach DEG.

2 feucht, °OB, °NB, °OP vereinz.: °*s Hei war heit derbi* Endlhsn WOR.– Auch lehmig, aufgeweicht, °NB vereinz.: °*derbi* „feuchter, fest gefahrener Ackerboden" Malching GRI.

WBÖ IV,1751. A.S.H.

derbisch

Adj.: °*a derbisch Brot* „teigiges Brot" Bruckmühl AIB. A.S.H.

Tere, Tern(er)

F., M. **1** Schwiele, Hornhaut, °OB, °NB, °OP vereinz.: °*da hon i d'Händ voller Dern* Neukchn KÖZ; „*håne widɑ t hent voiɑ dẹɑn uŋ glī* … voller Schwielen und Sprünge" nach KOLLMER II,389; *Dər aərm Bauə' mou aərbət·n, das ər àllewál d·Hent voll Deərnə-r-und Schrunt·n hàt* SCHMELLER I,540.– Auch: °*Dern* „Kern des Hühnerauges" Ingolstadt.

2 Fuß-, Handballen.– **2a** Fußballen od. (gewölbte) Fußsohle, °NB, °OP vereinz.: *da Tean* „Fußballen" Donaustauf R; *vola, ut infra dicemus, 'die thern'* AVENTIN I,567,23 (Gramm.).– **2b**: °*der Dern* „Handballen" Fronau ROD.

3: °*da Dean* „Geschwulst" Wiesenfdn BOG.

4 Ohrfeige, Schlag: *Dern* Mainburg.– Phras. *jmdm eine(n) T. anhängen* eine Ohrfeige, Schläge geben: °*den hab i an richtign Derner anghängt* Rottau TS; *Einem ə˜ Dern anhängen* SCHMELLER ebd.; *eine Derre anhängen* „durch Schläge übel zurichten" HÄSSLEIN Nürnbg.Id. 56;– †jmdn in eine schlimme Lage bringen: *Einem ə˜ Dern anhängen* „ihn zu Schaden bringen" SCHMELLER ebd.; *eine Derre anhängen* „unglüklich machen" HÄSSLEIN ebd.

Etym.: Abl. von mhd. *ter(e)n* 'schaden, schädigen, verletzen' od. Nebenf. zu →*Tener* 'Handfläche' mit Metathese *nr* > *rn*; WBÖ IV,1755f.

DELLING I,122; HÄSSLEIN Nürnbg.Id. 56; SCHMELLER I,540.– WBÖ IV,1755f. A.S.H.

deren, derer →*der*[1].

derfen →*dürfen*.

Tergel, Lehm, →*Tegel*[1].

terisch, schwerhörig, dumm, →*törisch*.

Terk, ungeschickter Mensch, Mißgestaltetes, Rübe, →*Tenk*.

Terkel[1], Pampf, breiige Masse, →*Tärkel*.

Terkel[2], schwerfälliger, ungeschickter Mensch, →*Tenkel*.

terken, raufen, scherzen, →*tenken*.

derl, diel, dasl

Dem.pron., dieser, jener, der da, °NB vereinz.: °*döl durt* „diese Frau dort" Neukchn KÖZ; *Déssl* „dieses, oder auch: jenes da, oder dort" SCHMELLER I,546; *yber dösl hon I mi fein stät der von gmacht* Landshut um 1650 Jb.Schmellerges. 2012,39,38f.

Etym.: Erweiterung von →*der*[1], *-l* möglicherweise aus Umdeutung von *dasselbe* (→*selb*); WBÖ IV,1627.

SCHMELLER I,546, 1399.– WBÖ IV,1627-1630. A.R.R.

Dermin, Mitesser, →*[Dürr]made*.

Termin

M. **1** festgesetzter Termin, Zeitpunkt, OB, NB, OP, SCH vereinz.: *an Theamin afn Gricht håm* Aicha PA; „Fälligkeitsdatum für die Zahlung von Schulden … *Obbe … mein Termiin aa(n'hålt'n koa(n', wåiß i neat!*" BRAUN Gr.Wb. 655; *von ainem termin vnnd gerichtstag auff den andern* Passau 1536 WÜST Policey 279.

2 †Almosensammeln von Bettelmönchen: „Der *Termin* ist den Mendikanten-Orden … gestattet" Mchn Regensburger Wochenbl. 29 (1839) 99.

Etym.: Mhd. *tërmin* stn./m., aus lat. *terminus* 'Grenze, Endpunkt'; PFEIFER Et.Wb. 1425.

SCHMELLER I,621.– WBÖ IV,1761. A.S.H.

†Terminei

F., Bezirk für das) Almosensammeln von Bettelmönchen: *daß ... der Terminey auf dem Lande ganz ein Ende machen würde* 1525 GEMEINER Chron. IV,534.– Übertr. Betteln um Liebschaften: *Den unzüchtigen Nacht-Vöglen/ die bey eitler Nacht auf der lästerlichen Terminey herum gehdt* SELHAMER Tuba Rustica I,106.

Etym.: Mhd. *tërmenîe* st/swf., aus mlat. *terminia* 'Grenze'; Fremdwb. V,161.

SCHMELLER I,621. A.S.H.

terminieren

Vb., in einem best. Gebiet Almosen sammeln (von Bettelmönchen): „*terminierende* Brüder, die zur Sommerszeit von Hof zu Hof wandern" STEMPLINGER Altbayern 150; „Da vor 1800 das damals verbotene *Terminieren* jährlich nicht mehr als etwa 1200 Gulden eingetragen hatte" Rgbg VHO 106 (1966) 151.

Etym.: Mhd. *tërminieren*, aus lat. *terminare* 'begrenzen, beendigen'; PFEIFER Et.Wb. 1425.

SCHMELLER I,621; WESTENRIEDER Gloss. 579.

Abl.: *Terminierer*. A.S.H.

†Terminierer

M., Bettelmönch, Almosensammler: *das almuse hie in das kloster dem Terminirer xij* Ingolstadt 1392 FREYBERG Slg II,119.

Etym.: Mhd. *tërminierer* stm., Abl. von → *terminieren*; Fremdwb. V,161. A.S.H.

Dern, Schwiele, Fußballen, Ohrfeige, → *Tere*.

Terock → *Tarock*.

Terpentin, Tapetín, Taga-

M., N., Terpentin, Nadelbaumharz, daraus gewonnenes Terpentinöl, °OB, NB, OP vereinz.: *s Dappedlí* Mittich GRI; *Ein sehr gutes Heilpflaster ... 2 Loto Dagadin* Neukchn KÖZ 1.H.19 Jh. SCHLAPPINGER Wurzelholz 102; *ein halb virding* [Viertel] *terpetin* Roßarznei (BRUNNBAUER) 62.– Phras.: *ma nimmt a guatö Schweifett, an Venedischn Derbadin* [Lärchenharz], *Bleiweis und etliche Tropfen Derbadinöhl zu einer Schmier* „gegen Prellungen und Brüche" Hengersbg DEG.

Etym.: Aus mlat. *terebintina* (*resina*) 'Nadelbaumharz'; KLUGE-SEEBOLD 914.

WBÖ IV,1763f. A.S.H.

Terrain

M., Gebiet, Bezirk: „*Ma Vadda hod a füa ran groußn Terrai Doudnbröda gmocht* ... Umkreis" KERSCHER Waldlerleben 151.

Etym.: Aus frz. *terrain*; KLUGE-SEEBOLD 914. A.S.H.

Terrasse

F. **1** Terrasse am Haus: *mir ham an Blick aufs Meer ghabt, und ... von der Terassn an Blick aufs Armenviertel* G. POLT, H.C. MÜLLER, Fast wia im richtigen Leben, Zürich 1992, 167.
2 terrassenförmige Plätzchensorte, °OB, °NB vereinz.: °*Terassn* Teugn KEH.
3 †Bollwerk, Erdwall, → *Tarraß*.

Etym.: Aus frz. *terrasse*; KLUGE-SEEBOLD 914. A.S.H.

Derre, Schwiele, Fußballen, Ohrfeige, → *Tere*.

†Terre

F., Erde, Humus: *sælig sî diu terre alda ir lieber fůz die erde rüeret* HADAMARVL 23,92; *im Stieranger Felber eingsezt, vnnd dieselben mit Thern eingefang* 1613 Stadtarch. Rosenhm GRE 47, fol. 77v.

Etym.: Aus frz. *terre*; Frühnhd. Wb. V,480.

SCHMELLER I,617. A.S.H.

derren → *dörren*.

[Hosen]derri, Feigling, → *-theodor*.

Tertel

wohl M., best. Kartenspiel, °OB, °NB vereinz.: °*Tertl* „spielt man zu zweit" Frasdf RO; „so vergeht unter einem zerstreuenden Spiele Tarock oder *Tertel* die Zeit bis um 5 Uhr" Katechismus der Münchner-Welt[, um 1825], 16; „Café Stefanie ... worin die Münchner von zwei bis fünf dem *Tertel* obligen" RUEDERER Mchn 165.– Sachl. vgl. Das Tertl-Spiel, Regensburg 1855.

Etym.: Wohl Abl. zu → *Tatar* mit der Bed. 'Spiel nach Art der Tataren'; WBÖ IV,791 (tårteln).

Abl.: *terteln*. A.S.H.

terteln
Vb., das Kartenspiel → *Tertel* spielen, °OB, °NB, °OP vereinz.: °*beim Derddln* Neukchn KÖZ; °*denn mit dem Terteln … um's Abendbier is es nix* Die Gegenwart 31 (1902) Bd 61,284.

WBÖ IV,791 (tårteln). A.S.H.

Terz[1], **-en**
M. **1** junger Ochse.– **1a** im Alter von 3 Jahren kastrierter Ochse: °*Terzn und Spinna* Schönau BGD; „*Terzen und Spinner* … geschnittene, junge Stiere" BGD HuV 10 (1932) 108; *Der Terz* „Ochs der als dreyjährig … verschnitten worden ist, zum Unterschied vom *Spinner*, welcher als Saugkalb diese Operation erlitten hat" südl. OB SCHMELLER I,626; *hab ich 4 terz auf des Schiders Ålben kheren lassen* Reichenhall 1672 Cgm 2964,fol.22r.– **1b** (zwei- bis dreijähriger) junger Ochse, °OB, °OP vereinz.: °*Terz* „Jungochse, der noch nicht zum Abrichten reif ist" (Ef.) Ramsau BGD; „Am 3. Jäner l. Js. trieb ein Mann zwei Rinder (*Terzen*) über die böhmische Gränze nach Bayern" Kötzting Königlich-Bayer. Intelligenz-Bl. des Unterdonau-Kreises 1833,188.
2 wohl Leder aus der Haut eines jungen Ochsen, °OB vereinz.: °*an Tarz auflegn* „Stück Leder, das auf den Schuhleisten gelegt wird, um das Maß für einen neu anzufertigenden Schuh zu vergrößern" Reichersbeuern TÖL.
3 †: *Bleibst àllǝwál so ǝ˜ Derz·n* (kleiner Kerl), *willst gar it* [nicht] *wachs·n* M'nwd GAP SCHMELLER ebd.
4 †auch N., Terzel, männlicher Falke: *Tercz* Asbach GRI 1409 Clm 3249,fol.128r; *für ein falckhen: 6 Gulden vnd für das terz: 3 Gulden* 1617 R. SEIDENADER, Kulturgesch. der Falknerei, München 2007,597.

Etym.: Mhd. *tërz(e)* st/swm., stn., aus lat. *tertius* 'dritter'; WBÖ IV,1776.

SCHMELLER I,626.– WBÖ IV,1776f.

Komp.: †[**Falken**]**t.** N., wie → *T.*4: *ein roth falckhenterz, welches er auf dem krametsvöglhert gefangen* 1617 R. SEIDENADER ebd. 531.

WBÖ IV,1778.

†[**Gier**]**t.** N., Gerfalke: *vmb ain roths Nordwegisch gierterz* 1617 ebd. 533.

†[**Würge**]**t.** Sakerfalke, best. Beizfalke: *sambt ainem rothen birgterz* 1617 ebd. 593. A.S.H.

Terz[2]
F. **1** Terz, Hora des Stundengebets um 9 Uhr morgens: *Die Terz* SCHMELLER I,626; *nach der tercz ward fúr in ein selampt gesungen in den convent* HARTLIEB Dial. 233,26f.– Phras. *T. leuten* zur Terz läuten: *daz … dhain* [kein] *junges totz fleischs … icht* [nicht] *chauf, untz* [bis] *man tertzze geleut hat* 1378 Rgbg. Urkb. II,473.
2 Terz, Tonintervall: *In Terzen singen* W. FANDERL u.a., Singendes Land, München u.a. 1958,82.
3 †drei aufeinanderfolgende Karten ders. Farbe im Kartenspiel → *Tertel*: „Drei aufeinander folgende Karten … bilden eine *Terz*" Das Tertl-Spiel, Regensburg 1855,9.

Etym.: Mhd. *tërzje*, *tërz(e)* st/swf., aus lat. *tertia* 'dritte'; WBÖ IV,1778.

SCHMELLER I,626.– WBÖ IV,1778.

Abl.: *-terzeln*. A.S.H.

†**Terzel**
M., Terzel, männlicher Falke: *Habich, sperber und der tertzel* HADAMARVL 176,25.

Etym.: Mhd. *tërzel* stm./n., aus mlat. *tertiolus*; DUDEN Wb. 3886.

SCHMELLER I,626.– WBÖ IV,1776f.

Komp.: †[**Würge**]**t.** Sakerfalke, best. Beizfalke: *wegen 2 stuckh falckhen, vnd ainem bürg terzl* 1617 R. SEIDENADER, Kulturgesch. der Falknerei, München 2007,597. A.S.H.

-terzeln
Vb., nur im Komp.: [**zuhin**]**t.**: °*dees Zuawiterzln mog i ned* „spontan eine Zweitstimme dazusingen" Isen WS. A.S.H.

Terzerol, Herz(e)rol, †Terzrohr
N., †F., Terzerol, OB, NB, OP vereinz.: *s Härzarol* „Schußwaffe, mit der bei der Abfahrt des Kammerwagens geschossen wird" Beratzhsn PAR; *Auf d'letzt no' schiaß ma mi'n Terzrol dös heili' Kindl munter* MATHEIS Bauernbrot 25; *2. Pistolen und 1. Terzrohr* Tölz 1800 StA Mchn BrPr. 11265, fol.33r (Inv.); *dz derselbe bey hieuor angefiehrtem Gereufft mit ainer bey sich gehabt geladenen Terzeroll wöhren wollen* StA Mchn Hofmark Amerang Pr.18 (24.7.1744).– Phras.: *Terzarolnschiassn* „Schießen mit dem Terzerol bei Abfahrt des Kammerwagens" Wasserburg.

Etym.: Aus it. *terzeruolo*; DUDEN Wb. 3886.

WESTENRIEDER Gloss. 580.– WBÖ IV,1779. A.S.H.

des → *der*[1].

Tesche → *Tasche*[1].

Teschel, Tölpel, alter Hut, → *Täschel*.

teschen, schlagen, → *taschen*.

Dese, Desel, †Deste
F., best. Gefäß, °OB vereinz.: °*a Deasn, Kaffeedesn* Polling WM; *Desn* „großer Topf, Kochtopf" Unterer Bay.Wald Kollmer II,323; *Die Dêsen, das Dêstl* „hölzernes Gefäß zu Wasser, Milch, Salz, Mehl, Schmalz, Käse u. drgl." Schmeller I,550; *Destel* „hölzernes, oder blechernes Küchengeschirr in der Form eines Topfes" 1794 ZDL 54 (1987) 324 (Nachtr.Zaupser).

Etym.: Aus slaw. *děža* 'Holzgefäß für die Bereitung des Brotteigs', zur selben idg. Wz. wie → *Teig*; WBÖ IV,1783.

Schmeller I,550.– WBÖ IV,1783-1785.

Komp.: †[**Mehl**]**d.** Mehlgefäß: *Mehldestel* 1794 ZDL ebd.

WBÖ IV,1786.

[**Salz**]**d.** Salzgefäß: °*Salzdesn* Edelshsn SOB; *Salzdestel* 1794 ZDL ebd.

WBÖ IV,1787.

[**Schmalz**]**d.** auch M., Vorratsbehälter für Schmalz, °OB, °OP vereinz.: °*der Schmalzdesel* „bauchiges Gefäß" Traidendf BUL.

WBÖ IV,1787. A.S.H.

desen[1], mit der Dechsel bearbeiten, → *dechseln*[1].

desen[2], abdichten, → *dechteln*[1].

Desen, Sauerteig, → *Deisam*.

Deserteur, Desen-
M., Deserteur: „Der Militärdienst ... Wer sich da drücken wollte, der wäre ein *Desanteer*" Dingler Mda. 92; *No nöt gor lang is z'Aichä ä Deserteer durchgraißt* Fortsetzung des kriegerischen Bauerngesprächs, o.O 1779[,8].

Etym.: Aus frz. *déserteur*; ²Fremdwb. IV,360.

WBÖ IV,1789. A.S.H.

desertieren, desentéren
Vb., desertieren: *an Kini vo Boarn is a dreimal desadert* MB Kiem obb.Volksl. 391.

Etym.: Aus frz. *déserter*; ²Fremdwb. IV,361.

WBÖ IV,1788f. A.S.H.

[**Mai**]**desper**, Maikäfer, → *-tester*.

desperat
Adj. **1** verzweifelt, traurig, mutlos, NB, MF vereinz.: *ich bin ganz desparat* Greding HIP; *So geht halt zeiti'gnua Zu'n Wirth ... Der desperati Bua* Kobell Ged. 98.
2: °*desparat* „schüchtern" Piding BGD.
3 despektierlich: „der Hallodri, der Gerichtsdiener, hat ihn auch ganz *desperat* angeredet" Thoma Werke III,257.

Etym.: Aus lat. *desperatus*; ²Fremdwb. IV,384.

WBÖ IV,1790. A.S.H.

†Dessek, Desseke
M., langes Messer, Hirschfänger: *1 disägken* Rain SR 1547 Rgbg u.Ostb. 122 (Inv.).

Etym.: Wohl aus tschech. *tesák* 'langes, breites Messer'; Frühnhd.Wb. V,497.

Schmeller I,549.– WBÖ V,1186f. (Dusak). A.S.H.

Dessel → *Deichsel*[1].

dessel, dieses, → *derl*.

Deßel → *Dechsel*[1].

desselein
Interj., in Wiederholung: *deßei, deßei!* Lockruf für Ziegen Traunstein.

Etym.: Onomat.; WBÖ IV,1779.

WBÖ IV,1779 (tęs). A.S.H.

-dessen
Adv., urspr. flekt. Form vom Dem.pron. → *der*[1], nur im Komp.: [**folge**]**d.** infolgedessen, ugs.: *Folgedessen hab i mir a paar Sprachführer kauft* Mchn.Stadtanz. 17 (1961) Nr.25,4. A.R.R.

†dest(en), -ti
Adv. **1** deshalb, deswegen: *die ... desst gethane klag* 1518 Urk.Juden Rgbg 345.
2 eben erst: *desti* OB Schmeller I,550.

Etym.: Aus dem Gen.Sg.N. des Dem.pron. → *der*[1] in adv. Verwendung; Frühnhd.Wb. V,489.

SCHMELLER I,546, 550.

Komp.: †[**da**]**d.** wie → *d.*2: *dədêsn, dədêstn, dədêst* OB SCHMELLER I,546.

SCHMELLER I,546. A.R.R.

Test
M. **1** †Schmelztiegel, -schale, v.a. zur Überprüfung des Feingehalts von Metallen: *Er nam der grozz ain march und wil di auf ain test seczen* 1389 Runtingerb. II,103; *Seud den in ainem test* Windbg BOG 1505 Cgm 4543,fol.171r.
2 †Schlacke, oberer Teil von Edelmetallschmelzen: *so gab ich die testt umb 53 guldein Dukat* 1395 Runtingerb. II,110.
3 †: *Der Dest* „Eingesottenes von Früchten, Marmelade" SCHMELLER I,550.
4: *Dejscht* „vor dem Heustadl eine freigeschaufelte Fläche im Schnee zum Heuaufladen" Wb. Krün 11.

Etym.: Mhd. *tëst* stm., aus afrz. *test* 'irdener Topf, Scherbe, Schädel'. In der Bed. 'Probe, Prüfung' (s. Komp.) aus engl. *test*, gleicher Herkunft; PFEIFER Et.Wb. 1427.

SCHMELLER I,550, 629.– WBÖ IV,1792-1794.

Komp.: [**Deppelein**]**t.**: *deppaltest* „Prüfung, die man zur Wiedererlangung des Führerscheins ablegen muss" KILGERT Gloss. Ratisbonense 55.

A.S.H.

Testament
N. **1** Testament, letztwillige schriftliche Erklärung, Gesamtgeb. mehrf.: *bn Notar s Teschtameent måcha* Derching FDB; *Wenn das Testament verles'n is, kannst mein'tweg'n tun, was d'willst* MEIER Werke I,87 (Elend); *wer bey seinem leben in aimm testament … etwas schaefft zuo hayl seiner sele auszerichten* BERTHOLDvCh Theologey 576.– Phras.: „Verpraßt jemand vor seinem Tode sein ganzes Vermögen … *Wer all's volumpn dout vor sein'm End', der macht a richtig's Testament*" Oberpfalz 68 (1980) 214, ähnlich Baier. Sprw. II,109.
2 †Heilsverfügung, Vermächtnis Gottes: *Das testament … ist die gab so vns got lang im alten gesetz versprochen* BERTHOLDvCh ebd. 457.
3 einer der beiden Teile der Hl. Schrift, in Phras. *Altes / Neues T.*: °*as ålti Testament howi fröia läiwa glesn wöis neii* Windischeschenbach NEW; *As neie Testament* P. NEUGIRG, Neis Testament aaf oberpfälzisch, Weiden 2009, 7; *weder im alten noch newen testament noch in kainen hayligen lerer* Altomünster AIC 1537 Dok. Birgittenkl. I,449.– Übertr. Schimpfw.: *Testament des* Berchtesgaden.

Etym.: Aus lat. *testamentum*; KLUGE-SEEBOLD 914.

DELLING I,123.– WBÖ IV,1794f. A.S.H.

destamieren, hochschätzen, achten, → *ästimieren*.

Deste(**l**), Gefäß, → *Dese*.

Destel → *Deichsel*[1].

desteln, einweichen, → *dechteln*[1].

-tester, -tesper, †Teste
M., ä.Spr., in heutiger Mda. nur im Komp., Test. Fabeltier: *Von dem teste … Daz merwunder hat ein hert haut, sam ein hertew schal ist* KONRADvM BdN 268,9-11.

Etym.: Wohl aus it. *testa* 'Kopf'; WBÖ IV,1796.

WBÖ IV,1796f.

Komp.: [**Mai**]**t.** auch F., Maikäfer, OP (v.a. R) vielf., NB vereinz.: *Maidesta* Geiselhöring MAL; *d'Moideschbern* Wörth R; *der … moadešpa* „von den älteren Regensburgern als Schibboleth verwendet" KILGERT Gloss. Ratisbonense 117. A.S.H.

desti → *dest*(*en*).

destig, feucht, teigig, → *töstig*.

destillieren, di-
Vb. **1** destillieren: „eine Zitrone … mit den geschnittenen Schalen in scharfen Weinessig, lasse es an der Sonne *distiliren*" HUBERINN Kochb. 525; *das werd clain geschnitten/ vnd mit einem Senfften fewͤr gedistillirt* 2.H.15.Jh. Liber illuministarum 398.– Rätsel: *wos is da denn aiwa, äbbas Gschissns oda-r-äbbas Gschpibmes oda-r-äbbas Sunnadistaliats* [von der Sonne destilliert]? – *Äbbas Sunnadistiliats. – So, da Dreck is da-r-am Läibstn, denn s Gschissne is da. Oa* Bruck ROD.
2 †filtern: *Machs an mit guetem Distillirten gumi wasser* 2.H.15.Jh. Liber illuministarum 4[illegible]6.

Etym.: Aus lat. *destillare* 'herabträufeln'; KLUGE-SEEBOLD 193.

WBÖ IV,1799.

Komp.: †[**ver**]**d.** vergeuden, verschwenden: *Item begert sie ihre sachen vom Mann soviel ihr Vermögen betrifft zu separieren, denn er Ires mechte verdestillieren* 1608 G.-B. MÜLLER-FASSBENDER, Das Apothekenwesen der bayer. Haupt- u. Residenzstadt München, München 1970, 17. A.S.H.

destimieren, hochschätzen, achten, → *ästimieren*.

desto, asta, †dester

I Adv., umso, desto: *Desta bessa!* BRAUN Gr.Wb. 92 *daz dise steticheit dazster vester sei vnd dezder ewiger* 1303 Urk.Raitenhaslach 424f.; *damit das aber der fürst dester freyer gott möcht dienen* ARNPECK Chron. 561,33f.

II Konj., mit Kompar. in Fügungen *d. / je / wie ... d. ...* je ... desto ..., OP mehrf., OB, NB, OF, MF vereinz.: *öi klenna deste schejna* Schwandf; *Aasda äjara aasda besser* SINGER Arzbg.Wb. 15.

Etym.: Ahd. *deste*, mhd. *dest(e)*, aus ahd. *des diu* 'aus diesem Grund umso'; [2]DWB VI,779f.

SCHMELLER I,550; WESTENRIEDER Gloss. 101.– WBÖ IV,1799–1801. A.R.R.

tetschen, niederdrücken, ohrfeigen, → *tatschen*.

Detschi → *Datschi*.

Tette

F., Gesäuge der Muttersau, °NB (GRI, PA) mehrf.: °*die Dött* Malching GRI.

WBÖ IV,1810. A.S.H.

Tettei

M., Schnuller, °OB, °NB, °SCH vereinz.: °*Dettei* Lenggries TÖL. A.S.H.

†tetten

Vb., säugen: *Die frau thet oder saugt das kind* Polling WM 2.H.15.Jh. Cgm 690,fol.38^{v}.

Etym.: Wohl zur selben onomat. Wz. wie → *Tutte* 'weibliche Brust(warze), Zitze', vgl. WBÖ IV,1811.

SCHMELLER I,477,631.– WBÖ IV,1811f.

Abl.: *Tette, Tettel, Tetterer*. A.S.H.

Tetterer

M., Schnuller: *Dedderer* Polling WM DWA XVIII, 78.

WBÖ IV,1813. A.S.H.

detz, ihr, → *es*[2].

Tetz → *Dez*.

Tetzel

M. **1** Schnuller, °sw.OB vielf., °NB vereinz.: °*der Dezl* Schlehdf WM; *De(t)zl* sw.OB DWA XVIII, K.6.

2 scherzh. Zigarre: *Dētsl* Kochel TÖL.

Etym.: Wie → *Tützel* 'dass.' onomat. A.S.H.

deu, die, → *der*[1].

Deub → *Dieb*.

Teuche, Teuchte, -chs-, Teucke(n), †Euche

F., M. (TÖL) **1** Teuchel, meist hölzernes Wasserleitungsrohr, °OB vielf., °NB mehrf., °OP, °MF vereinz.: °*huizane Deichan und eisane Deichan hams da zamgschtukt* O'neukchn MÜ; °*Deija* „mit sehr langen Bohrern von zwei Seiten hergestellt" Deggendf; *koa Deikn tuat er nit verboarn* Ohlstadt GAP KIEM obb.Volksl. 73; *ən Eihə~* OB SCHMELLER Mda. 92; „Vom Grand aus läuft die *Ferchene Teuchen oder Wasserleithung* in das Schloß und Hofgebäude" Mchn 1781 HIERL-DERONCO Lust zu bauen 98.

2 Wasserrinne, OB vereinz.: *Deichn* Starnbg.

Etym.: Mhd. *tiuche* 'Röhre' stf., wohl rom. Lehnw.; WBÖ IV,1022f.

Ltg, Formen: *daix* OB (dazu DEG, GRI, PAN, VIB), *daixa* OB, NB (dazu R; EIH), *daixŋ* OB (dazu BOG, MAI, MAL; PAR, WEN), *daixan* OB (dazu EG, LA, PA), ferner *daixdn* (SC, WUG), *-da* (FFB), *daikχ* (TÖL, WM, WOR), *daikχa* (TÖL), *daikχŋ* (GAP, TÖL, WM), *daikan* (STA, WOR), *daia* NB (dazu CHA, R), *daian* (LAN, SR; BUL, R), *daigs(a)n* (RO), mit Wegfall des als best. Art. aufgefaßten Anl. *aixa* OB (SCHMELLER Mda. 92, heute †).

SCHMELLER I,582.– WBÖ IV,1022f.

Komp.: [**Brunn(en)**]**t.** hölzernes Steigrohr des Pumpbrunnens, °OB, °NB, °OP, MF vereinz.: °*Brunndeicha is scho gånz dofeid* Wimm PAN; *D'Brunndeicha ist z'rissn!* LETTL Brauch 116.– Phras.: *dea gnockt drom wia da Froosch auf da Brunnadeicha* „anzüglich von einem unscheinbaren Mann und einer schweren Frau“ Reisbach DGF.

WBÖ IV,1023.

[**Holz**]**t.** Teuchel, hölzernes Wasserleitungsrohr, °OB vereinz.: *a bohrde Hoizdeich* Aspertsham MÜ.

[**Kopf**]**t.** wie → [*Brunn(en)*]*t.*, OB vereinz.: *Kopfdeich* Zangbg MÜ.

[**Mühl**]**t.**: *Müdeichan* Rinne, die das Wasser zum Mühlrad leitet Neukchn v.Wald PA.

[**Wasser**]**t.** wie → *T.* 1, °OB vereinz.: *Wossadeich* Hemhf RO. A.S.H.

†Deuchel, Deul

M., (geschmolzener) Roheisenklumpen: *Der Deuhel, Deuchel, Deuel, Deul, Deil* „Klumpen Roheisen, der im Frischherd eingeschmolzen wird, und aus welchem man immer das Bessere (Anlauf-Eisen) heraus zieht, während er im Herde bleibt“ OP SCHMELLER I,498; *wir haben chavft gein Stavff x lb Taüchels* 1403 Stadtarch. Rgbg Cam. 6, fol.36[v]; *wann der Rauche Teuhel benebens zu StabEisen ausgeschmidt wirdet* wohl 1630 VHO 2 (1839) 358.

Etym.: Ahd. *douwil* ‘Brenneisen’ stm., Abl. von → *tauen*[2]; [2]DWB VI,800.

SCHMELLER I,498.– WBÖ IV,1032.

Komp.: †[**Schien**]**d.** Stück Roheisen best. Größe u. Form: *Item gekauft xliij Schindeichl* Rgbg 1459 VHO 16 (1855) 104. A.S.H.

Teuchel, Teuchtel, -chs-, Teuel

M., F. **1** Teuchel, meist hölzernes Wasserleitungsrohr, °SCH vielf., °OB (v.a. W) mehrf., NB, OP, MF vereinz.: °*Deichin, Doichin* „aus Holz oder Ton“ Wasserburg; *Teicha* Egenburg FDB; „die Sole wird … in Röhren (oder *Deicheln*) in die Sudhäuser der Salinen fortgeleitet“ Berchtesgaden BRONNER Bayer.Land 171; *daixl boarn* nach SCHWEIZER Dießner Wb. 196; *wurden die Brunnknechte … verpflichtet, beim … Deichelnlegen, bei Machung der Brunnfiehrungen … mitzuhelfen* 1625 FISCHER Verwaltung 450.
2 Wasserrinne, OB, °SCH vereinz.: °*a Deichtl* „Steinrinne mit Abdeckplatte“ (Ef.) Gundelshm DON; *Daichl* „hölzerne Wasserrinne, offene Wasserleitung“ WÖLZMÜLLER Lechrainer 99; *Teuchel* „canalis … aus stain gmacht“ SCHÖNSLEDER Prompt. Hh8[v].
3 †Kloake, Abort: *scheishaws oder ein dĕchel* Tegernsee MB 1468 Lib.ord.rer. I,203,23.

Etym.: Ahd. *-tuchel*, mhd. *tiuchel* ‘Röhre’ stm./f., gleicher Herkunft wie → *Teuche*; WBÖ IV,1023f.

Ltg: *daixl*, *-e* OB, SCH (dazu LA; NEW), *-ɑ* SCH (dazu AIC, SOB), ferner *daixdl* (MB; GUN, SC, WUG; DON), *daigsl* (GUN, WUG; DON), *dailn* (NM; HIP, SC, WUG), *dāln* (HIP, SC, WUG).

DELLING I,119; SCHMELLER I,582.– WBÖ IV,1023-1025.

Abl.: *teucheln.*

Komp.: [**Brunnen**]**t.** hölzernes Steigrohr des Pumpbrunnens, SCH vielf., OB, OP, MF vereinz.: *Brunnateiln* Neumarkt; „*brunadaiha* .. baumstammstark“ Thierhaupten ND nach SBS XIII,636; „Eine *Brunnendeichel* mit darin befindlichem Stiefel, nebst Kolben und Kegelventil“ Regensburger Intelligenzbl. 1 (1811) 578.

WBÖ IV,1025. A.S.H.

†teucheln

Vb.: *teucheln* „propfen, indem man die Rinde, welche man von einem guten Zweige abgeschoben, an einen Wildling von gleicher Dicke steckt, dem man im Augenblick vorher seine Rinde abgezogen“ SCHMELLER I,582.

SCHMELLER I,582. A.S.H.

Teuchte, Vertiefung, → *Teich.*

deuchten

Vb., dünken, scheinen: *to[i]s taiχtmi füll* nach MOSER Staudengeb. 50; *Es däucht mich* HÄSSLEIN Nürnbg.Id. 56.

Etym.: Rückbildung aus *deuchte*, 3.Sg.Konj.Prät. von → *dünken*; KLUGE-SEEBOLD 182.

HÄSSLEIN Nürnbg.Id. 56; SCHMELLER I,525.– WBÖ IV,1028-1030. A.S.H.

Teucke, Teuchel, → *Teuche.*

Teuer, Teure

F. **1** Teuerung, °OB, °NB, °OP, °MF vereinz.: *so a Deian wia dös Johr hods no nia gem* Teisendf LF; „am Dreikönigstage … *Behüat uns Gott vor Wassa und Foia Und vor allerhand Theuia!*“ Sandsbach ROL SCHLICHT Bayer.Ld 47; *die hochbeschwerlich thewre vnd staigerung der Zehrung bey den wirthen* Landr.1616 547.

2 †Kostbarkeit, Herrlichkeit, Köstlichkeit: *Diu tiuri dera salba* Frsg um 905 Cgm 14,fol.72v (Otfrid); *dâ mag man ir tiure wol an kiesen* Kaiserchr. 300,11990.
3 (silbergraues) Schläfenhaar, °NB, OP vereinz.: *Deian* „weil man sich daran ungern ziehen läßt“ Beratzhsn PAR.

Etym.: Ahd. *tiurî*, mhd. *tiure* stf., Abl. von →*teuer*; WBÖ V,3.

DELLING I,123; SCHMELLER I,617.– WBÖ V,3.

Komp.: [**Eben**]**t.** gleich hoher Wert, Pfand, →*Ebenteuer*.

†[**Über**]**t.** Überschuß an Wert od. Ertrag: *Ich … gab die v̊ber tu̍wer mein brůder Chu̍nrat vnser frawen hintz* [zu] *Raitenhaslach ze selgræt* [Stiftung für das Seelenheil] Hallabruck TS 1298 Urk. Raitenhaslach 396; *Wann aber die bezalung nit beschehe, sol alsdann die leinbat geschätzt, vnnd die Vbertheur dem Mair bezalt werden* 1567 Stadtarch. Rosenhm PRO 137,40.

SCHMELLER I,618.– WBÖ V,3f. A.S.H.

teuer
I Adj. **1** kostspielig, teuer, °Gesamtgeb. vielf.: *a tuire Schneidar* Peiting SOG; °*ois is deiriga woan* Neufraunhfn VIB; *dös kummt z'deia* Weiden; *Han d' Easchtepfi dojana woan?* RASP Bgdn. Mda. 45; *hab er Hev̊ser · der breche man als vil · vnd als tæwer nider · als der Pfenninge wert si* Rgbg 1269 Corp.Urk. I,171,20f.; *Und darumb was iz der firdig* [vorjährige] *bayrisch wein so thuir* Rgbg 1517 Chron.dt.St. XV,30,5; *das Korn … das du bey der theuern Zeit verborgen hast* BUCHER Kinderlehre 37.– Phras.: °*s Glump is zwoame z'deia* „geht schnell kaputt und muß nachgekauft werden“ Siglfing ED.– *Jmdm. t. zu stehen kommen* üble Folgen für jmdn haben, OB, NB, OP vereinz.: *s khunt oin taia gnouch zstöi* Stadlern OVI; *dees wird da nu teia(r z'stäih(n' komma!* BRAUN Gr.Wb. 652.– *Dös ka(u)fe teia* „das kann unter diesen Umständen nicht anders sein“ SINGER Arzbg.Wb. 235.– *Da Hias und de Sein'n … ham an Kurfürschtleah Lebn wohl teia vakafft* [sich bis aufs Äußerste verteidigt] DINGLER bair.Herz 161.– *wos dean is, lejgt niad* „ist von guter Qualität“ nach KONRAD nördl.Opf. 98.– Spruch: *hebn auf, bis arm bissl taira wead* „zu einem Kind, das den Rotz hinaufzieht anstatt sich zu schneuzen“ EH.
2 wertvoll, kostbar, von guter Qualität: *Is kaə̃ teuré Semməl mer dà?* Werdenfels SCHMELLER I,617; *de Kuah, wo'st ma vokaaft hosch um's deiare Göhid* SCHOLL Dachauer Gesch. 27; *daztiura hertuom* [Erhabenheit] Rgbg 11.Jh. StSG. II, 445,42; *dein schælkche die du mit dinem tiwern blut von dem tiufel erledigt hast* O'altaicher Pred. 145,20f.; *das dir was all dein zeit ie solich hail gar tewre* FÜETRER Persibein 16,59.
3 tüchtig, vortrefflich, vornehm, tapfer, °OB, NB vereinz.: °*der is so deier* „imstande“ Grafing EBE; *doia* „gut, stark“ Nöham PAN; *„Du bist á' net teurer àls I* … nicht besser“ SCHMELLER ebd.; *wær ovch daz vnser brv̊der einer niht enwær … so svln wir in der tiwersten zwen in vnserm Lande an sin stat setzen* Rgbg 1294 Corp.Urk. III,205,37-39; *kaiser Friderich Barbarossa, den man für den teuristen und streitparisten fürsten in der ganzen welt hielt* AVENTIN V,353,23-25 (Chron.).
4 lieb, geschätzt, wert: *teura Freund* Passau.
5 †angenehm, erfreulich: *əs wird térə'* „es wird besser“ Regen SCHMELLER ebd.; *die … Schaden und Verderben lieber sehen … dann Einigkeit und Theuerwerden* Straubing 1468 BLH VI, 160; *S'is wieder theurer* „Es geht wieder beßer“ ZDL 54 (1987) 334 (Nachtr.Zaupser).
6 †gesund, in guter körperlicher Verfassung: *Er wird theuriger* „er geneset wieder“ ebd.
7 vom Haar.– **7a** an der Schläfe befindlich: *s teua Hoa* „scherzhaft, weil das Ziehen daran wehtut“ Gleiritsch OVI.– **7b** silbergrau, °OB, °NB vereinz.: °*der håt a scho de teiern Hår* Taching LF.
II Adv. **1** in hohem Maße, sehr, eindringlich, OB, °NB vereinz.: °*dea Schdriig is so daia schdoag, daasa ned oraissd* Simbach PAN; *'s hat ja der Herr Mond so teuer g'scheint* nördl.WS Dt.Gaue 7 (1906) 159; *„Uns gêt·s iətz teuə' schlecht …* wird *táiə'* gesprochen“ Bay.Wald SCHMELLER ebd.; *daz wil ich an sînem lîbe vil tiure gerechen* Kaiserchr. 310,12560f.; *Vil teẘr er in mandte, das er bericht zue veld der Chriechen schar* FÜETRER Trojanerkrieg 118,446.
2 einigermaßen, leidlich, ungefähr, °OB vereinz.: °*des wead do scho so deia hihaun* Ebersbg; „es geht schon grad zur Not. *Geht scho so deier*“ BAUER gut bayer. 164; *So teur als vierzig* „nach der Schätzung ohngefähr vierzig“ SCHMELLER ebd.
3 Sup., in Fügungen *zum t.sten* / †*zu t.st* sogar: *Ze teurist* Lechr. ebd.; *zan teiaschtn s letza Trümml Huulz haouta miitgnumma* SINGER Arzbg.Wb. 235.

Etym.: Ahd. *tiuri*, mhd. *tiur(e)*, germ. Wort unklarer Herkunft, möglicherweise verwandt mit →*dauern*[2]; KLUGE-SEEBOLD 915.

Ltg: *doia, doir* u.ä. NB (dazu BGD, MB, RO, TS), *duia, duir* u.ä. westl.OB (dazu RO; BOG, KÖZ, PA, VIT; CHA, ROD), *diur* u.ä. (LF), *dęir* (LL), daneben im Gesamtgeb. *daia, dair* u.ä., ferner *dę̄a* (WÜM).– Flekt. Formen auf -(*r*)*a* u.ä., daneben *doiana* (DEG, GRI), *duiana* (KÖZ, PA), *daiana* (IN; PA).– Kompar. auf *-ra* u.ä. neben *dairiga* (WS; EG, VIB, WOS), *doiana* (BGD).

SCHMELLER I,617; WESTENRIEDER Gloss. 580f.– WBÖ V,1-3.

Abl.: *Teuer, teuerig, teuern, Teuerung.*

Komp.: [**sau**]**t.** sehr kostspielig, teuer, OB, NB, OP, SCH vereinz.: *sautaia* Lenggries TÖL.

[**sünd**(**en**)]**t.** sehr kostspielig, teuer, °Gesamtgeb. vielf.: *dös is sintdeia* Spechting WEG; °*sindnteia* Weiden; *Habts scho wieder an sechan sündteuern Kea* [Kien] *kauft?* DITTRICH Kinder 17.– Phras.: °*dös is da Kaufmoa Sünddeier* „Händler, dessen Waren überteuert sind" Kchndemenrth NEW.

WBÖ V,3. A.S.H.

teuerig

Adj., kostspielig, teuer: *Zum Wegwerfa ham ma amoi nix, wo ois so teirig is* Altb.Heimatp. 50 (1998) Nr.21,8. A.S.H.

Deuerl, gedörrter Apfelschnitz, → *Teil.*

teuern, †teuren

Vb. **1** (sich) verteuern.– **1a** teurer machen, werden lassen: °*der Kramer hat die War teiert* Barbing R.– **1b** teurer werden: °*ois tuat teuern* Thanning WOR.

2 †schätzen, veranschlagen, taxieren: *so sol der ander dem der schad geschehen ist/ den schaden tiwern* Windf VOF 1296 Corp.Urk. III,545,6; *die Vir sollen ime umb den Schaden abzekhomen erkhennen oder denselben selbst theüren* N'ambach FS 1571 HARTINGER Ordnungen I,287.

3 †preisen, ehren: *Die Thurner von Neupewrn/ Seind wol hoch zutewrn* HUND Stammenb. I[,XIX].

4 †refl., wohl sich auszeichnen, hervortun: *daz müeze von dir werden und ouch von allen wîben sich mir tiuren* HADAMARvL 169,718.

Etym.: Ahd., mhd. *tiuren*, Abl. von → *teuer*; PFEIFER Et.Wb. 1427f. (beteuern).

SCHMELLER I,618.– WBÖ V,4.

Komp.: [**auf**]**t.** wie → *t.* 1a: °*dö teiern owei af* „erhöhen die Preise" Klingenbrunn GRA.

†[**be**]**t. 1** beteuern, eidlich erhärten: *der sol den andern seinen schaden abtůn, den er betiurn mag* Obb.Landr.1346 86; *die mit seinem aid zuͦbeteüren vnnd zuͦbestaͤtten* Passau 1536 WÜST Policey 321.– **2** wie → *t.* 2: *'s Haus is auf 600 fl. betuiert* SCHMELLER I,618; *Waer aver daz ez sturb, so sol er daz vich betewrn mit seinem aid* 1340 Stadtr.Mchn (DIRR) 359,10f.; *Die haben sy anfangs auf 3000 fl. bedeurt* Lichtenbg LL 1603 SbMchn 1910, 5.Abhandlung, 16 (Inv.).– **3** zu kostbar dünken, reuen: *Toget dir mein rat, nich sol des nit betewren* HADAMARvL 179,41.

SCHMELLER I,618; WESTENRIEDER Gloss. 48.– WBÖ V,4.

[**ver**]**t.** wie → *t.* 1a, °OP vereinz.: °*dea hot dö War verteuert* Fronau ROD; *das die außlennder ... das schmaltz, den jnnlenndern ... vertheuren* 1542 WÜST Policey 418.

WBÖ V,4. A.S.H.

Teuerung, Teurung, Teueram

F. **1** Teuerung, °OP mehrf., °OB, °NB, °MF vereinz.: °*heir kimb a Teirung, wä da Schaur* Hagel) *gschlang hat* Weilhm; °*1817 is a so a Teiering gwen, daß ma im Holz draß s Gros zum Essn gholt hot* Dietfurt RID; *dąiərām* SCHESSL Eichendf II,18; *Ez sol chain messer ... chain chorn einchauffen auf die tewrung* um 1365 Stadtr.Mchn (DIRR) 451,9f.; *Jst aller Orten vnssers landts so grosse theürung in allen sachen gewöst dz vil leidt hunger gestorben* 1621 HAIDENBUCHER Geschichtb. 48.

2 †Schätzung, Veranschlagung, Taxierung: *das böste und theuerste Stuckh Viech ... lass t solches durch 2 ... Schäzmänner in die Theuerung bringen* Kchbg ROL 1776 HARTINGER Ordnungen I,238f.

Etym.: Mhd. *tiurunge* stf., Abl. von → *teuer*; PFEIFER Et.Wb. 1427.

WBÖ V,4f.

Komp.: †[**Be**]**t.** wie → *T.* 2: *wo in beteürung, schazung, oder anschlag solchs diebstalls geirrt* [gehindert] *werden* Straubing 1510 MB XV 365.

WBÖ V,5.

†[**Ver**]**t.** wie → *T.* 1: *das ... steigerung vnd vertheurung allerlei notwendigen victualen vnd commercien verursacht werde* Neuburg 1606 WÜST Policey 674.

WBÖ V,5.

†[**Über**]**t. 1** Überschuß an Wert od. Ertrag: *vnd swaz der hof tivrr ist/ div sęlb v̊bertivrung ist des*

vorgenanten Moͤnstręrs Vohburg PAF 1299 Corp.Urk. IV,443,17f.; *Hiet er aber überteurung, die sollen die richter paid tailen auf drey tail* Brien RO 1498 Breit Verbrechen u.Strafe 45.– **2** Restbetrag: *Peter Puhler ... ist ... auf Rosnhaimer kirchtag j tail vnnd die vbertheurung auf Michaeli darnach, parzbezalen vertedigt* 1559 Stadtarch. Rosenhm PRO 136,61.

Schmeller I,618; Westenrieder Gloss. 597.– WBÖ V,5.

A.S.H.

Deuf, Diebstahl, →*Diebe*.

teuf →*tief*.

Teufe →*Tiefe*.

Teufel, Teuxel, †Teugel, Teutsch
M., Teufel, böser Geist.– **1a** Satan, Widersacher Gottes, °Gesamtgeb. vielf.: *da Taifö un da Toud* O'audf RO; *da Tuifi* „liest am Karfreitag die Messe, Volksscherz" Kötzting; *stäid da leibhafte Deifl voa äam* Rieden AM; *Dawaij wiagglö kimmnd da Daifö miid an Zuugschliddn daher* Kohldf REG Haller Rauhnacht 59; *mit demo tiuvelo unde mit allen den unreinen keisten* 11. Jh. SKD 140,15f. (Wessobrunner Beichte); *Der teufel als ain feind gots vnd neyder des menschens wolfart* BertholdvCh Theologey 223; *dz der Toifel ä Paur wär* Landshut um 1650 Jb. Schmellerges. 2012,35,98.
Phras.: *auf T. komm ausher / heraus* mit ganzer Kraft u. Hingabe, in höchstem Maße, °Gesamtgeb. vielf.: °*mia homa goawat auf Deifi kimm außa, aber fiuchteg woan hama nimmer* Weildf LF; °*der löigt aaf Teifl kumm raus* Poppenrth TIR; *weil oana schnarcht auf Deife-kim-raus* Zöpfl Zeit 62;– *auf T.(s) zerreiße es / T.s Zerreißen* u.ä. OB, °NB, °OP, MF vereinz.: °*garbat hån i aaf Teifös zreißn, daß i firti woan bi* Wegscheid; °*der bscheißt auf Teifls zreiß* Muckenbach ROD;– °*auf Teifösdrei* [darein] *homma heit garwat* Weilhm, ähnlich °RO.– *Bis zum T. holen / bis auf den T.* u.ä. bis zum Äußersten, °OB, °NB, °OP vereinz.: °*der hatn bis zum Deifehoin gmartert* Altenbuch LAN; °*bis afn Deifl schikaniern* Falkenbg TIR.– °*Dem were hoifa, bisa aufn Teife kimmb* „erledigt ist" Wildenroth FFB.– *Beim / zum / vom T.* kaputt, verloren, weg, °Gesamtgeb. vielf.: °*so, wieder a Fuchzgerl beim Deife!* „umsonst ausgegeben" Planegg M; °*des håut ja do koin Weat, as is suwöisu ållas vån Teifl* Sulzbach-Rosenbg; *der Spielhoh' is aa beim Teufi* Allers-Ganghofer Jägerb. 36;– *i wollt, i war beim Teifi* „ich wüßte von der Sache nichts" Maxhütte BUL, ähnlich OB vereinz.– *Etwas hat der T. geholt* ist kaputt, unauffindbar, °OB, °OP vereinz.: °*dös kann doch da Teifö nöt gholt habn!* Ismaning M;– *da hat der Teufl sein Schwanz drauf glegt* „wenn man etwas nicht mehr findet" Mchn;– *Daou haldd då Daifl wiedå d'Hendd driewå* Pirk NEW F. Schönberger, Graudschaisså, Schroågoschn u. Boumåzzlais, Pirk 2017, 90.– °*Mi haout glei da Deifl gsehng* „ich bin gleich weg, nicht mehr lange hier" Windischeschenbach NEW.– *Zum T. gehen* kaputtgehen, verlorengehen, °OB, °NB, °OP, °MF vereinz.: °*den sei Auto geht boid zum Teifi, moan i* Metten DEG; °*döi Schar is wieder zum Deifl ganga* Ambg;– „Sterben ... *Der geht zum Teufel!*" Pollinger Landshut 296.– *Da kannst glei zum Teifi lafa* etwas ist zum Davonlaufen Emmering FFB.– °*I kunnt ois zin Deife haun* „kaputt machen" Garmisch;– *zum T. hauen / jagen* fortjagen, OB, NB vereinz.: *dö Großkopfadn soit ma alle zum Deifö jågn* Passau; *Eich hau ma a no zum Deifi* Mchn MM 30./31.7.2011, 11;– den Laufpaß geben, OB, NB, OP vereinz.: *zum Teifö haun* Frauenneuharting EBE; *Da hab' i's ... glei'zum Teufel g'jagt* Stieler Ged. 65;– Schnaderhüpfel: *ob is recht gern hab, dös steht in Zweifl, wann i a andere kriag, hau is zum Teifl* Tittling PA.– *Schau, daß du zum T. kommst!* u.ä. Aufforderung, sich zu entfernen, OB, SCH vereinz.: *schaug, daß zon Deifl kimmscht* Kochel TÖL; *Machts, dass zum Teufi kemmts, ihr Schwindler* K. Valentin, Die Jugendstreiche des Knaben Karl, München 2007, 32;– *geh / scher dich zum T.!* u.ä. °OB, NB, °OP, MF vereinz.: °*scher di zum Deifi* Scheyern PAF; *scher di zum Teifi!* Häring Gäuboden 169;– erweitert: *geh vo miar aus zon Teufö und zo seina Groußmuadan!* Tann PAN, ähnlich Mchn.– *Zum T. wünschen* wegwünschen, °Gesamtgeb. mehrf.: *den kannt i zon Deife wünschn* Donaustauf R.– *Den T. haben* unangenehm überrascht sein: *da hast n Deifö* Passau;– erweitert: *iaz host an Deifö, iaz is a a dö Kirch eichö und sauft an Weichbrunn aus* O'audf RO.– *Dear ist dem Duifel of der Bloach derfo* „hat dunkle Hautfarbe" Hfhegnenbg FFB, ähnlich Baier.Sprw. II,101.– *Wie der (leibhaftige / alte) T.* mit Kennzeichen od. Eigenschaften des Teufels, v.a. mit dessen Aussehen, °Gesamtgeb. vielf.: *der hat a Gsicht wia da Deifi soim* häßliches Gesicht Wiesbach MÜ; *so böis sei wüa da leibhafdiche Deifö* Beilngries; *wie der Teufel keck* Sturm Lieder 54;– erweitert: *schauen wie eine Hölle / ein Feld voller*

T. u.ä. grimmig, boshaft, °OB, °NB, °OP vereinz.: °*dreigschaugt hot a wia a Hiall voi Teifi* Hartpenning MB; °*dea schaut aas wai a Feld volla Täfl* Rötz WÜM;– °*der schaut aus wie der alt Deife z'Wean* (Wien) „hat zusammengewachsene Augenbrauen" Kiefering AÖ;– *dea is so dumm wia dar åjd Deifö z'Wean* Reisbach DGF;– *Er laufft herumb wie der Teuffel in der Faßnacht* [ausschweifend, zügellos] GERMINIANUS MONACENSIS, Geistlicher Weeg-Weiser gen Himmel, Bd II[,1], München 1679, 416.– *Wie der T.* sehr schnell, plötzlich, °Gesamtgeb. vereinz.: °*wia da Teifi is der dogwen* Starnbg; *wöi da Deifl fohrns vobei, döi Auto* Neusorg KEM; *Der is ja wia da Deixl* „wenn ein Bub … schnell, unberechenbar und unstet war" SCHILLING Paargauer Wb. 36; *er … ist z wie der teixl von aein zum andern grent* Stubenbg PAN 1796 P. LENGLACHNER, Gesänger Buch I, München 2014, 135;– erweitert: *wie der T. aus dem Schächtelein / der Hölle / Butterglocke* u.ä. °OB, °NB mehrf., °OP, °SCH vereinz.: °*auf amal war a da, wia da Teife aus der Höll* Edelshsn SOB; *wöi da Teifl asm Schachtal is der Bazi vor mir gstandn* Frauenbg PAR;– wendig, beweglich, °NB vereinz.: °*der werklt rum wia da Teifl im Schachterl* Schierling MAL;– *wie der T. die Gendarmen / den Viehhändler holt* schnell, ohne Umstände, °NB, °OP vereinz.: °*pfeigrad wia der Teufö d'Schandarm hoit* Deggendf;– °*di nehm i hentisch* (mit der Hand) *wie der Teufl die Bauern* Breitenbg WEG.– *Oana nach dem andern, wia da Deifi d'Bauern hoit* „in großer Menge, Zahl" Gmund MB.– *Wie der T. aus dem Schächtelein* zornig, wütend, °OB vereinz.: °*wia da Teifi ausm Schachterl is a aufgfahrn* Hohenpeißenbg SOG;– *dö geht auf die los wie der Deifl mit dem Schürhakl auf d'Seel* Neumarkt, ähnlich °AÖ.– °*Des wennst machst, nach is der Deifl ausn Schachterl!* „Mahnung, Drohung" O'ammergau GAP.– *Wie der T.* sehr (gut), in hohem Maße, °OB, °NB, °OP, °SCH vereinz.: °*danzn kånns wia da Deiffe* Pfeffenhsn ROL; °*dös Messa schneidt wöi da Deifl* „sehr gut" Nabburg; *Ön Oktowa hods ejmö* [manchmal] *scho gfread, wej an Deifö* KERSCHER Waldlerleben 78f.– *Auf etwas (scharf) sein wie der T.* u.ä. auf etwas begierig sein, etwas unbedingt haben wollen, °OB, °OP vereinz.: °*der is auf d'Weiber scharf wie der Teufel* Altenmarkt TS;– erweitert: *auf etwas scharf / aus sein wie der T. auf das Weihwasser / den Weihbrunn* u.ä. °OB, °NB vielf., °OP mehrf., °SCH vereinz.: °*der is aufs Geld aus wia da Teifi aufn Weihbrunn* O'au BGD; °*schoaf wöi da Teifl afs Weihwasser* Maxhütte-Haidhf BUL;– *auf etwas scharf / aus / heiß sein wie der T. auf die (arme) Seele* u.ä. °Gesamtgeb. vielf.: *schoaf auf ebbas wia da Teifi auf d'Söj* Hohenkammer FS; *der is afs Göld wöi da Deifl af d'Söl* Hessenreuth KEM; *Deà is auf-n Pfenen … aus wià dà Dàife auf à oàme … Sej* KAPS Welt d.Bauern 3[illegible];– „Spruch … *Der Mensch hängt am Leben, wie der leibhaftige Teufel an der sündhaften Seel'*" GRAF Dekameron 59.– *Fürchten / scheuen / dick haben wie der T. das Weihwasser / den Weihbrunn(er)* sehr fürchten, scheuen, °OB, °NB vielf., °OP mehrf., °Restgeb. vereinz.: °*der fürcht sei Alte wia da Deifl s Weihwassa* O'viechtach; *dea hod d'Arwad dick wie da Deifl s Weihwassa* Gungolding EIH; *Der Mo scheucht as Weda* (Gewitter) *wia da Daife an Weichbrunna* ILMBERGER Fibel 41; *die bäbst forchten ain gemaine versamlung der christen wie der teufel das weichwasser* AVENTIN I,194,5f. (Türkenkrieg);– *sich fürchten wie der T. das Weihwasser / den Weihbrunn* u.ä. große Furcht, Angst haben, feige sein, °OB, °NB vielf., °Restgeb. mehrf.: °*dea füacht sö wia da Deifö an Weihbrunn* Metten DEG;– *der rennt davo wia da Deifi vorn Weihwasser* Aidenbach VOH.– *Das weiß der T.* u.ä. ist völlig unbekannt, °NB vereinz.: °*dös woaß da Teifi* M'fels BOG; *Dees woaß der Deixel, wia dees halt* EHBAUER Weltgschicht I 14;– als Ausruf des Nicht-Begreifens, °OB, NB vereinz.: *woas da Teifö!* Hengersbg DEG; *Woiß der Teifl, warum Rentnerweiwer … sua bal aafstäih möin!* SCHEMM Neie Deas-Gsch. 116.– *Der T. ist / sitzt / steckt drinnen* u.ä. etwas ist undurchführbar, schwierig, problematisch, übel, °NB, °OP vielf., °Restgeb. mehrf.: °*do is heid deat* (doch) *scha da Deixl drundda* Garching AÖ; °*heit geht ålles darem, gråd wia wenn da Deifl drin waa!* Abbach KEH;– *der T. hat seine Hand drin* u.ä. °NB, °OP vereinz.: °*heint hat da Deifl Pratzn dazwischn* Neumarkt;– °*da hoat der Teufl sein Schwanz durchzogn* Laaber PAR;– *der T. ist los* °OB mehrf., °NB, °OP vereinz.: °*heit isch scho a Trumm an Heiwagn vareckt, do is scho da Teifl los* Weilhm;– °*des is doch da Deifl* Königstein SUL;– *etwas hat der T. gesehen / den T. (gesehen)* °Gesamtgeb. vielf.: °*döi Oawat håt da Teifi gseng* Marktl AÖ; °*dös håt an Deixl, dös geht nöt so oafach* Tegernbach MAI; °*bei den Weda hot s Roumvozuign an Teifl gseng* Mintraching R; *Da Ischias hod hoid an Deifi!* HÖFER Bairgredt I,59;– *dös alte Malefizgwand ztrenna hot da Teufö reitn kenna* „macht keine Näherin gern" Tann PAN.– °*In der Maschin steckt da Deifl drin* „sie funktioniert nicht" Cham.– *Mit dem T. zugehen* auf merkwürdige, unerklärliche Weisei °OB, °OP vereinz.: °*dös müißt doch min Deifl zuagüih, wenn ma dös niat zamabrachtn* Kchndamenrth NEW; *das müßt doch mit dem Deixel zugehen* LEOPRECHTING Lechrain 56; *Dees gäihd need'm Daifl zou* „kann ich mir nicht erklären" Pirk NEW F. SCHÖNBERGER, Graudschaisså, Schroågoschn u. Boumåzzlais, Pirk 2017, 89;– °*dau waor da Teifl im Gspül* Weiden, ähnlich °OB, NB vereinz.;– †: *Das müeßt der Teufel seyn* „da müßte der Teufel mit im Spiele seyn" SCHMELLER I,589f.– *Jmdm schaut der T.* (*aus den Augen*) *ausher* u.ä. jmd hat ein bösartiges Gesicht, OB, NB, OP vereinz.: *den derma ner aschaua, den schaud scha-u da Deifl asa* Etzenricht NEW;– *der hot an Deifi in Gsicht* Landshut.– *Den T.* (*im Leib* / *gesehen*) *haben* u.ä. sehr böse sein, °OB, °NB, SCH vereinz.: °*dö hot an Teifl noch zwer an Leib, noch längs glangt do nimma* Mammendf FFB; °*der håt an Deifl gsehng* Gögging KEH; „Ein boshafter Mensch ... *hot an Deifi an eahm*" BAUER gut bayer. 13[illegible];– *hast denn du an Deifi gfressn!* „bist du aber mürrisch!" Reit i.W. TS;– *Den Alt'n hat der Teufl!* MEIER Werke I,213;– °*der houts mitn Deifl* Eschenbach;– *vn Deifel bsessn sei* Derching FDB, ähnlich °OB, NB vereinz.;– *der is da Deifö zwoamal* Mainburg;– *dem T. zu schlecht sein* u.ä. °OB, NB, °OP vereinz.: *dea is fian Deifö zschlecht* Mittich GRI; *Der iis an Teif'l z'schleecht* BRAUN Gr.Wb. 653;– erweitert: °*der is an Deifi z'schlecht, sist hättern scho lang ghoit* Tittmoning LF, ähnlich WS;– auch sehr schlecht, völlig unbrauchbar (von einer Sache): °*des is an Deifi z'schlecht* Degerndf RO; *Dés is 'ən Teufel z·schlècht* SCHMELLER I,590;– *di mog da Teifl nimma* „du bist sehr böse" Hohenpeißenberg SOG;– *Da Teifi magn net, sunst hätt er'n scho lang gholt, und gwiß is er eahm allawei!* KIEM Kreuther Tal 128;– *dem T. ausgekommen sein*: °*des Moidl is heint wieda an Deifl aaskumma* Altenstadt NEW; „Er ist so böse, als wenn er *dem Teufel ausgekommen* wäre" Baier.Sprw. I,75;– °*der is an Teifl von Sook aussaghupft* Waldsassen TIR, ähnlich °NM;– *di hat scho lang da Deufö bein Krahng* Passau;– *jmdn reitet der T.*, jmd *reitet den T.* °OB, °NB, °OP mehrf., °Restgeb. vereinz.: °*de Burschen muaß da Deifi gritten hobn* Erding; *Wie oft muß dich der Teufel reitn* STURM Lieder 45;– *jmdn kann der T.* (*nicht*) *derreiten* u.ä. °OB, °NB, °OP, °MF vereinz.: °*den kon da Teifl derreitn* „er ist unausstehlich" Maxhütte-Haidhf BUL; „Über einen Gewalttätigen: *Den ko ned amal da Daife rein*" ILMBERGER Fibel 41.– *Heut is er vom Teufl bsessn* fuchsteufelswild Mainburg;– °*dea is wäi voan Teifl gritten* „in Rage" Plößbg TIR;– *den hat der Teufl beim Gnack* Langenpreising ED;– *mit dem T. raufen können* zornig od. verstimmt sein, °OB, OP, MF vereinz.: *mir stinkt der heit scho, daß i glei mitn Teiffel raffn kant* Ramsbg WUG; *Er kannt mi'n Teifl raffa!* „ist heute schlecht aufgelegt" JUDENMANN Opf.Wb. 156.– *Jmdn reitet der T.* u.ä. jmd handelt unverantwortlich, mutwillig, tollkühn, °OB, °NB, °OP mehrf., °MF, °SCH vereinz.: °*den hat da Teifö grittn, wia a vom Dach abagsprunga is* Langdf REG; *wia der Durscht allerweil irger wor'n is, da reit'n der Teifi* LUTZ Kumpf 33;– °*der möcht mitm Teifi reitn* Mchn;– °*öitz hout a an Deifl aasn Schachterl laoua* „hat er unüberlegt etwas ausgeplaudert" Eslarn VOH.– *In Teufl reitn* „angeben, aufschneiden" Berching BEI;– *jmdn kann der T.* (*nicht*) *derreiten* u.ä. °OB, °NB, °OP vereinz.: *den ko koa Deifl darein* Arnstorf EG; *Den kã dà Dàife ned dàràiddn* „Das ist ein Angeber, Aufschneider" KAPS Welt d. Bauern 79.– *Jmdn kann der T. nicht* (*der*)*reiten* u.ä. jmd läßt sich nicht aufhalten, unterkriegen, °OB, °NB mehrf., °OP, °MF, °SCH vereinz.: °*wos der ois durchsetzt, den ko ja da Teifi net dareitn* Kreuth MB; °*dön ko koa Teifö dareitn, mit döm brauchtas nöd aufnöhma* Wimm PAN.– *Den T.* (*im Leib* / *gesehen*) *haben* u.ä. streng, energisch sein, OB, °NB, OP vereinz.: *der hot an Taifi im Leib* Ringsee IN; °*der håt an Deifl gsehng* „ist energisch" Gögging KEH.– *dös Moi(d)l haout n Teifl gsäah* „das ist ein tolles Mädchen" SINGER Arzbg.Wb. 235f.– *Jmdn* / *etwas holt der T.* u.ä. jmd, etwas findet (durch den Teufel) ein (schlimmes) Ende, v.a. als Verwünschung, °Gesamtgeb. vielf.: *di soi do glei da Deife hoin* Hallbergmoos FS; *wenn ner die ganz Gschicht da Teifel hulat!* Lauf; *den scheena Dampfer ... a so o'gfahrn ham, daß'n glei da Deixl g'holt hat* CHRIST Werke 191 (Erinnerungen); *Dă Deixel hol''s Beichtn* Rgbg 1723 HARTMANN Hist.Volksl. II,235;– erweitert: *jmdn holt der T. lotweise* / *pfundweise* NB, OP vereinz.: *da Deifö holtn lotweis* Passau; *di sol da Deifl bfundweis huln* Fürnrd SUL;– †: *Wós hób I, wén óin dar Deufl huld und I 's Fourlàuñ* [Fuhrlohn] *zóln mou* Neuenhammer VOH SCHÖNWERTH Sprichw. 43;– †: *Haod dar Deufl an Schiml ghuld, fraogt ar niad: is dar Strik zóld* Neuenhammer VOH ebd. 42;– *håt da Taifi s Ros ghoit, kån a-r-aa-r-an Zamm dazua ham* „ein großer Verlust läßt einen kleinen leicht verschmerzen" mittl. Altmühl;– °*haout da Deifl Goas ghult, soll a s Hei a huln* Weiden;– „Wer alles auf eine Karte setzt ... *Haout d Teifl die Gahs ... ghult, sölla n Buak ... aa gaoua huln!*"

SINGER ebd. 236.– *Etwas ist zum T. holen* u.ä. ist zum Verzweifeln, ruft Entsetzen, Empörung hervor, °OB, NB, MF vereinz.: *dös is schou zin Deifl huln* Pommelsbrunn HEB; *Dee … Kartn is schlächd zon Daifeholn* ILMBERGER Fibel 45; *A grantig's Mensch zum Teufelholen* STIELER Ged. 69;– †: *Dös war dennerst zum Teufel schelt'n, wenn's eahm … d'Sau stehl'n tat'n* SCHLICHT Bayer.Ld (Straubing 1927) 517;– als Beteuerung: *dao soll mi scho glei da leibhaftigi Teifl holn* Neukchn VOH, ähnlich °NB vereinz.– Weitere Verwünschungen: *der T. soll jmdn zerreißen* u.ä. OB, NB vereinz.: *di soid da Taifö quintlweis zreißn* Valley MB; „Wenn sie [die Münchner] jemand verwünschen … *Der Teufel soll dich … zerreissen!*" WESTENRIEDER Mchn 318;– *der T. soll jmdn reiten* u.ä. °OB, °NB, °OP, °MF, °SCH vereinz.: *wenn di ner gleich der Teifl reitat* Buchschwabach FÜ;– erweitert: *dich soll der Teifl reitn und all Minutn anders satteln* Schwabbruck SOG.– *Dem T. (die Herberge / den Dienst) aufsagen* u.ä. eine Beichte ablegen, °OB, °NB, °OP vereinz.: °*heit hå i an Teifl augsagt* Rehling AIC; *Dem Teufel die Herberg' aufsagen* WINKLER Heimatspr. 67;– °*an Teifi prelln* „beichten" Mallersdf.– °*An Teifl von Hernan packn* „etwas Unangenehmes in Angriff nehmen" Wdsassen TIR;– °*am Deife d'Herndl wegbrecha* Rechtmehring WS.– *Den T. austreiben / spitzen / riskieren* alles riskieren, °OB, °OP vereinz.: °*der hat an Teifi wieder gspitzt* Brunnen SOB;– *den T. aufspießen* °OB, °NB vereinz.: °*jetz is ma gleich, jetz möcht i am Teifi aufspiaßn* Malching GRI.– *Der zmert* [zerstört] *an Teufl a* „ist sehr mutig, tollkühn" Kareth R;– °*de fahrt an Deifl d Heana o* „ist verwegen, auch resolut" Burglengenfd;– *den T. aus der Hölle holen* u.ä. NB, MF vereinz.: *dea hoit an Deifö vo da Häi außa* Osterhfn VOF;– †: *Er hat 'n Teufel auf'm freien Feld g'fangen* DELLING I,123;– *dea nimmts mit n Teufl af* Haselbach BUL;– *der geht übern Deifi* Wolnzach PAF;– *der traut sö mitm Teifl a rafa* Galgweis VOF, ähnlich RO;– *dea spielt mim Teifl um d Wett* Berching BEI;– *des nennt ma an Teifi vasuacha* Pfeffenhsn ROL, ähnlich MÜ;– *der fragt nach'n Teifö a nichts* Kchbg VOF;– *keinen T. (und keinen Herrgott) fürchten / scheuen* u.ä. OB, NB, OP vereinz.: *der scheicht an Teife net* Aibling; *der fürcht koan Teufl und koan Herrgott* Haselbach BUL; *daß unserne Feuerwehrleut … koan Teifi net ferchtn* QUERI Polykarpszell 24;– †: „statt kühn … *er fürchtet den Teufel und seine Mutter nicht*" Mchn HAZZI Aufschl. III,1,333;– *den T. in sich / es mit dem T. haben* u.ä. OB, NB, MF vereinz.: *der hat an Teufi in eam* Margarethenrd ES; *ois wenas midn Deifi hett* Aicha VOF;– *den Teufel bei der Hex verklang* Schliersee MB;– †: *Wèr 'n Deufl niad fürht't, nimd 'n bó'n Schwártz* Neuenhammer VOH SCHÖNWERTH Sprichw. 43.– *Den T. bei seiner Ähnel / Großmutter / Mutter verklagen* vergebens klagen: *an Doifa ba sana Anal vaklåung* Mittich GRI; *er verklagt den Teufel bey seiner Mutter* WESTENRIEDER Mchn 325.– *An Teifi a Ohrfeig gebn* etwas tun, was zwecklos ist Bayrischzell MB.– °*Heint kunnt i an Teifi d Ohrwaschl ausreißn* „Ausdruck von Lebensfreude, Übermut" Kreuth MB.– *Dem T. die Ohren / Ohrwäschel wegreden* u.ä. viel reden, schwätzen, °OP vielf., °MF mehrf., °Restgeb. vereinz.: *n Deifl d'Luser wägschmadern* Pertolzhfn OVI; *der redet üm Teifl as Aoua weg* Wunsiedel;– °*der red an Deifl nu a Hoan weg* Erbendf NEW;– *der redt an Teife no dabbat* (dumm, verrückt) Wildenroth FFB.– *Dem T. ein Ohr / Ohrwäschel wegschwören* u.ä. einen Meineid schwören, °OB, °OP vereinz.: °*der schwört an Deifl a Ohrwaschl weg* Hohenpolding ED.– °*An Deifö d'Ohrn wegliang* „um jeden Preis lügen" Simbach EG, ähnlich M.– *Dem T. die Ohren / Ohrwäschel wegreiten* zu schnell reiten od. fahren, °OB, °NB vereinz.: °*an Deifö d'Oan wegreitn* Ergolding LA;– °*da hätt i am Teifi bald d'Oan ogrittn* „bin ich an einer Stelle sehr knapp vorbeigekommen" Töging LF;– °*der reit an Deifl d'Oawaschl weg* „ist erstaunlich flink, schnell" Arnbg, ähnlich ESB;– °*der reit an Deifi d'Ohrwaschl weg* „setzt mit allen Mitteln seinen Willen durch" Degerndf RO, ähnlich °DAH;– °*der reit an Teifi d'Ohrn weg* „ist geizig" Günzlhfn FFB.– °*Der frißt am Teifi d'Waschl weg* „zeigt großen Appetit" Landshut.– *Deà fràss àn Dàife àà, wann-à … gsejchd wàà* „ist nicht wählerisch, kann alles brauchen" KAPS Welt d.Bauern [illegible]1.– *Den T. (nicht) zerreißen* u.ä. (nicht) viel zustande bringen, bewerkstelligen, °OB, °NB, °OP vereinz.: °*mit dem Werkzeig wirst an Teifö nöt zreißn* Passau; °*du werst an Teifl z'reiß'n kenna* „spöttisch zu einem, der beim Kartenspielen Kontra gibt" Mintraching R; *Nur langsam, du werst haind koan Daifi nimmer zreissn!* ILMBERGER Fibel 41;– °*er kannt an Deifi zreissn* „ist wild und unberechenbar" Dietersburg PAN;– °*da Hans zreißt an Teifi net* „hat ein ruhiges Wesen" Innernzell GRA;– °*ob i dös dua oder net, dös zreißt koan Teifi net* „ist unerheblich" Simbach EG.– *Den Teufel (nicht) zerreißen / aufarbeiten* u.ä. (nicht) sehr fleißig arbeiten, °OB, °NB, °OP vielf., °Restgeb. vereinz.: °*dö derreißt an Teifl it* [nicht], *dö is faula wia da Mist*

Mammendf FFB; °*der Knecht hat no nia koan Teifi net zrissn* Simbach EG;– *dem T. keinen Haxen | kein Haar ausreißen | kein Ohr abreißen* °NB, °OP, °OF vereinz.: °*der reißt dem Teifl koa Ohr ab* Nagel WUN;– *der reißt an Deifl an Haxn aas* „ist sehr eifrig“ Weiden.– *Den T. an die Wand malen* u.ä. über ein zu befürchtendes Unglück sprechen u. es dadurch heraufbeschwören, Gesamtgeb. vielf.: *der hat glei an Teifl an d'Wend onegmolt* O'miethnach R; *mal ma net niat na Teifl oa d'Wänd* Selb; *Den Duifl sol ma ned an d Wendt maln* BRUNNER Heimatb. CHA 164;– erweitert: *Duà àn Dàife ned à d Weadd mǫin, sunsd kimd-à-r-àà* KAPS ebd. 48, ähnlich NB, MF vereinz.;– *dea macht an Teifl schwärza wöi a is* Zell RID.– *wemmer in Deifl nennd, kumd er grend* „etwas Böses durch Prophezeiung heraufbeschwören“ MAAS Nürnbg. Wb 97, ähnlich AIB, MAI.– *Dem T.* (*zum Essen*) *läuten* (bei Tisch) mit den Beinen baumeln (von Kindern), °OB, °NB, °OP vereinz.: °*halt di staad! Tua net an Teifi zum Essn läutn!* Hochstadt STA; *Läuts scho wieda an Teifi zum Essn!* KIEM Kreuther Tal 135;– °*den Deife s Gebet laitn* Murnau WM;– °*an Deifö in d'Kircha leitn* Neufahrn MAL.– †: *Einem den Teufel im Gläslein zaigen* „ihm die Hölle recht heiß machen“ SCHMELLER I,589.– °*Ich schmier da glei oine, daß da vom Deifl draamt* „gebe dir eine heftige Ohrfeige“ Weiden, ähnlich °OP vereinz.– „Klugheit … *Man muß auch manchmal dem Teuferl ein Kerzl aufstecken*“ Baier.Sprw. II,17.– *An Teif'l steckt ma zwoa Kirzn auf, da Muttagottes mear oina!* [wohl Schlechtes zu tun fällt oft leichter als Gutes] Stiftld Altb.Heimatp. 44 (1992) Nr.14,10.– °*Öitz hob i mit'n Teifl tauscht* „wurde ich betrogen“ Weiherhammer NEW.– „*des is boi daive dåšt* … Da besteht kein Unterschied“ nach KOLLMER II,384;– erweitert: *des is Teifi und Hex tauscht* „bleibt sich gleich“ Kchdf KEH, ähnlich PA, ebd. 372.– „*da duive vẽad … ned ..* man muß immer mit dem Bösen … rechnen“ nach ebd. 384;– *Da Teifl schlouft neat* Stiftld Altb.Heimatp. 44 (1992) Nr.14,10;– †: *Da Deufl haod übarall sãñ'Gspil* Neuenhammer VOH SCHÖNWERTH Sprichw. 42.– °*Da Deifl hülft seine Leit* „wenn einem Schlechten alles glückt“ Rottendf NAB, ähnlich NB, °OP vereinz.;– erweitert: *Da Deifl hulft seine Leit, owa er hot's s' aa!* JUDENMANN Opf.Wb. 39, ähnlich °OB, °NB, °OP vereinz.;– *zwegn dem, daß der Teifi sein Schwanz drüber halt* ORFF Welttheater 142.– *Wer an Deifi zum Vettern hat, kon leicht in d'Höll kommen* MM 15./16.6.1996, 6;– †: *Wẽñ ma-r in Deufl zun Gvåttarn haod, därf ma-r in dar Höll dántzn* Velburg PAR SCHÖNWERTH ebd.– *Der T. scheißt alleweil auf einen großen Haufen* u.ä. Reichtum vermehrt sich von selbst, °OB, °OP vereinz.: °*da Teifl scheißt allamal am groußn Haffm* Wdsassen TIR; *Da Deifl scheissd aalawàl àafn gleichn Hàffn* LODES Huuza güi 68; *Dar Deufl wirft sãn Drék nao'n gràyßtn Hăffn* Neuenhammer VOH SCHÖNWERTH ebd.– *Dir dürft' der Teixl 's Geld schlag'n* [du gibst leichtsinnig dein Geld aus] MEIER Werke I,49 (Elend).– *Dǫ hǫd se dà Dàife àn Schwanz bissn* „Eine Auseinandersetzung ist besser ausgegangen, als der Gegner angenommen hat“ KAPS ebd. 113.– *Der T. hat den Sack ausgeschüttet* u.ä. es kommen viele (unerwünschte) Leute, °OB vereinz.: °*hat denn der Teifi heit sein Sack ausgleert!* Ellmosen AIB; *Heut hat da Teifi an Sack ausbeutelt!* Roider Jackl 225;– es treffen üble Personen zusammen: *då håd da Deifö wiida sein Såg ausgschitt* Mengkfn DGF; *Dǫ hǫd dà Dàife àn Sǫǫg ausgschidd* KAPS ebd. 89;– †: *Wao vil Kinnar, haod dar Deufl sãn Sók ăsgschüd't* Ambg SCHÖNWERTH ebd. 43.– °*Mit dera ihrm Goscherl* (schönem Mund) *kunnt scho da Deifi jede Kircha auslarn* Tittmoning LF, ähnlich MM 15./16.6.1996, 6.– *Då håt da Taifi sei Grosmuada ghairat* „ein böser Mann ein noch übleres Weib geheiratet“ unteres Altmühltal.– *Der T. ist los* es gibt Streit, Aufregung, Lärm, °OB, °OP vereinz.: °*do darfschd iats na boi ebbas richdn* (unternehmen), *wai sischd da Daife lous isch* Garmisch; °*bei de Leit is der Teifl los* Rgbg; *boisd ęps såkst, is … da daigsl lous* nach KOLLMER II,384.– „wenn Regen und Sonnenschein rasch aufeinander folgen … *Der Deifi haut sei Wei*“ HAGER-HEYN Dorf 47, ähnlich °RO.– *Der T. haut | prügelt | schlägt sein Weib | seine Alte | seine* (*Groß-*)*Mutter* es regnet, während die Sonne scheint, °OB, °OP vielf., °NB, °SCH vereinz.: °*da schlag da Teifi sei Wei* Senkenschlag DAH; °*da Deifl haut sei Großmuada* Barbing R; *Heut prügelt der Teufel seine Mutter* BAUERNFEIND Nordopf. 153;– *der T. rauft mit seinem Weib | seiner Großmutter | dem Weihwasser* °NB, °OP vereinz.: °*dou rafft da Deifl min Weihwassa* O'wildenau NEW;– °*dåu hot se dar Teifl mit seina Großmutan zkröigt* Schnaittenbach AM.– °*Da Deifi schiert Feier, rengerd* (regnerisch) *wird's* „wenn vom Wald Nebel oder wenn Wolken hochsteigen“ Rottendf NAB.– °*Glei wird da Teifl sa Wei wieda stöwern* „bald gibt es ein Schneegestöber“ Weiherhammer NEW.– *Wenn da Daifö sein Nam head, mắcht ar an Greizschbrung* „freut er sich und kommt“ Reisbach DGF, ähnlich WS;– °*da macht da Deifl an Kreizsprung* „wenn Kinder ein schlampiges Kreuzzeichen machen" Gögging KEH.– *Wao dar Deufl hiñwill, hált't 'n nix ǎf* Neuenhammer VOH SCHÖNWERTH ebd. 42.– °*Wenn da Deifl niat wüll, laoußt a alles danebngöih* Weiden.– *Wie es der T.* (*haben*) *will* u.ä. wie es der (unglückliche) Zufall will, °OB, °OF vereinz.: °*wia da Teifi sein will, is scho der Schandarm do gwen* Walleshsn LL; *wias da Teifi haben will, geht die Tür auf* Altb. Heimatp. 6 (1954) Nr.31,7;– *wie / wenn der T. das Gespiel haben will* u.ä. °OP, °OF vereinz.: °*wenn da Deifl as Gschbül hom wül* Weiden; *treibt nan* [Brief], *wöi da Teifl s Gschpl hom wll, pfaalgrod in d Woundara* [Wondreb] *ei* HEINRICH Gschichtla u. Gedichtla 22.– *Und wenn der T. auf Stelzen geht / kommt* u.ä. trotz Widerstand, unter allen Umständen, °Gesamtgeb. vielf.: °*dös muaß geh, und wenn der Teifi auf Stelzn daherkimt* Lenggries TÖL; °*und wenn der Deifi auf Stelzn geht, i loß ned luck* „locker" Mallersdf; *Dös toue niat und daou wenn d Teifl a(u)f Stelzn gäiht!* SINGER Arzbg.Wb. 236;– °*und wenn da Teifi auf de Herndl daherreit, dös wird tå!* Fürstenstein PA;– *Und wenn då Daifl d'Fingå im Spüell haoud!* Pirk NEW F. SCHÖNBERGER, Graudschaisså, Schroågoschn u. Boumåzzlais, Pirk 2017, 89;– °*dös wird gmacht und wenn i den Teufl aufspießn muß!* Neumarkt.– *Wenn no der Teufl auf Stelzn lafat!* „Ausdruck der Verstimmung" Steinebach STA.– °*Wos zsammghäat kummt zsamm und wenns da Deifl min Schubkårrn zsammföian möist* Weiden;– *da Deifö heds an Schukoarn nöt schöna zamfohrn kint* „zwei, die zusammenpassen" Metten DEG, ähnlich BRAUN Gr.Wb. 653.– †: *Wao dar Deufl niad hiñmóg, schickt ar an álts Wei* [abwertend über alte Frauen] Ambg SCHÖNWERTH ebd. 43.– *Dar Duifl sól in Kolnbrennar niad schwoarz hóißn* [man soll anderen nicht Fehler vorwerfen, die man selbst macht od. hat] Falkenstein ROD ebd. 42.

(*Beim / zum*) *T.!* u.ä. Ausruf des Erstaunens, unangenehmer Überraschung od. Verärgerung, Fluch, °OB, °NB, °OP vereinz.: °*Teifi, Teifi, is des schwierig!* Taching LF; *bam Doixl geht's mia schlecht!* Mittich GRI; °*zum Teifl is dös hoaß!* Deusmauer PAR; *Teifl, wos is denn öitza wieder?* SCHEMM Dees u.Sell 65;– erweitert: *beim / (zum) T. noch einmal* u.ä. OB, °NB, °OP, SCH vereinz.: *Teifi verflixt noamal!* Wasserburg; *zum Teifl numal!* Pfreimd NAB; „[an der Glocke] mußte der Lüftlmaler nochmal ziehen, *Tuifl, noch-ein-mal!*" FRIETINGER Lüftlmaler 109;– (*beim*) *T. einhin / hinein* u.ä. °OB, NB, SCH vereinz.: °*Deixl nei*^{n} Mchn; *Taifö ainö noanö* Aicha PA; *b'n Deifel nei gei* „gleich" Derching FDB; „Kraftausdruck *duifl aina ą̄ …* auch von den Stadtbewohnern noch gebraucht" nach HECHT Neunburg 31;– *ja mei Daifö!* „Ausruf statt: *ja mein Gott!*" Reisbach DGF;– °*Deifl, zind d'Höll å!* Weiden.– Reime u.ä.: *Gibt ma an Deifi d'Hand, nimmt er oiss mitanand* MM 15./16.6.1996, 6.– „Ein alter Spruch, in dem die *ui*-Lautung erhalten ist … *da duife mit da lana nǭsn tuats fui(r) ǒ̃blǭsn*" nach BRÜNNER Samerbg 33.– °*Deifl, Deifl dou d'Hend weg, sunst kummt da Engl und haut das weg!* „beschwören die Kinder, wenn sie etwas nicht finden" Weiden, ähnlich NB vereinz.– °*Was rumpelt und pumpelt in meinem Haus, du Teufel, du Teufel zum Tore hinaus* „Spruch beim Abblasen des Löwenzahns" Fischbachau MB.– Schnaderhüpfel: *da Daifö von Aisn, da Satan vo Blai, da Luziför vo Sejba sand gwis Schwarö drai* Reisbach DGF.– *Drentahaj da-r Isabruck håd da Daifö s Wei dadruckt, d Vögl håm eam d'Augn ausghaut, då håm ma gschaud* ebd.– °*Da Deifi und da Doud sitzn obn aufm Schrout* [Altane], *i geh ea* [ihnen] *net hoam, wissen s all zwoa nöt ztoan* Lalling DEG.– *Und da Deifi und da Toud/ san allwei in Striit,/ weil da Deifi a Schwanzl hat/ und der Toud nit* MM ebd.– *Und gestern auf d'Nacht/ hamma an Deifi abgschlacht, wer a Deififleisch mag,/ der ko kemma de Tag!* ebd.– *Z naxt håm ma-r-an Daifö gfangt, håm man ön Wågn eigschbant, håm eam an Schwoaf weggghaut, dea Daifö håd gschaud* Reisbach DGF.– *Znachst hamas an Toifö ganz anachta gscheascht, ham öm a d'Oun eichögschrien, daß a go nix mea heascht* O'audf RO.– *Beima, deads lustö sei, deads nima drauan, da Daifö is gschdårm, dean d'Hej vomauan* Reisbach DGF.– Spiel: „Drischlerspiel … *Dem Teufl seine Hörnl schneiden*" Salzach Herrgottswinkel 1.10.1952[, 2].– **1b** böser Geist der Hölle, °OB, °NB, °SCH vereinz.: *d Doifön* Mittich GRI; *mein Deifel, der wo bei mier loschierd gewesen ist* THOMA Werke V,321 (Filser); *craft, tiuflun za uuidarstantanne* 8./9.Jh. SKD 16,12f. (Wessobrunner Gebet); *ist … in die hell mit seinem anhang … gefallen, ein fürst und herr der teufl worden* AVENTIN IV,46,24-26 (Chron.); *Die Teufeln .. mit Hörndln* BUCHER Charfreytagsprocession 13.– Phras.: *wie T.* (*aufeinander*) *sein* u.ä. sich überhaupt nicht vertragen, ständig streiten, OB, OP vereinz.: *wie zwei Teufel aufeinander reiten* Brunnenrth IN; *die han wie Teifl afanand* Seligenporten NM.– *Heint schaut a wia nein Teufl* „grantig" Parsbg, ähnlich °RO;– °*de hoat doch* *siebm Teifi im Leib* „ist sehr böse“ Dietfurt RID;– *„Deà schdinggd wià neĩ Dàifen* „bestialisch“ KAPS Welt d.Bauern 88;– *foan wia ålle Teifi* „sehr schnell“ Fürstenfeldbruck.– *Koi nea(n) Teifl bränga mich mäiha daou hii!* SINGER Arzbg.Wb. 236.– *T. tauschen* u.ä. beim Tausch nichts Besseres bekommen, °NB vielf., °OB mehrf., °OP, °SCH vereinz.: *°dös is Deufl tauscht, dou is oans so schlecht wöi's andre* Nabburg; „Da mag ich keinen Vergleich ziehen ... *Dös is allwa Deixl tauscht*“ Schlehdf WM HuV 15 (1937) 328;– erweitert: *°der hat an Doifi mit an Deifi tauscht* Nottau WEG;– *is oa Daifö!* „ist ein Ding!“ Reisbach DGF, ähnlich NB, °OP vereinz.– †: *Es is jetzt schon oan Teichsl* „gleich viel, die Sache ist geschehen; ich muß die Folgen davon erwarten“ DELLING I,119.– †: *Um vil Teufel nicht* „um alles in der Welt nicht“ SCHMELLER I,589.– *Bei dera Arbart vorückt da schwarzst Teifl* Hohenpeißenbg SOG.– *Einen T. ausserschlagen und neun einhinschlagen* u.ä. durch körperliche Züchtigung nur verschlimmern, °OB, NB vereinz.: *do schlachst oan Teifl raus und sieba nei* Hohenpeißenbg SOG; *Oan Deifl treibt ma aus und zehne eine* MM 15./16.6.1996, 6; *Schlagest du einen Teufel heraus, schlagest du zehn andere hinein* Bayer.Barockpr. 29 (Georg Stengel).– *Acht Daifl und a nackatö Hex!* „Ausruf des Unwillens“ Reisbach DGF.– Ortsneckerei: „Grünthal (Wasserburg): *Teufel*“ BRONNER Schelmenb. 130.

2 übertr.– **2a** von Menschen.– **2aα** Mensch mit Kennzeichen od. Eigenschaften des Teufels, abwertende Bez., Schimpfw., °Gesamtgeb. vielf.: *°mit dem Teifi håt ea s Fegfeier scho auf dera Welt* „von einer bösen Frau“ Ismaning M; *den Teufe kunnst ums Verrecka nöt dageh* „mit ihm Schritt halten“ Tann PAN; *gråusauchada Deikel* „Scheltwort“ Stadlern OVI; *Geh, spinnata Teifi, hast du uns jetzt derschreckt!* VALENTIN Werke IV,52; *verchert er all sein tugent in vntugend ... haizt er denn ein tevfel* KONRADvM BdN 258,6f.– Auch Mensch allg., in der Fügung *kein T.* kein Mensch, niemand, °OB, °NB vielf., °Restgeb. mehrf.: *°dös geht koan Teifi was o* Hohenpeißenbg SOG; *°do scheißt si koa Teifö ebbs drum* Bodenmais REG; *sonst bringt mi koa Teifi nem ausz* WEISS Schmankerln 142; *Kein Teixl woaß mehr wo der Kopf ihnen steht* STURM Lieder I ;– erweitert: *°koa blaua Teifl kimmat si um des Gejammer* Hahnbach AM.– **2aβ** mittelloser od. bedauernswerter Mensch, in der Fügung *armer T.* u.ä., Gesamtgeb. vereinz.: *der arme Teifi* Aibling; *„Des is a arma Deifi* ... wenn man mit einem Menschen ... Mitleid hat“ Altb. Heimatp. 65 (2013) Nr.9,27; *Das lockt viel arme Teufel auch ... nachzugrabn* STURM ebd. 47f.– **2aγ** Mensch mit angenehmen Äußeren od. guten Eigenschaften, °OB, °NB vereinz.: *a gschmocha Teifl* hübsches junges Mädchen Kreuth MB; *°i sog da, dös is a Deifö* „tüchtiger Mensch“ Aidenbach VOF; *bei meiner Kumpanie san lauter stramme Teufeln* THOMA Werke VI,260 (Andreas Vöst).– **2aδ** v.a. in Kinderspielen.– **2aδi** jmd, dessen Löwenzahn nach dem Abblasen einen schwarz gefleckten Blütenboden (s. Bed.2cγ) hat, °OB, °NB, °OP, °MF, °SCH vereinz.: *°wenn der Kopf weiß, bist a Engei, wenn schwarze Punkt drin san, bist a Teifei* O'audf RO.– **2aδii** jmd, der den Blütenboden des Löwenzahn nicht vollständig abgeblasen hat, °OB, °OP vereinz.: °„wer alle Samen wegbläst, ist ein *Engerl*, ansonsten ein *Teuferl*“ Edling RO; „wem das nicht gelingt, der ist der *Teufel*“ Weilhm MARZELL Himmelsbrot 22.– **2aδiii**: °„wer den letzten Samen von der Pusteblume nimmt, ist das *Teuferl*, Auszählspiel“ Eitting MAL.– **2aδiv** jmd, der (beim Zusammenstoßen von Ostereiern) ein Ei mit dunklem Dotter (s. Bed.2d) hat: *°du bist a Deifal!* Windischeschenbach NEW; „[ist der Eidotter] *dunkel, so ist ...* [der Besitzer] *ein Teufel*“ M'rteich TIR Altb. Heimatp. 68 (2016) Nr.12,11.– **2b** von Tieren.– **2bα** abwertend (böses) Tier, v.a. Hund, OB, NB vereinz.: *hängts do den bösn Teifö an!* Traunstein; *„des hąn ǫ rẹchte ... duigsln* ... lästige Tiere“ nach KOLLMER II,384.– Als Tiern. bei Katzen OB vereinz.– **2bβ** Wels: „Besonders in den mondhellen Nächten *kämen viele Teufel zusammen*“ R Oberpfalz 70 (1982) 179.– **2c** Pfln., Teil einer Pflanze.– **2cα** Kleine Brennessel (Urtica urens), in Phras.: *hekata Teifän* Erlach PAN DWA I,16.– **2cβ**: *da Deifi* „lange Distelwurzel, die beim Jäten viel Mühe verlangt“ Tölz.– **2cγ** schwarz gefleckter Blütenboden, °OB mehrf., °NB, °OP vereinz.: *°båjst d Federn åberblåst, konst de Teifen zejhn* Obing TS.– Phras.: *„Teufel und Engel* ... Fruchtstand des Löwenzahns“ Weilhm MARZELL Himmelsbrot 22.– **2cδ** schwarzer Blütenboden der Gelben Seerose: *°das Teiferl* „schwarzer Samenstand, nachdem die gelben Blütenblätter abgefallen sind“ Kohndemenrth NEW.– **2cε** vorjährige schwärzliche Wurzelknolle des Knabenkrauts, °OP vereinz.: °„die schwarze Wurzelknolle (*Teufel*) sinkt im Wasser unter, die weiße (*Engel*) schwimmt oben, Kinderspiel“ Rgbg.– **2d** Dim., gekochter Eidotter mit dunkler Oberfläche, Ei mit einem solchen, °OP vereinz.: *°Teifal* „schwarzer Dotter, wenn ein Ei zu lang gekocht wird“ Schnaittenbach AM; *å Daifå(r)l* „Osterei mit dunklem Rand um den Dotter“ Pirk NEW F. SCHÖNBERGER, Graudschaisså, Schroågoschn u. Boumåzzlais, Pirk 2017, 89.– **2e**: °„Werkzeug mit drei Zinken, den *Deifen*“ Dachau.– **2f** von v.a. fehlerhaften, wertlosen Dingen, Sachen.– **2fα** Fehlerhaftes, Schadhaftes, Unförmiges, °OB, °NB vereinz.: °*soichane Deifi* „schwere, unförmige Schuhe“ Reit i.W. TS; *hada an so an schiachn Deifi* „schiefgewachsenen Zahn“ Landshut; „*mit an ganz an verrostn Teifi* … Bulldog“ Roider Jackl 353.– Auch: *Dei:fål* „Tintenfleck im Schreibheft“ CHRISTL Aichacher Wb. 157.– Abwertend allg.: *Glei fallt er um, der Deifi* [Baum] Altb.Heimatp. 10 (1958) Nr.6,5; *Hat der Tuifel* [das Erbrochene] *g'stunkă˜!* 1683 HARTMANN Hist.Volksl. II,76.– **2fβ** Plunder, (wertloses) Zeug, °OB, °NB, °OP vereinz.: °*der Hausierer hat alln Deifi dabeighabt* „eine reiche Auswahl“ Miesbach; °*der ganzi Deifl is nix wert* Fronau ROD; *oana mit Schnittwar … der hat alln Teifi ghet, lautans Glump* BAUER Oldinger Jahr 131.– **2g** gar nichts, in der Fügung *den T.* / *keinen T.*, OB, °NB, °OP vereinz.: °*des is koan Teifi wert* Simbach EG; °*der kimmert si koan Deifl mehr um sei Eltern* Rdnburg; *Eure ganze Obrigkeit schert mich den Teufel* RUEDERER Wallfahrergesch. 225; *I war durchaus koan Teyxel nutz* STURM Lieder 53;– †erweitert: „*da liegt mir'n Teufel was daran* … Als Verstärkung … *einen blauen Teufel* … Nicht das Geringste“ Neunburg SCHÖNWERTH Opf. III,42.– **2h** Nichtigkeit, Geringfügigkeit, in der Fügung *den T. nicht* / *keinen T.* u.ä., °OB, °NB, °OP mehrf., °MF, °SCH vereinz.: °*do kriagscht koan Deifi dafia* Uffing WM; °*an Deifö bringt a net firti* Eitting MAL; *Dees gibd mà-r-àn Dàife ned ǫ* „nehme ich nicht sehr ernst, schätze ich nicht besonders“ KAPS Welt d.Bauern 52.– Auch: °*es wiad da Deifl niat saa* FalkenbgTIR.– **2i** große Menge, Anzahl, v.a. in der Fügung *ganzer T.*, °OB, °NB, °OP mehrf., °MF, °SCH vereinz.: °*an Drescher soichan Taifi hischmeißn, daß ers nimmer a b'Maschi eibringt* Trudering M; °*der Ochs hat an Deifö kost* Rottenburg; °*da is a ganza Deifl Leit zamm gwen* Ambg.– **2j** Rausch, °NB vielf., °OB mehrf., °Restgeb. vereinz.: °*heit hot a wieda an Teife beinand* Garching AÖ; °*der håt an schön Deifö hoamtrång* Essenbach LA; *Der hout an Deifl g'habt* Stiftld Altb.Heimatp. 44 (1992) Nr.14,10.– **2k** Unsinn, dummes Zeug, °OB, NB vereinz.: *der redt an Deifö zsamm an ganzn Tag* Passau.

Etym.: Ahd. *tiufal*, mhd. *tiuvel*, *-f-* stm., aus mlat. *diabolus*, gr. Herkunft; KLUGE-SEEBOLD 915.

Ltg: *duivl*, *-ve* u.ä. OB (dazu KÖZ, REG, VIT; CHA, NEN, R, ROD; FDB), *doivl*, *-ve* u.ä. OB, NB (dazu FDB), *-vα* (GRI), *deove* (WEG), ferner *daivl*, *-ve* u.ä. Gesamtgeb., *-vα* SCH (dazu AIC, DAH, ED, SOB), *dẹ̄vl*, *-ve* (BOG, WEG; NM, SUL, WÜM), *dẹivl* (BUL, NM, PAR), *dẹαvl* (WEG), *daiwl* (LL; ESB), verhüllend *duigsl* (KÖZ), ferner *daigsl* u.ä., *daigl* (DELLING I,119, heute †), *duidš* Bay.Wald (SCHMELLER I,557, heute †), *daidai* (AÖ).

DELLING I,119, 123; SCHMELLER I,557, 589f.– WBÖ V,5-14.

Abl.: *teufelhaftig*, *teufeln*, *Teuflet(s)*, *teuflicht*, *teuflisch*.

Komp.: [**Bären**]**t.** starker Mensch: *Bärnteufö* Flintsbach RO.

[**Pech**]**t.** wie →*T.*2aα: °*Beechdeifl* „böse Frau“ Kallmünz BUL.

[**Beiß**]**t. 1** von Menschen.– **1a** böser, zänkischer Mensch, OB vereinz.: *du Beißdeife!* Hainhsn DAH.– **1b** leicht erregbarer, zorniger Mensch: *Baißdaifi* Kammerbg FS.– **2**: *a Beißteifö* „bissiges Pferd“ O'audf RO.

[**Pest**]**t.** wie →*T.*1a: °*dea is so bäs, iacha wäi da Pästteifl* Weiden.

[**Bluts**]**t. 1** von Menschen.– **1a** wie →*T.*2aα: *a recht a beas Wei is a Bluatstuifl* Hfhegnnbg FFB.– **1b** raufluſtiger Mensch, NB, OP vereinz.: *Bloutstuifl* Furth CHA.– **1c** habgieriger Mensch, OB, NB vereinz.: *der Bluatsteifö der elöndö* NB.– **2** wie →*T.*2fα: *der Bluatsteufö der vodam, der muaß ma außa* „Zahn, der schmerzt“ Altötting.

WBÖ V,14.

[**Brein**]**t.** Maulwurfsgrille, °OB vereinz.: *Bräudeifi* Pfaffenhfn RO.

[**Putz**]**t. 1** Mensch mit übertriebenem Hang zum Saubermachen, °OB, °NB, °OP, °OF vereinz.: °*der Butzteifl feggt heint wieda amal imma!* Schönwd REH; *Wöis sein Putzteifl amal gheare aaf die hintan Backn hiplescht haout* HEINRICH Gschichtla u. Gedichtla 16.– **2** übertriebener Hang zum Saubermachen, °OB, °NB, °OP vereinz.: °*de hod an Putzdeifi* Metten DEG; *döi Frau haout direkt n Putzteifl* SINGER Arzbg. Wb. 236.

WBÖ V,14.

[**Dorf**]**t.** böser Dorfbewohner, OB, NB vereinz.: *do mua ma zana* (böse schauen) *wia a winega* (wütender) *Darfdeife* Erding.

[**Dreck**]**t.** unreinlicher Mensch, NB vereinz.: *du Dregdeifö* Mengkfn DGF; *da Dreckdeifi* BAUER gut bayer. 170.

[**Dreh**]**t. 1** Spange, Kettchen am Halskragen, °OB vereinz.: *a Drehteifi* ‚Mantelspange“ Truchtlaching TS.– **2**: °*Drehteufel* „Kragen mit Stäbchen an einer Bluse“ (Ef.) Ried FDB.– **3**: °*der håt an Drehteifl* „Schwindel, Taumel“ Rgbg.

[**Dreh-dich-wichs**]**t.**: „Schupfnudeln … *trādi-wiʃtaivəlin*“ Prittriching LL nach SBS X,302.

[**Ehe**]**t. 1** Teufel, der den Ehefrieden stört, NB, OP vereinz.: *bei denen is da Öindaifl einikumma* Beratzhsn PAR; *oba da ärgst' is da Eh'teufl* NB Bayerld 13 (1902) 430.– **2** von Menschen.– **2a** jmd, der den Ehefrieden stört, OB, NB, OP vereinz.: *Ehdäufi* Gallenbach AIC.– **2b** böse Ehefrau: *dös is sua a Aihteifl* Lauterbach REH.

WBÖ V,14.

[**Feg**]**t. 1** wie →[*Putz*]*t.*1, °Gesamtgeb. vereinz.: °*Fechteifl* Weiden.– **2** wie →[*Beiß*]*t.*1a, °OB mehrf., °NB, °OP, °SCH vereinz.: °*du hast an richtign Fegteufi dahoam* Landshut; *der Fegteufel* SCHMELLER I,696; *Die N. ist auch ein so ein Fegteufel!* Das Tändlerweib, u. die Hindingerinn, [München] 1779, fol.4ᵛ.– **3**: °*der Fechdaifi* „klatschsüchtige Person“ Wettstetten IN.– **4** unruhiger, fahriger Mensch, °Gesamtgeb. vereinz.: *des is da a Fechteiferl* „unruhiges Kind“ Sulzbach-Rosenbg.

SCHMELLER I,696.

†[**Feh**]**t.** wohl wie →[*Beiß*]*t.*1a: *ə~ Fêhhteufel* Bay.Wald SCHMELLER I,699.– Zu →*Feh* ‘Feindschaft’.

SCHMELLER I,699.

[**Feuer**]**t. 1** Brandstifter, °OB, °OP vereinz.: °*do wår a Feiadeifi åm Werk* O'schleißhm M.– **2** Feuersalamander: *Feierteifl* Neustadt KEH.– **3** †Feuerwerks-, Knallkörper: *Feuerteufel* „ein zusammengeknetetes Pulver, das man anzündet“ DELLING I,172.

DELLING I,172; SCHMELLER I,590, 744.– WBÖ V,14.

[**Fliegen**]**t. 1** †wie →[*Bären*]*t.*: *Fluigentuifel* „ein starker Kerl, welcher andere, wie Fliegen von sich wirft“ DELLING I,181; *Fluigentuifl* ZAUPSER Nachl. 18.– **2** abwertend Fliege: °*döi Flöingdeifl döi, meint sans wieder sieri* „lästig“ Windischeschenbach NEW.– **3** Fliegenpilz (Amanita muscaria): *Fliangteife* Rieden WS; *Fliegenteufel* Bachmehring WS MARZELL Pfln. I,237.– **4** †Fliegengift: *Fluigentuifel* DELLING ebd.; *Fluigentuifl* ZAUPSER ebd.

DELLING I,181; SCHMELLER I,590; ZAUPSER Nachl. 18.

[**Geiz**]**t. 1** Geiz, Teufel, der hinter dem Geiz steckt: *Dö Bauern hat doch alle der Geizteifl!* Altb.Heimatp. 61 (2009) Nr.10,25; *wie dann der Hoffartsteufel … der Geizteufel* BUCHER Pferderennen 11.– **2** geiziger od. neidischer Mensch, °OB vereinz.: *Geitsdeifl* Kochel TÖL; *Einmal haben 's ihn aber doch hereingelegt, den alten Geizteufel* Altb.Heimatp. 5 (1953) Nr.11,4.

[**Gras**]**t.** Rekrut, NB vereinz.: *schauts ma den Grasdeifö an, was si der scho eibuidt* Passau; *daß de jungen Grasteufeln viel besser san als wia die alte Blasen* THOMA Werke VI,260 (Andreas Vöst).

WBÖ V,14.

[**Grillen**]**t.** wie →[*Brein*]*t.*: *da Grillndeifl* Maulwurfsgrille Laaber PAR.

[**Haar**]**t. 1** von Menschen.– **1a** jmd, der das Dörren u. Brechen des Flachses überwacht, OB vereinz.: *Hårdoife* Höhenkchn M; „in der Nacht mußte stets ein Wächter anwesend sein, der … *Hardoifi*“ Helfendf AIB HuV 16 (1938) 86.– **1b** jmd, der Flachs bricht, OB, NB vereinz.: *Hardoifl* NB.– **1c** Mädchen, das am Ende des Flachsbrechens eine best. Rolle spielt: *Hordoefi* „Brechelbraut“ M'nkchn AIB.– **2**: „*Wirrhar* [verworrener Flachs], der beim Rösten verdorben worden war … *Hardoifi*“ Reichersbeuern TÖL HuV ebd.– Zu →*Haar* ‘Flachs’.

[**Hau**]**t. 1** von Menschen.– **1a**: °*Hauteifi* „Mensch, der mit Hurra an die Arbeit geht“ Steinhögl BGD.– **1b** schwerfälliger od. ungeschlachter Mensch, °NB vereinz.: °*Haudeifö* Grafenrd VIT.– **1c** wie →[*Ehe*]*t.*2b: °*Haudeifi* Halfing RO.– **2** wie →*T.*2fα, °NB, °SCH vereinz.: °*dea hot so Hådeifön o* schwere Schuhe Bodenmais REG.

[**Haus**]**t. 1** wie →[*Beiß*]*t.*1a, °OB, °NB, °OP vereinz.: °*der hat dahoam nix Guats, sei Frau is a Hausteifö* Aidenbach VOF.– **2** wie →[*Ehe*]*t.*2a: *Hausdeifi* Vilstal.– **3** wie →[*Ehe*]*t.*2b: *Hausteufö* Inngau; *Er hat zum Eh-Weib… einen Grund-bösen Haus-Teuffel* I. ERTL, Sonn- u. Feyer-Tägliches Tolle Lege, Nürnberg ³1715, 210.

WBÖ V,14.

[**Hetz**]**t.** Mensch, der aufhetzt, OB, °NB, °OP vereinz.: *dös is a so a Hötzteifl* Hohenpeißenbg SOG; *Du bist da Hetzteufel, der mich zum Spiel'n und Trink'n verleit hat* H. NEUERT, Im Austragstüberl, Augsburg 1882, 54.

[**Heu**]**t.**: „Heurupfer ... Hakenartiges Instrument ... *haidaiva*" Harthsn FDB nach SBS XII,289f.

[**Hoi**]**t. 1** wie → *T.* 1a: °*Hoiteifi* Metten DEG.– **2** übertr.– **2a** von Menschen.– **2aα** wie → *T.* 2aα: °*Hoiteifl* Neustadt.– **2aβ** übermütiger, unbekümmerter Mensch: °*a Hoiteifö* „ein rechter Springinsfeld" H'schmiding WOS.– **2b** wie → [*Brein*]*t.*, °OB, °NB, °OP vereinz.: *Hoideifi* Maulwurfsgrille Pfaffenhfn RO.– Bestimmungsw. unklar.

[**Höll**]**t. 1** Teufel, böser Geist.– **1a** wie → *T.* 1a, °OB, °NB, °OP, °MF vereinz.: *Hölltuifl* Pemfling CHA.– Phras.: *wie der H.* mit Aussehen des Teufels od. ihm zugeschriebenen Eigenschaften, °OB, °MF vereinz.: °*du bist wia da Hölltеifl* „treibst dich auch abends noch auf der Straße herum" Rehling AIC.– *Jmdm sein H. sein* u.ä. das Leben schwer machen, °OB, °NB, °OP vereinz.: °*bei dene is jeda an andan sei Hölltеifi* Kchseeon EBE;– °*er machts eam wöi da Hölldeifl* Pertolzhfn OVI;– °*bei de zwoa isch da Höideife mit dahoam* „gibt es ständig Streit" Dachau.– °*Ich mach doch ned den sein Häideife* „lasse mich nicht ausnutzen" Ismaning M.– *H.!* Ausruf des Erstaunens, unangenehmer Überraschung od. Verärgerung, Fluch, OB, °NB, °OP vereinz.: *Höjdeixl is dös Wasser hoaß!* Passau; *Höitaifi! Håst Kartn fazaubat, Luada* ENDE Goggolori 139.– **1b** wie → *T.* 1b: °*er schreit wöi a Hölldeifl* „furchterregend" Pertolzhfn OVI; *dö miaßn Hölltеifeln wern* FABIAN Homer 40.– **2** von Menschen.– **2a** wie → *T.* 2aα, °OP mehrf., °OB, °NB, MF vereinz.: °*Hölltеufel* „Mensch, dessen Augenbrauen fast zusammengewachsen sind" Vilsbiburg; °*der Ma haout an Hölldeifl daham* „bösartige Frau" Neusorg KEM; *Die reinstn Hellteifl waarns* HEINRICH Gschichtla u. Gedichtla 43.– **2b** wie → *T.* 2aγ, °OB, °NB vereinz.: °*du bist ja a Hölltеifi* „wenn einer Unmögliches fertig bringt" Rottau TS.

SCHMELLER I,1080.– WBÖ V,14.

[**Holz**]**t. 1** Teufel, den man mit Holz od. Wald verbindet, °OB, °NB, °OP vereinz.: °*den hot der Holzdeifl packt* „er bekommt nie genug Holz, stiehlt es" Neumarkt.– **2** von Menschen.– **2a** Waldarbeiter, °OB, °MF vereinz.: °*Holzdeifl* Regelsbach SC.– **2b** jmd, der viel Holz macht od. auf Holz versessen ist, °OB vereinz.: °*der Hoitzteifi* Inzell TS.– **2c** jmd, der sich oft im Wald aufhält, °OB vereinz.: °*Hoizdeifi* Rettenbach WS.– **3** Insekt.– **3a**: °*Hulzdeifl* „Hausbock oder dessen Larve, der Holzwurm" Weiherhammer NEW.– **3b**: °*Hulzdeifl* „Zecke" ebd.– **3c**: °*Hoizteifi* „Borkenkäfer" Halfing RO.– **4** faules Holz im Baumstamm, °OB, °OP vereinz.: °*Hoitzdeife* Dachau.– **5** Vorrichtung bei der Holzarbeit.– **5a** Vorrichtung mit Hebel, Winde od. Flaschenzug, um Baumstümpfe aus der Erde zu holen: °„Stockholz wurde mit dem *Holzteufel* aus dem Boden gedreht" Brunnen SOB.– **5b** Winde zum Aufladen von Baumstämmen: °*Hoizdeife* „Art Hebewinde" Kchmatting SR.

Abl.: [*holz*]*teufeln.*

[**Hunds**]**t. 1** bösartiger Hund, abwertend Hund allg., NB vereinz.: *Hundsdeifi* Martinshaun LA; *Huntsdaife* „Köter" AMAN Schwimpfwb. 34.– **2** wie → *T.* 2aα: *Huntsdaife* ebd.– **3** wie → *T.* 2[illegible]α: *De Hundsdeifen vo Füchs bringan mi no a[illegible] d' Gant!* Chiemgau Altb. Heimatp. 47 (1995) Nr. [illegible],12.

[**Kisten**]**t.** Figur im Kastenteufel, °OB, °OP vereinz.: °*Kistndeifl, Hupfdeifl* „hüpft aus der Schachtel heraus" Nabburg.

[**Klee**]**t. 1** Kleeseide (Cuscuta epithymum), OB, °NB vereinz.: °*Kleeteifö* „soll von Hexen oder Teufeln verursacht sein" Alkfn VOF; *Kleeteife* „Unkraut im Klee" Spr. Rupertiwinkel 61.– **2** Kleeteufel (Orobanche minor): °*Kleeteife* „gelbe Sommerwurz, Schmarotzerpflanze" Grafing EBE.– **3** Stinkende Nieswurz (Helleborus foetidus): *Kleeteifi* Rechtmehring WS.– **4** Nestwurz (Neottia nidus-avis): °*Kleeteifi* Ramsau WS.

WBÖ V,15.

[**Kreuz**]**t.** wie → *T.* 2fα: *Dö Kreizdeifin* [d.i. Schlüssel] *san ... heid vui kürzer* MM 17.8.1999[, 18].– Zum Fluch → *Kreuz T.*

WBÖ V,15.

[**Leid**]**t. 1**: °*da hockt da Loaddeife din* „Teufel, der hinter dem Leid steckt" Dachau.– **2** von Menschen.– **2a** widerlicher, abstoßender Mensch, Schimpfw., °OB mehrf., °NB, °OP vereinz.: °*a so a Loadteifl, a so a grausliche, wia dös is* Mammendf FFB.– **2b** wie →[*Geiz*]*t.*2, °OB vereinz.: °*is dös a Loadteifi* „Neidhammel" Ampfing MÜ.– **3** wie →*T.*2bα: °*Loaddaifi* „Schimpfname für Tiere" O'nrd CHA.

[**Mords**]**t.** **1**: °*Mordsdeifi* „etwas Übergroßes, etwa Stein, Stier" Lenggries TÖL.– **2** starker Rausch, °NB vielf., °OB mehrf., °OP, °SCH vereinz.: °*gestan han i da an Mordsteife ghod* Metten DEG; °*der hat awa heint an Mordsdeifl sitzn* Hintersrd WÜM.

[**Neid**]**t.** **1** †Neid, Teufel, der hinter dem Neid steckt: *der Neidteufel* BUCHER Pferderennen 11.– **2** wie →[*Geiz*]*t.*2, °OB, NB, OP vereinz.: °*der Neidteifi vagunnt ja sein eignen Spezi nix* Ismaning M.

[**Räß**]**t.** **1** rassige Frau: °*sakra, des is a Raßteifi!* Malching GRI.– **2**: °*Raßdaife* „Angeber, Aufschneider" Simbach PAN.

[**Reiß**]**t.** Mensch, der oft Kleidung zerreißt, v.a. Kind, OB, NB vereinz.: *dös Madl is a arga Reißteifö* Haag WS; *wei si da Franzl d' Husn wieder z'riss'n hat, der Reißteifi* TS HuV 6 (1928) 216.

WBÖ V,15.

[**Sau**]**t.** **1** abwertend (übler) Mensch, (böses) Tier, Schimpfw., °OB, NB vereinz.: °*oiwei miassns an insa Hausegg onibrunzn, de Saudeifin de mistinga* „von Hunden" Ebersbg; *Ös Sauteifin … ös grauslige … Schaamts enk, Saukerln!* GRAF Dekameron 73.– **2**: °*Sauteifl* männliche Geschlechtsteile O'neukchn MÜ.– **3** wie →[*Mords*]*t.*2, °OP vereinz.: °*der hot da an Saudeifl* „Mordsrausch" O'viechtach.

[**Schachtel**]**t.**, [**Schächtelein**]- **1** Teufel, den man mit Schachteln verbindet, °OB, °OP vereinz.: °*den hat da Schachterldeifl derwischt* „er sammelt alles in Schachteln" Nabburg.– **2** Kastenteufel, kleine Figur darin.– **2a** Kastenteufel, °OB, °NB vielf., °OP mehrf., °Restgeb. vereinz.: °*wenn de Tante kimmt, na daschreckst as mit dein Schachteideifi* Weildf LF; °*as Schachtaldeifal* „Spielzeug, bei dem auf Knopfdruck ein Teufel aus dem Schachterl schnellt" Weiherhammer NEW.– **2b** wie →[*Kisten*]*t.*: °*da Schachterlteifi* Langquaid ROL; *Uh, da Schachter[l]deifi .. unser Moasterin is … in a'Ohnmacht gfalln* VALENTIN Werke III,139.– Phras.: °*da is da Schachterldeifi drin!* „warnt man Kinder, die in etwas herumsuchen" Thanning WOR.– *Wie ein / der Sch.* sehr schnell, plötzlich, °OB, °NB, °OP vereinz.: °*dea is in d'Höh ghupft wöi a Schachterlteifl* Sulzbach-Rosenbg; *Er is rausgschossn kumma wia a Schachdaldeife aus seim Gartn* TOCHTERMANN Oiß wos Recht is 136;– lebhaft, aufgeweckt, übermütig, °OB, °NB, °OP vereinz.: °*dös Kind is heit wieda wia a Schachdalteifö* Ruhstorf GRI;– °*er is frech wöi a Schachterldeifl* Pertolzhfn OVI;– gewandt, flink, °OB, °OP vereinz.: °*wöi a Schachterlteifl* Mintraching R;– unruhig, fahrig, unberechenbar, °OB, °NB vereinz.: °*den hats umatriebm wia an Schachterlteifl* Hunding DEG;– leicht erregbar, zornig, °OB, °NB, °OP vereinz.: °*der gäihd af wöi a Schachtlteiferl* Hohenburg AM; „Er muß sich aufgeführt haben … wie ein *Schachterlteufel*" H. ROSENDORFER, Richard Wagner für Fortgeschrittene, München 2011, 195.– **3**: °*a Schachterlteifi* „Schachtel mit Streichhölzern" Rettenbach WS.– **4** von Menschen.– **4a**: °*Schachterlteifl* „sehr kleiner Mensch" Schongau.– **4b** lebhafter, aufgeweckter, übermütiger Mensch, v.a. Kind, °OB, °NB mehrf., °OP, °SCH vereinz.: °*du bist a rächta Schachtalteifl* Vilzing CHA.– **4c** wie →[*Räß*]*t.*1: °*Schachterlteufi* „scharfe, rassige Weibsperson" Halfing RO.– **4d** flinker Mensch, °OB vereinz.: °*Schachterlteifi* Hart a.d.Alz AÖ.– **4e**: °*Schacherldeifö* „einer, der immer wieder emporkommt, nicht aufgibt" Kreuth MB.– **4f** wie →[*Feg*]*t.*4, °OB, °NB mehrf., °OP, °SCH vereinz.: °*der Schachtalteifi ko oan scho nervös macha* Kchseeon EBE.– **4g** wie →[*Beiß*]*t.*1b, °OB mehrf., °NB vereinz.: °*des is da reinste Schachterlteifi* Mchn; *Schachtaldeife* „für einen leicht in Wut zu versetzenden Menschen" BINDER Bayr. 184.– **4h**: °*Schachterldeifö* „Menschen, die alles Wertlose aufheben" Attenhsn LA.– **4i** allzu sparsamer Mensch, °OB, °OP vereinz.: *a Schachterlteufi steckt alles in a Sparschachtl* Deisenhfn M.

[**Schind(er)**]**t.** **1** wie →*T.*1a, °NB vereinz.: °*Schindteifl* Ering PAN.– **2** wie →[*Beiß*]*t.*1a, NB vereinz.: *vaboanda Schinddoöfö!* Gottsdf WEG.

[**Schneid**]**t.** **1** wie →*T.*2aγ, °OB, NB vereinz.: °*Schneidteufel* „attraktive Weibsperson" (Ef.) Tödtenrd AIC.– **2** meist Dim., scharfes Messer, v.a. kleines Küchenmesser, °OP vielf., °Restgeb. mehrf.: °*Schneidteifi* „scharfes Messer jeder Art" Endlhsn WOR; °*mit dem Schneidteiferl göiht al-*

las wöi da Deixl Kchnthumbach ESB; *a scharfs Sc[h]neidteiferl* „Küchenmesser“ SINGER Arzbg. Wb. 206.– Auch (kleines) schlechtes Messer, °OB, °OP vereinz.: °*Schneidteifi* Rettenbach WS.– **3**: °*Schneidteifl* „Vorrichtung zum Messerschärfen“ Schnaittenbach AM.– **4** Bärenklau (Heracleum sphondylium): *Schneidteufel* Burggen SOG MARZELL Pfln. II,834.

WBÖ V,15.

[**Schür**]**t. 1** jmd, der (gerne) heizt.– **1a** Heizer, °OB, °NB, °OP vereinz.: °*Schürteifö* „an großen Öfen“ Ihrlerstein KEH.– **1b** jmd, der viel od. gerne heizt, °OB, °NB, °OP vereinz.: °*Schürteifl* „scherzhaft zu Leuten, die gerne schüren“ Schnaittenbach AM.– **2** wie →[*Hetz*]*t.*, °OB, °NB, °OP mehrf., °SCH vereinz.: °*der Schürteifi hot wieda dö ganz Nachbarschaft durchananda bracht* Inzell TS; °*bei deane wird koa Rouh, bis der alte Schürteifi gschtorm is* Dietfurt RID.– **3** wie →[*Beiß*]*t.*1a, °OB, °NB, °OP, °SCH vereinz.: °*sei Wei is halt a richtiga Schürteife* Edelshsn SOB.

[**Spei(b)**]**t. 1** von Menschen.– **1a** jmd, der spuckt od. sich erbricht.– **1aα** jmd, der gerne spuckt, v.a. Kind, °OB, °NB, °OP vereinz.: °*er is a Speiteufi* „hat eine feuchte Aussprache“ Halfing RO; °*Speiteifal* „Kind, das andere anspuckt“ Laaber PAR.– **1aβ** Kind, das sich erbricht, °OB, °NB, °OP, °SCH vereinz.: *a Speidöifö* Bogen.– **1b** wie →[*Beiß*]*t.*1a, °OB, °NB, °OP vereinz.: °*der alte Speibteifi mit ihra bösn Goschn* Ismaning M; *Richti konn mas dem Speiteifi nia nit macha!* M. ZIERER-STEINMÜLLER, Die Bäuerinnen vom Waldeckhof, Stuttgart 1936, 6.– **1c** Verleumder: *Speibteufö* Drachselsrd VIT; *Der Speibteufel* „Person, die Böses einflüstert; Ohrenbläser“ SCHMELLER II,654.– **1d** wie →[*Beiß*]-*t.*1b: *Speiteifi* jähzorniger Mensch Erling STA.– **2** Pilz.– **2a** Speitäubling (Russula emetica), °OB mehrf., °NB, °OP, °OF vereinz.: °*Spaitaifi* „roter Täubling, scharf schmeckend“ O'nrd CHA; *Schbaidaife* Spr.Rupertiwinkel 78.– **2b** wohl Birken- od. Tannenreizker (Lactarius torminosus od. turpis): °*Speiteufel* Heilbrunn TÖL.– **2c** Fliegenpilz (Amanita muscaria), °OB, °OP vereinz.: °*Speiteifl* Lauterhfn NM.– **2d** Gallenröhrling (Boletus felleus): °*Speiteufel* Schrobenhsn.– **2e** Satanspilz (Boletus Satanas), °OB, °OP vereinz.: °*Speiteifl* Rgbg.– **2f** Stäubling (Lycoperdon), °OB mehrf., °Restgeb. vereinz.: °„der Bovist, von den Kindern *Schbeideifl* genannt“ O'wildenau NEW.– **3**: °*Speideifl* „Schaum an Gräsern, von Insekten verursacht“ Marchaney TIR.– **4**: °*Speideifl* „Traufe an Dachrinne“ Hohenpeißenbg SOG.– **5** Gegenstand, der Feuer von sich gibt od. knallt, Feuerwaffe.– **5a** wie →[*Feuer*]*t.*3, °OB, °NB, °OP, °MF vereinz.: °*Speibdeifi* „Knallerbsen“ Rettenbach WS; *a Schbeibdeifö* „Knallfrosch“ Heilbrunn BOG; °*Speideifl* „mit Papier umwickelter Schwamm“ Sulzkchn BEI; „*Starlkobeln voll Wagnschmier ... als Speibteufl* ... [spien] das Feuer beim Loch heraus“ GERAUER Bauerntisch 99; *Der Speibteufel* „feuchtes Pulver, das angezündet wird“ SCHMELLER ebd.– Phras.: „die Wirthschaft mit der sog. Schwandorfer Rede, welche *wie ein Speiteufel* an der Schwelle der Landtagswahlen von 1869 *aufpuffte* [große Aufregung hervorrief]“ Donau-Ztg 84 (1874) Nr.18[,1].– Übertr.: „Vor einigen Tagen sey ... auf einmal der *Speiteufel* [große Aufregung] losgegangen“ Der Rotthaler Bote 3 (1873) Nr.88[,2].– **5b** Wunderkerze, °NB, °OP vereinz.: °*Speiduife* „Sternwerfer am Christbaum“ Grafenrd VIT.– **5c**: °*Hans, nimm dei Schachtala Schbeideifala nid!* „Zündholzer, die Funken versprühen“ Wiefelsdf BUL.– **5d**: „Deckwörter ... daß der *Speiteufel* (feindliche Minenwerfer) wieder *verlaust* (stark besetzt) sei“ E. v. GUTTENBERG, G. MEYER-ERLACH, Das Königlich-Bayer. Reserve-Feldartillerie-Regiment Nr. 5, München 1938, 60f.– **6** best. Kreisel, °OB, °NB, °OP vereinz.: °*Speibdeifö* Neukchn a.Inn PA; *Speiteife* Appertshfn IN DWA I,26.– **7** Husten- od. Brechreiz, °OB vereinz.: °*heit hab i an Speideifi* Teisendf LF.

SCHMELLER I,590, II,654.– WBÖ V,15.

[**Staub**]**t.** wie →[*Spei*]*t.*2f: °*Staubteufel* Saaldf LF.

[**Stein**]**t.** wie →[*Feuer*]*t.*2: °*Schdådeifl* Feuersalamander Weiherhammer NEW.

[**Streit**]**t.** wie →[*Beiß*]*t.*1a, °OB, °NB, °OP vereinz.: *Schdraittaifl* Straubing.

[**Un**]**t.**: °*Udeifl* „unguter Mensch“ Gaißach TÖL.

WBÖ V,16.

[**Wald**]**t. 1** Teufel, den man mit Wald verbindet, in Phras.: *ausschaugn wia d Wåiddaifi* „schmutzig, zerlumpt“ Ingolstadt.– **2** Arbeitsgerät.– **2a** Vorrichtung bei der Holzarbeit.– **2aα** wie →[*Holz*]-*t.*5a, °OB mehrf., °Restgeb. vereinz.: °*Wåiddeifi* „Gestell aus drei Stämmen mit Flaschenzug zum Herausreißen der Wurzelstöcke“ Ismanung M; °*da Walddeifl* „Hebel mit Ketten“ Hahnbach AM; *Waldteifi* „mechanische Vorrichtung zum *Stöck raustoa* im Wald“ SCHILLING Paargauer Wb. 29.– **2aβ** wie → [*Holz*]*t.* 5b: °*Woiddeife* „zum Aufladen schwerer Baumstämme“ Kammatting SR.– **2b**: °*Walddeife* „Stiel mit Grab- bzw. Hebezinken“ Dachau.– **2c**: °*Woiddeife* „Rundholz mit Eisenhaken zum Aufreißen des Waldbodens“ Grafing EBE.– **2d** Baum-, Heckenschere, °OB, °NB, °OP vereinz.: °*Woiddeifl* „große Astschere“ Langdf REG.– **2e** „schwere Spaltaxt … *wålddaivl*“ Monhm DON nach SBS XIII,94.

WBÖ V,16.

[**Wasser**]**t.** **1** Libelle: *Wåsadeifi* N'taufkchn MÜ; *Wasserteufel* Passau DWA II,16.– **2** wie → *T.* 2bβ: „An der Naab … zwischen Distelhausen und Deggelstein … Waller *Wasserteufel*“ R Oberpfalz 70 (1982) 179.

[**Weg**]**t.** **1**: °*Wegteufel* „Person, der man ständig begegnet“ Flintsbach RO.– **2** wie → [*Feuer*]*t.* 2, °OB °NB vereinz.: °*schlecht Weda bleibts, da Wegteife isch da* Feuersalamander Dachau.

[**Weibs**]**t.**, [**Weiber**]- bösartige Frau: *Weibateifö* Galgweis VOF; *Weibsdeife* SCHNEIDER Bair. geschimpft 61.

[**Würge**]**t.** wie → [*Schachtel*]*t.* 4b: *a Würchteifl* „sehr lebhaftes Kind“ SINGER Arzbg. Wb. 271.

[**Zank**]**t.** wie → [*Beiß*]*t.* 1a, OB, °NB, °OP vereinz.: *Zankdeifi* Fürstenfeldbruck. J.D.

†teufelhaftig, -häftig

Adj. **1** teuflisch, satanisch, vom Teufel besessen: *Wirt aber er sô gar tiuvelheftic* BERTHOLDvR I,324,18.

2 außerordentlich, in hohem Maße: „*toiflháfti'* … *schiə'xi'* [häßlich], *schœn* … *arbêiten*“ SCHMELLER I,590.

Etym.: Mhd. *tiuvelhaftic*, *-heftic*, Abl. von → *Teufel*; vgl. Frühnhd. Wb. V,531.

SCHMELLER I,590. J.D.

teufeln, teuxeln, -teugeln

Vb. **1** wüten, toben, schimpfen, °OB vereinz.: *teufln* Holzen WOR; *teifeln* HÄRING Gäuboden 179.– Phras. *daß es teufelt* u. ä. frischweg: „*Heint bet' ma, daß olln teufet* … recht nach Herzenslust“ MB Bayerld 13 (1902) 443; *dás·s tuifəlt, teixlt! das·s àlls tuifelt!* „frisch weg, lustig“ SCHMELLER I,590.

2 schlagen, klopfen: *na hot ma … mit'n schwarn Zimmerschlägl fest drafteiflt* KÖZ BJV 1952,26f.

3 hetzen, jagen, treiben: *taifön* „auf der Jagd“ Aicha PA; *Du sollst die Gäns aus dem Garten t*[*eufeln*] [4]ZEHETNER Bair. Dt. 347; *Wenn a Fuchs drüba kam, Denn wollt ich teufeln* STURM Lieder 39.

Etym.: Mhd. *-tiuveln*, Abl. von → *Teufel*; WBÖ V,16.

SCHMELLER I,590.– WBÖ V,16.

Komp.: [**abher**]**t.** **1**: °*dö Wand muaß ma a no owateifln* „wegsprengen“ Reit i. W. TS.– **2**: *obateifin* im Schuß fahren Neubeuern RO.

[**abhin**]**t.** **1** beschimpfen, fertigmachen, OB, °OP vereinz.: °*der haotn wieder obiteiflt* Laaber PAR.– **2** hinunterjagen.– **2a** jmdn hinunterjagen, -hetzen: *über dö Stiagn åbiteifin* Mchn.– **2b** schnell hinunterlaufen, hinunterfahren: °*mia haan mid insane Schliedein üwa dee gaachn Leiddn owidaifed* Reichenhall; *De wo … zdruna* [entkommen] *wan, de söin … an See oichiduifit* Tegernsee MB Bayerld 26 (1914) 95.

†[**an**]**t.**: *anteufeln* „anreizen, aufwiegeln“ SCHMELLER I,590.

SCHMELLER I,590.– WBÖ V,17.

[**um-ein-ander**]**t.** **1** wie → *t.* 1: *umanad(er)…teufeln* „toben“ [4]ZEHETNER Bair. Dt. 355f.– **2** herumjagen.– **2a** jmdn herumjagen, -hetzen, OB, NB vereinz.: *dö hob i umanandateifet* Hohenpeißenbg SOG; *umanand(er)…teufeln* ZEHETNER ebd.– **2b** herumlaufen, -tollen, °OB, NB vereinz.: *d Ros doifent a da Woad umananda* Mittich GRI; *umanonda daifeen* „wild herumrennen“ Spr. Rupertiwinkel 18.

WBÖ V,18.

[**auf**]**t.** herausputzen, schön kleiden: *welche der Bäuerinnen besonders aufteufelt und welche recht gschlampert beinanda war* Roider Jackl 12.

WBÖ V,17.

[**aus**]**t.** **1**: *er hat mi beim Herrn Lehrer austeiföt* „verklatscht“ Passau.– **2** schlagen, verprügeln: °*austeifin* schlagen Wonnebg LF; „*Einen ab-, aus…teufeln* oder *teixln*“ SCHMELLER I,590.– **3** hinausjagen, hinauseilen.– **3a** hinausjagen, -werfen, vertreiben, °OB, NB vereinz.: *dumme Gedankn austeifen* Mchn; *den honö ausdeiföd*

Metten DEG.– **3b** hinauseilen: *dea is da-r-austaiföt* Aicha PA.
SCHMELLER I,590.– WBÖ V,17.

[**aushin**]**t. 1** wie →[*aus*]*t*.3a, °OB, °NB, °OP vereinz.: °*endlich hom man assedeichslt as da Stum* Hahnbach AM; *dea Randaliara … den hod da Wirt … scho aussideifid* HÖFER Bair.gredt II 45.– **2** wie →[*aus*]*t*.3b: °*wart, i muaß schnej aussödeifön und ön Hund eifanga* Grafenau.

[**der**]**t. 1** wie →[*abhin*]*t*.1, °OB, °NB, °OP vereinz.: °*den han i dadeiföt vo sein Wei* Eging VOF.– **2** necken, reizen, °OB vielf., °NB mehrf., °MF, °SCH vereinz.: °*so lang hams an Hias derteifit, bis a in d'Höh ganga is* Weißbach a.d.Alpenstraße BGD; °*Mensch, den ham ma richdö dadeiföt* Tegernbach MAI; *wie er den Fleck Sepp derteifelt* ANGERER Göll 176.– **3** zusetzen, schädigen, zu Schaden kommen.– **3a**: °*dadeifin* „lange und hartnäckig auf jemanden einreden" Chieming TS.– **3b** körperlich zusetzen.– **3bα** wie →[*aus*]*t*.2, °OB, °NB, °OP vereinz.: °*dou hobin dadeiflt* Winklarn OVI.– **3bβ** zusetzen, verletzen, °OB, °NB vereinz.: °*der Hund hat die Henn richti derteifid* „halb umgebracht" Simbach EG.– **3bγ** erschlagen, umbringen, °OB, °OP vereinz.: °*den kunnt i dadeifin* Nandlstadt FS.– **3bδ** unpers., zu Schaden kommen, °OB, °NB vereinz.: °*den hats samt sein Motorradl dateifelt* Vilsbiburg.– Auch: °*den håts dateifit* „er hat versagt" Degerndf RO.– **3c** intensiv bearbeiten, behandeln: *drum hat s' den Baam … nomoi fest dadeiföt* PONZAUNER Bei uns dahoam 70.
WBÖ V,17.

[**durch**]**t.**: °*an Foastmoda* (Rosenmontag) *ko ma bis ad Früa durchteifen* „durchfeiern, durchtanzen" O'neukchn MÜ.

[**ein**]**t. 1** einschimpfen, °OP vereinz.: °*zletzt homs alle af ihn eiteiflt* Kchndemenrth NEW; *ei… deifln* KILGERT Gloss.Ratisbonensis 66f.– **2** stark einheizen, °OB, °NB, OP vereinz.: *eindeifin* Waidhfn SOB.

[**ver**]**t. 1** verteufeln, °OB, °OP vielf., °Restgeb. mehrf.: °*wennst net damit umgeh kannst, brauchst de Maschin net glei vadeifin* Hzkchn MB; *no, aso häidan a niad vodeifln braucha* Hohenburg AM; *de Nachbarin hat mi g'scheid voteiföt* HÄRING Gäuboden 179.– **2** verwünschen, verfluchen, °OB, °OP vereinz.: °*döi Awat kannt i grod vateifln* Frauenbg PAR; *des Meiste … des kost da votuifit Kaffee* KIEM obb.Volksl. 27.– **3** wie →[*abhin*]*t*.1, °OB vereinz.: °*den hab i scho so verteufelt* Walleshsn LL.– **4** wie →[*der*]*t*.2, °OB, °MF vereinz.: °*an Xare howe heut vateifet* „getratzt" Wildenroth FFB.– **5** wie →[*aus*]*t*.2: °*döi zwoa hom si richti vadeiflt* „verprügelt" Waidhs VOH.– **6** wie →[*aus*]*t*.3a, °OB, NB vereinz.: °*den habts aber schnell verteufet ghabt* Reit i.W. TS.– **7** verwirtschaften, vertun, °OB, °NB vielf., °Restgeb. vereinz.: °*mid seini Bluadsueiwa hod a ois vadeifid* Taching LF; °*sein ganzn Wochaloah hot a scho vateiföt* Straßkchn SR; *vodaifet* „gänzlich verausgabt, verschleudert" FEDERHOLZNER Wb.ndb.Mda. 236.– Auch: °*der Håt sei ganze Gsundheit verdeifit* „ruiniert" Halfing RO.– **8** verlieren, verlegen, °OB vereinz.: °*jetz hab i wieda mein Hausschlüssl vodeifit* Rosenhm.– **9** refl.: °*då hone me gscheid vadaiföd* „verirrt" Grafenau.– **10** Part.Prät.– **10a** verzwickt, schwierig, °OB, °OP, °SCH vereinz.: °*das is a verteiglte Gschicht* Lenggries TÖL; *vateifet* RINGSEIS 294.– **10b** sehr, über alle Maßen, °OB, NB, °OP vereinz.: °*vadeifit guat ausschaung* Bayrischzell MB; *Dees iis vateiflt schwea(r)!* BRAUN Gr.Wb. 764.
WBÖ V,17f.

[**da-von**]**t.** wie →[*aus*]*t*.3a, °OB, NB, OP vereinz.: °*deifehd hoid amoi de Katz davaah, wenn's oiwei an unsan Gartn Lecha aufgrobt* Stammham AÖ; *den hãne ǭwa … davódaived!* nach KOLLMER II,414.

[**fürher**]**t. 1**: *firadaifeen* „hervorlocken" Spr.Rupertiwinkel 27.– **2**: *firadaifeen* „kraftvol hervorkommen" ebd.

[**her**]**t. 1** wie →[*der*]*t*.2, °OB, °OP vereinz.: °*den ham ma richtig headeifet* „gereizt" Dachau.– **2** †wie →[*aus*]*t*.2: *her…teufeln* „schlagen, prügeln" SCHMELLER I,590.– **3**: *headaifeen* „strapazieren, stark abnützen" Spr.Rupertiwinkel 41.
SCHMELLER I,590.– WBÖ V,18.

[**holz**]**t.**: °*oan hoizteifin* „ausschmieren" Hirnsbg RO.

[**um**]**t. 1** herumtoben.– **1a** sich ausgelassen benehmen: °*d'Leut ham gessn und trunga und ham richti umteifet* Halfing RO; *umteifen* HEIGENHAUSER Reiterwinklerisch 40.– **1b** wie →[*um-ein-ander*]*t*.2b: *umteifln* wild herumtollen Anzing EBE; *dö Kinda ham umteiföt* HÄRING Gäuboden 179.– **2**: *umteifln* um sich schlagen

Pelling LF.– **3** hektisch od. intensiv arbeiten.– **3a** hektisch arbeiten: *dea teiföt um ois wia nöt gscheit* „hastig“ O'audf RO; *umdaifeen* Spr.Rupertiwinkel 92.– **3b** mit ganzer Kraft u. Hingabe arbeiten: °*beim Nachbarn deifins richti um, daß no die Schindln aufs Dach bringa* Teisendf LF; *umdaifeen* „mit großem Einsatz arbeiten“ Spr.Rupertiwinkel 92.

WBÖ V,18.

[zer]**t.** unpers.: °*des hots zdeifed* „es ist kaputtgegangen“ Neuschönau GRA. J.D.

Teuflet(s)

N. **1** Teufelszeug: °*räum dös Toiflet weg!* „etwa Pistole“ Ruderting PA.

2 Unkraut, verunkrauteter Acker.– **2a** Unkraut, °OB, °NB mehrf., °OP vereinz.: °*des Teiflat dastickt as ganz Troad* Simbach EG.– **2b** verunkrauteter Acker, °OB vereinz.: °*so a Teuflat* Pittenhart TS.

3 wertloses, unbrauchbares Zeug, Durcheinander, °östl.NB mehrf.: °*was hat denn der Bua für a Teiflat in da Taschn!* Ratzing WOS.

4 schwierige, unangenehme Angelegenheit, °östl.NB mehrf., °OB vereinz.: °*wenn i nur vo dem ganzn Teiflat nix mehr wissat* Deggendf.

WBÖ V,16 (Teuflach). J.D.

teuflicht, -teuflig

Adj.: °*des is a ganze taiflate Sach* „eine ganz schwierige“ Hexenagger RID.

WBÖ V,16 (teuflich).

Komp.: [**höll**]**t.**: *da schboarns mitn Brout höteufö* „über alle Maßen“ Inngau. J.D.

teuflisch, †teufelisch

Adj. **1** teuflisch, satanisch, OB, NB vereinz.: *a doiflschö Båusat* Mittich GRI; *Was sie dann für leith bei solchen Teiflischen Zusammenkhünfften gesechen* 1487 Der Kelheimer Hexenhammer bearb. von J. Mundigl, München [1967], 55.

2: *des hat deiflische Augnbrauna* „zusammengewachsene, wie sie der Teufel hat“ Ohlstadt GAP.

3 verzwickt, schwierig, OB, °OP vereinz.: *dös is a so a teiflöschö Gschicht* Hohenpeißenbg SOG.

4 von guter Veranlagung, Beschaffenheit: *a teiflöscha Bua* „ein schneidiger Bursch“ O'audf RO; *Heut han i an ganz an deiflischen Bock … g'sehg'n* Thoma Werke VII,234 (Jagerloisl).

5 außerordentlich, in hohem Maße, °OB, NB vereinz.: *a teiflische Angst* Kchhm LF; *Vo dö tuat an Leutn jatz teufisch grausn* Gaißach TÖL 1894 Queri Bauernerotik 249.– Als M.: °*nacht* [gestern] *hon i an Teiflischn gliefert* „hatte ich einen großen Rausch“ Eschenlohe GAP.

Schmeller I,590.– WBÖ V,18f.

Komp.: [**höll**]**t.** wie →*t.5*: *auf d' Boggalbah … hölldeiflisch duad da Ruaß dava* Passauer Dreiflüsseschreiber 40. J.D.

Deul, (geschmolzener) Roheisenklumpen, →*Deuchel*.

Deut[1]

M., Münze von geringem Wert, nur in Phras. *keinen D.* gar nichts, kein bißchen: °*der Bamstock rührt si um koin Deit* Neusorg KEM; *des is koin Deit wert* Konrad nördl. Opf. 73.

Etym.: Aus nd./nl. *duit* ‘Scheidemünze’; Kluge-Seebold 194. M.S.

Deut[2]

M. **1** hinweisende Geste: *er macht mit dem Pemslstangl einen Deut zur Haustür hin* Altb. Heimatp. 65 (2013) Nr. 13,4.

2: °*i håb ihm an Dait gem* „Tip“ Ingolstadt. M.S.

Deutel, bißchen, kleines Stück, →*Aucht*.

deuten

Vb. **1** auf etwas zeigen, hinweisen, °OB, °NB, MF vielf., OP mehrf., Restgeb. vereinz.: *midn Finga af oan daitn* Haidmühle WOS; *er … deut' mit dem Rasiermesser … auf die Weißdecken* Thoma Werke III,56; *‘deuten’, so … bei uns … waisen haist* Aventin IV,134,19 (Chron.).

2 ein Zeichen geben, winken.– **2a** ein Zeichen geben, anzeigen, °OB, °OP, °SCH vielf., °NB mehrf., °Restgeb. vereinz.: *siagst, da Engl deut ins scho* „aus einem Weihnachtslied“ Willing AIB; °*tua net allweil deutn, sonst fangst oane!* „wenn jemand beim Kartenspielen dem Partner Zeichen gibt“ Rdnburg; *dei:dn* „Dem Mitspieler … mit Gesichts-Gestiken deuten, welche … Karten man besitzt“ Christl Aichacher Wb. 80.– Sachl.: Im Kartenspiel →*Watten* kommt dem *D.* eine wichtige Rolle zu, weil es erlaubt ist, dem Spielpartner durch Mimik, Zwinkern, Schulterzucken u.ä. Zeichen zu geben; vgl. W. Sirch u.a., Vom Alten zum Zwanzger, Traunstein 2008, 66.– Spruch: °*wer deut't* [wohl heimlich Zeichen gibt], *der lüagt* Günzlhfn FFB.– **2b** winken, zuwinken, OB vereinz.: *deitn* O'audf RO.

3 †bedeuten, (als Zeichen) für einen best. Inhalt stehen: *Francken, das teut als vil gesprochen als frayssam* FÜETRER Chron. 24,8.

4 ausdrücken, andeuten.– **4a** besagen, erkennen lassen, Anzeichen von etwas sein, ä.Spr., in heutiger Mda. nur im Komp.: *O got, was dewten dise dinnge?* ders. Poytislier 36,115.– **4b** andeuten, durchblicken lassen: °*had a ebbas diidn* Garmisch-Partenkchn; „jener Wink von oben … der … noch nicht redet, nur *deutet*“ Altb.Heimatp. 46 (1994) Nr.9,30.

5 auslegen, ausdeuten, erklären, OB, NB vereinz.: *d Urschl hot Tram deitn kinna* Traunstein; *Scandalum … nehat eiginis gediutes niht … nihwan dazme si diuten muoz. nah anderen worten. dei dar umbe stent* Windbg.Ps. II,203.– Phras.: °*dem håbi wås deit* „die Meinung gesagt“ Landshut.

6 refl., sich vergegenwärtigen, bewußt machen: *de Buachnbaam wern bald koa Laab mehr ham – des müaßts enk* [euch] *deutn* DINGLER bair. Herz 94.

Etym.: Ahd., mhd. *diuten*, germ. Bildung zur selben Wz. wie →*deutsch*; PFEIFER Et.Wb. 218.

Ltg, Formen: *daitn* u.ä.– Part.Prät. *dait*, ferner *dīdn* (GAP) nach stv.

SCHMELLER I,551.– WBÖ V,19f.

Abl.: *Deut*[2], *-deuten*, *Deuter(er)*, *deutern*, *-deutig*, *deutlich*, *Deutung*.

Komp.: [**an**]**d.** **1** ein Zeichen geben, ankündigen.– **1a** im Kartenspiel Zeichen geben, anzeigen, °NB mehrf., °OB, °OP vereinz.: °*odeitn guit net!* Metten DEG; °*du host ma n Max* (höchsten Trumpf beim Watten) *net odeit* Kottingwörth BEI; „Der Geber gibt … jedem fünf Karten, worauf … ein heftiges Signalisieren anhebt, das *oodaiddn*“ Merian. Bay.Wald 27 (1974) H.8,114.– **1b** ankündigen.– **1bα** †ankündigen, wissen lassen: *in seiner entlassung … andeütten, daß wann er sich … mit dergleichen … gottßlästern … Werde Vermerkhen lassen daß wür Ine … in die Prechen* [Pranger] *zu stöllen entschlossen* 1623 StA Mchn Pflegger. Herrschaft Wald B32, fol.33ʳ.– **1bβ** vorhersagen, prophezeien: °*i hab drs do adeut* Rehling AIC.– **1bγ** refl., sich durch best. Anzeichen ankündigen, ahnen lassen, °OB, °NB vereinz.: °*hosdas ghead, aizd hazö äbs odeit* „hat sich Unheil angedeutet“ Lohbg KÖZ; „mancher Tote tut sich *adeitn*“ Garching AÖ Oettinger Ld 20 (2000) 356.– Auch unpers.: *an Pfingstmonta is a Deandl von Streit gstorbn .. dös hots andeut'* KÖZ BJV 1953,31.– **2** †melden, bekannt machen: *Angedeutet den 16. Juni An. 1745* Gnadenblum 131.– **3**: *andeutn* „ungefähr erklären“ Passau.

WBÖ V,20f.

[**auf**]**d.** **1**: °*aufdeitn* „im Schützenstand anzeigen, wo der Schuß sitzt“ Landshut.– **2** wie →*d.*5, in Phras.: °*dem håb i's aufdeit* „die Meinung gesagt“ ebd.

[**aus**]**d.** wie →*d.*5, OB, °NB, °OP vereinz.: °*i muß das scho ausdeutn, sonst verstehst es net* Atzmannsricht AM; *ə̃n Trám ausdeut·n* SCHMELLER I,551.

SCHMELLER I,551.– WBÖ V,21.

[**be**]**d.** **1** †bezeichnen, Benennung von etwas sein: *Auch schreibent die maister besunder von den zwain namen; dez wår niht, bedåutent si paid ain tier* KONRADvM BdN 163,1-3.– **2** †versinnbildlichen: *die alten haben … kurz gemäl, wappen und zaichen gefüert, damit si ir êrl che tat bedeut und … in ewige gedächtnus … bracht haben* AVENTIN V,23,9-12 (Chron.); *Wird mich heut dem heiligen Burcardo ein Dullen zugemahlen/ was bedeut der gschwätzige Vogel?* SELHAMER Tuba Rustica I,185.– **3** wie →*d.*4a, °Gesamtgeb. vereinz.: *beißd mi d Nåsn an da dengn* [linken] *Seidn, des wead wås Guads bedeidn* Kchasch ED; *na, wos soll denn dös bedeitn?* Perlesrt WOS; *da' Jager … denkt, was wohl der Traam bideut'* KOBELL Ged. 6; *Wenne die iungen schaff zů der vnchaůsch eylnt, daz ist gar pôz, wan ez bedåut den schelmen* [Pest] *an in* KONRADvM BdN 181,1f.– Als N., verborgener, tiefere Sinn: °*dös håt a Bedaitn* Piegendf ROL.– **4** ankündigen.– **4a** †wie →[*an*]*d.* 1bβ: *Mit welchen Worten der fromme Priester … im Prophetischen Geist ihnen ihr Marter bedeut* SELHAMER ebd. 456.– **4b** refl., wie →[*an*]*d.* 1bγ: °*dös hot si bedeit* „sich angekündigt“ Lohbg KÖZ.– **5** sagen, erzählen.– **5a** sagen, zu verstehen geben: *bis er a fárgást bydaytt hòd, si soyt ausśtaygn und .. retur fárn* KUEN Bair. 86; *kam der Engel vom Himmel herab/ und bedeut ihr/ daß ihr letztes Stündlein verhanden* SELHAMER ebd. 357.– **5b** †erzählen: *von dem mews arnn* [best. Falken] *thet er ir gar pedeutten* FÜETRER Persibein 1555.– **6** †wie →*d.*5: *daz wir einen islichen artikel .. ob sin not geschiht bedæuten mvgen* Mühldf 1291 Corp.Urk. II,663,3f.– **7** †nennen, angeben.–

7a nennen, erwähnen: *das du … bedeute tapeczerei … besichtigest* Lichtenbg LL 1603 SbMchn 1810, 5. Abhandlung, 4f. (Inv.).– **7b** angeben, beziffern: *Onophrius Schäffler Schmidt … betheütet seinen Herrngonnst auf .8. lo sch* Hittenkchn BGD 1612 StA Mchn Herrschaft Hohenaschau B366, fol.110^{r}.– **8** von Relevanz sein, nutzen, leisten.– **8a** von Relevanz, Gewicht, Tragweite sein, OB, NB, OP, °OF, SCH vereinz.: *dös wüi äbs bedeitn* Sossau SR; *Des bisserl Schnee vora Woch, bedeit' nixn* Altb.Heimatp. 46 (1994) Nr. 45,3.– **8b** nutzen, einen Zweck haben: *Sie hat sich sein' großen Hof … wegdenkt, aber es hat ihr nix bedeut'. Sie hat'n trotzdem mögen* HALTMAIR Grad mit Fleiß 37; *Wenn man den bœsen Bueben gleich einsperrt, wàs bedeu't·t ·s …?* SCHMELLER I,551.– **8c** leisten, zustande bringen, OB vereinz.: *er hat it* [nicht] *vui bedeut* O'alting STA.

SCHMELLER I,551.– WBÖ V,21.

Mehrfachkomp.: [**an-be**]**d.** **1** ankündigen, ahnen lassen.– **1a** †im Voraus bekanntgeben: *Das lang erwünschte Frewdenfest/ Dem König anbedeit* J. KHUEN, Marianvm Epithalarivm, München 1659, 68.– **1b** refl., seinen Besuch ankündigen: „der *Niklo … bedeut' si' o …* scheppert mit der eisernen Kette vor der Tür" SIEBZEHNRIEBL Grenzwaldheimat 264.– **1c** refl., wie →[*an*]*d.* 1bγ, °NB vereinz.: °*då håt si ebbs åbedeut* von kommenden Ereignissen St.Englmar BOG; *åbedeitn* „sich ankündigen … von Geistern, Seelen der Verstorbenen" nach KOLLMER II,36.– Auch unpers.: *wenn ö da Nad äbba gstoam is, na hods dös amö* [immer] *obedeut* KERSCHER Waldlerleben 109.– **2** refl., sich melden, sein Interesse bekunden: „Der *Zäuner* im Hochbogengau geht zu jedem Bauern, *der si(ch) a(n)bedeu(te)t*" SIEBZEHNRIEBL ebd. 104.

[**vor**]**ge-deutet** vorgenannt: *daß Vorgedeiter Hannß Schmidt Maller, die … 2 Neue prustbilder gefast* N'aschau RO 1688 JAHN Handwerkskunst 463.

[**hin**]**d.** **1** wie →*d.*1, °NB, °OP vereinz.: *deit halt hi!* Ursulapoppenricht AM; *Lea hod af oan vo dö Groba* [Schatzgräber] *hideit* REG BRONNER Bayer.Land 330.– Auch ironisch: *gråd a bißl hideit afs Gsicht* „wenn sich der Geohrfeigte beschwert, daß der Schlag zu heftig gewesen sei" Straubing.– **2** wie →*d.*4b: °*des hat aso hideut, daß des so kemma kannt* Brunnen SOB.

WBÖ V,21. M.S.

-deuten

Adj., nur im Komp.: [**zwie**]**d.** nicht eindeutig, unklar: °*a zwiedädane Gschicht* O'nrd CHA. M.S.

Deuter(er)

M. **1** Wink, Fingerzeig.– **1a** mit Gesten, Worten.– **1aα** gestisch, °OB, °NB, °OP, °MF vereinz.: °*dea hot eahm an Deidara gehm* „beim Kartenspielen" Frasdf RO; *Der Deuter* „Zeichen, das man mit der Hand, oder irgend einem Theil des Körpers jemand gibt" SCHMELLER I,551.– Phras. *keinen D.* gar nichts, kein bißchen, °OP vereinz.: °*koan Deiter håb i davo gwußt* „absolut nichts" Maushm PAR.– **1aβ** sprachlich, °Gesamtgeb. vereinz.: °*da Hans hot ma an Deita gebn, sinst war i dumm neigfalln* O'högl BGD; *Då håb i an Deiter kriagt* „Tip" Winklsaß MAL; *Geh, gib uns halt a'n kleinen Deuter!* Mchn. Stadtanz. 15 (1959) Nr.3,3.– **1b** Vorzeichen (des Todes), Wink des Schicksals, °OB mehrf., °NB, °OP, °MF vereinz.: °*i fåhr desmoi går net gern furt, mir is, wia wenn i an kloan Deiter kriagt hät* Kchseeon EBE; °*des wår a Deuter vom Boandlkramer* Neukchn a.Inn PA; *bös hats 'n zamgriss'n, an Herrn Rat … der hat sein Deuterer!* Altb.Heimatp. 46 (1994) Nr.9,30.

2 Vorahnung, °OB, °NB, °OP, °MF vereinz.: °*i hob scho so an Deuter ghabt, als ob des net guat gang* Starnbg; *Deuter, Deuterer* ^{4}ZEHETNER Bair. Dt. 98.

3 Zurechtweisung, Denkzettel.– **3a** scharfe Zurechtweisung, °OB, °OP mehrf., °NB, °MF vereinz.: °*hot da da Baur an Deita gem?* „Mahnung" Tandern AIC; °*dem muaß i amoi an gscheitn Deita gebn, damit a woaß, wås si ghert und wås net* Rüge, Tadel Straubing; *Deuter, Deuterer* „Anschiss" ZEHETNER ebd.– **3b** Denkzettel, °OB, °NB, °OP vereinz.: °*der Sturz mitm Motorradl is no guat ausganga, aber a Deiter wars, fahr nimmer so schnell!* Hzkchn MB; *daß die landläufige Sicherheit grad wieder amal recht ernsthafte Deuterer kriagt hat* Mchn.Stadtanz. 18 (1962) Nr.4,4.

4 Schlag, Stoß.– **4a** Schlag, Ohrfeige, °OB, °OP mehrf., °Restgeb. vereinz.: *den hou i an Deidda gem* Rieden WS; °*dea hout an Deita gräigt* Kemnath; „*hå̃n ęam šed a dętal gem* … leichten Schlag" nach KOLLMER Laute 71.– Übertr.: °*der hout sein Deiter weg* „ist nicht recht bei Verstand" Eslarn VOH.– **4b** Stoß, Schubs, °OB, °NB, °OP, °MF vereinz.: °*dea haout an Deita gröigt* „Tritt vom Pferd" Kchnthumbach ESB.– Übertr.: °*gib deina Schdimm an Deidda!* „setzt deine Stimme kräftig ein!" Grafenau.

Etym.: Ahd. *diutâri*, mhd. *diutære* 'Deuter, Ausleger' stm., Abl. von →*deuten*; WBÖ V,22.

SCHMELLER I,551.– WBÖ V,21f.

Komp.: [**An**]**d.** wie →*D.* 1b: °*des is a Adeita* „Vorzeichen" Sulzkchn BEI.

WBÖ V,22.

[**Hirn**]**d.**: *Hirndeita* Stirnstüber Rimsting RO.

[**Nasen**]**d.**: *Nosndeidda* Nasenstüber Neukchn KÖZ.

[**Reiben**]**d.** Fahrtrichtungsanzeiger, °OB, °NB vereinz.: °*Reimdeidda* „Blinker" Passau; *Reibendeuter* „Winker" [4]ZEHETNER Bair.Dt. 284.– Auch: *Rei'mdeita* „Handzeichen des Radfahrers beim Abbiegen" REG JUDENMANN Opf.Wb. 128.– Zu →*Reibe* 'Kurve'.

[**Weg**]**d.**: *Wechdeita* „Wegweiser" JUDENMANN ebd. 169. M.S.

deutern

Vb., gestikulieren: *dea deidat allaweil mitn Hentnan* Beratzhsn PAR.

WBÖ V,22. M.S.

-deutig

Adj., nur in Komp.: [**ein**]**d.** eindeutig, klar: °*oanteiti* Mammendf FFB; *Des diskriminiert oadeitig de Lebkuachabäckarinnen* Oberbayer. Volksbl. 7./8.12.2013, 34.

[**zwei**]**d.**, [**zwie**]- **1** unklar, wechselhaft.– **1a** nicht eindeutig, unklar, °OP vielf., °OB, °SCH mehrf., °Restgeb. vereinz.: °*da Huber hot bei da letzdn Woi recht zwoadeite dahergredt* Hzhsn WOR; °*dös is a so a zwiedeitige Sach, da kennst di net recht aus* Essenbach LA; *zwidaite* FEDERHOLZNER Wb.ndb.Mda. 259.– **1b** unbestimmt, wechselhaft (vom Wetter), °OB, °NB, OP, MF vereinz.: °*heid is zwiedeiti* Bayersoien SOG.– **2** zwielichtig, undurchsichtig, °OB, °NB, °OP, °MF vereinz.: °*der kimm ma a weni zwoadeiti vür* Schrobenhsn.– **3** schlüpfrig, anstößig, unanständig, °OB, °NB vereinz.: *dswiedaidig redn* „mit peinlichen Anspielungen" Achbg TS; *Es derf ruhig amoi a bissl dreckad oda zwoadeitig sei* Sulzbach-Rosenberger Ztg 11.3.2015, 28.– **4** unstet, wankelmütig, °OB, °NB, °OP, °MF vereinz.: °*der is zwiedeitig, der woaß net recht, wos a will* Vilshfn.– **5**: °*heid bin i a bissl zwoadeiti beinand* „fühle mich nicht recht wohl" Bruckmühl AIB.

WBÖ V,23. M.S.

deutlich

Adj. **1** klar, genau, °OB, °NB, OP vereinz.: *i siach deitli* Passau; *Dös hàmma deutla g'hört* Fdwies TS nach HARTMANN Volksl. 120.
2 unmißverständlich, ausdrücklich, eindeutig, OB, NB, OP vereinz.: *ma vestarbma Bruara hod sö daitlö ba mia ågmeit – d Uhr is stehbliem* Mittich GRI; *wia sie mir na imma deitlicha zwegn Vasteh gebn hod, daß vo mir nix mehr wissn wui* TOCHTERMANN Oiß wos Recht is 46.

Etym.: Mhd. *diutlîche*, Abl. von →*deuten*; KLUGE-SEEBOLD 194.

SCHMELLER I,551.– WBÖ V,21.

Komp.: [**un**]**d.** nicht gut wahrnehmbar, °NB, OP vereinz.: °*dea redd so udeiddli* „unverständlich" Neufraunhfn VIB. M.S.

Deutsch

N., Deutsch, deutsche Sprache, OB, NB, OP, SCH vereinz.: *dea ko net gscheid Deitsch* Burgharting ED; *Lern zuerst deutsch, dann reiß den Maul auf!* PEINKOFER Werke III,272; *Bvbales haizt in ainem dåutsch ein aurrint vnd in dem andern ain waltrint* KONRADvM BdN 148,2; *Ich hab etlich solch teutsch gelesen in den alten schriften, aber es ist schwärlich zu verstên* AVENTIN V,156,22-24 (Chron.).– Phras.: *vašdeaš du nit daidš?* [begreifst du nicht?] nach SCHWEIZER Dießner Wb. 196.

Etym.: Mhd. *diutsch, tiutsch* stn., Abl. von →*deutsch*; [2]DWB VI,816.

WBÖ V,23. M.S.

deutsch

Adj. **1** deutsch.– **1a** in nationaler od. kulturräumlicher Hinsicht.– **1aα** zu Deutschland, zum deutschen Kulturkreis gehörig, OB, MF vielf., NB mehrf., Restgeb. vereinz.: *dö deitsch Schbrach ham di Wallischn net dalernt* Traunstein; *mir sin deitsch* Hohenstein HIP; *wenn ... mir deitschen helden mit den sigeslorber heimwärtz zien* CHRIST Unsere Bayern III,71; *Teutonico ... diutischemo* Tegernsee MB 11.Jh. StSG. II,661,59; *Also sach ich einen cometen ze Pareys ... Der ... het den stertz gechert gegen dåutschen landen* KONRADvM BdN 103,14-17; *da spitzet ihr versoffne und verspibne teutsche Zech-Brü-*

der beede Ohren SELHAMER Tuba Tragica I,144.– Subst.: Angehöriger der deutschen Nation: °*de Deitschn* Langdf REG; *Suawos haoutma damals unter Deitschnan niat kennt* SCHEMM Internist 139; *die Teutschen, sein nur fresser und weinsaufer* AVENTIN I,176,16f. (Türkenkrieg).– M., Erdboden, in Phras. *auf dem D.en gehen* u.ä. mit durchgelaufenen Schuhsohlen, °OP vereinz.: °*der kummt am Deitschn daher* Stulln NAB;– °*aufn Deitschn göi* „barfuß" Schnaittenbach AM.– F., Schuhsohle, in Phras.: °*i geh scho auf da Deitschn* auf durchgegangener Schuhsohle Pocking GRI.– **1aβ** deutschen Fabrikats, OB, NB vereinz.: *a daitschö Maschin* Mittich GRI.– **1aγ** in Deutschland, im deutschen Kulturkreis üblich, in heutiger Mda. nur subst.: *sehzehen rest machent ze reht ain deutsch meil* KONRADvM Sphaera 19,1f.; *beclaidet sich auf die teutschen monir* AVENTIN IV,904,21 (Chron.); *Lungen auf Teutsch* [nach deutscher Art] *eingemacht in saurer Brühe* HAGGER Kochb. III,1,24.– †Phras. *d. tanzen* Walzer tanzen: „leidenschaftlich lieben sie das rasende *Deutschtanzen*" Mchn HAZZI Aufschl. III,1,250.– Als M., Walzer od. walzerähnlicher Tanz, °OB, °NB, °OP, °OF vereinz.: °*hiatz muaß a Deitscha her, Buama und Deandln ruckts außa!* Dachau; „Außerdem tanzt man den modernen Walzer, *Deutscher* genannt" NB Bavaria I,997.– **1aδ** †zum Deutschritterorden gehörig: *CHvmtivr … des tv̊tschen haus ze Nv̊renberch* Sulzbürg NM 1286 Corp.Urk. II,190,41.– **1b** in deutscher Sprache, adv. auch in der Fügung *auf* / †*zu d.*– **1bα** allg.: *rödt deitsch, daß ma di versteht!* Passau; *wo man mich nicht auf deitsch verstanden hat* CHRIST Unsere Bayern III,52; *lesen tau̍tsche puch, di valsch sint und unnütz* BERTHOLDvR II,672,24; *hat … den profesion brief theüsch lösen Miesen* 1630 HAIDENBUCHER Geschichtb. 67.– Als N., †F., deutsche Sprache: *an deme uiercen iare. daz heizzet in diutisken scaltiar* Windbg BOG 12.Jh. Cgm 17,fol.2[r]; *Der chranwitpaum haizt in meinr mu̍terleichen deutsch ein wechalter* KONRADvM BdN 355,12; *so ich … aus dem Latein in das Teutsche übersetzt* SELHAMER Tuba Rustica I,311.– †Auch des Deutschen mächtig: *Miər hàbm e˜n Franzosn ẽn Qua'tiər, der is deutsch* SCHMELLER I,555.– **1bβ** hochdeutsch, in standardsprachlichem Deutsch, °OB, °NB vereinz.: °*na ho is eahm auf deutsch gset* „weil er den Dialekt nicht verstanden hat" Kohlgrub GAP.– **1bγ** übertr. unumwunden, unmißverständlich, klipp u. klar, °OP mehrf., °OB, °NB mehrf., °Restgeb. vereinz.: °*red deitsch!* „ohne Umschweife" Scheyern PAF; °*des sog i da auf deitsch, daßd di auskennst* „geradeheraus" Frauenau REG; °*zu dem håb i heit amål deitsch gredt* Ambg; *i wẹl da s … nēd grǭd so daidš sǭy* nach HINDERLING Zinzenzell 268; *mit teütschen austruckhlichen wortten* 1623 StA Mchn Pflegger. Herrschaft Wald B32, fol.33[r].– Phras.: *auf gut d.* / †*gut d.* dass., °OB, °NB, °OP vereinz.: °*paß amal aaf, öitz wüll i das aaf gout deitsch song!* „freimütig" Sulzbach-Rosenbg; *Mit GOTT … muß man redlich/ aufrichtig/ gut teutsch reden* SELHAMER ebd. II,127;– *auf* (*gut*) *d.* unumwunden, deutlich gesagt, °OB, °OP mehrf., °Restgeb. vereinz.: °*auf guat deitsch is dös einfach a Depp!* Mettenham TS; °*den hots gestern a weng gstroaft, af deitsch er is bsuffa gwen* Fürstenstein PA.– *Mit jmdm* (*auf*) *d. reden* u.ä. jmdm unverblümt die Meinung sagen, °OP mehrf., °Restgeb. vereinz.: °*mit'm Bürgamoaschta hob i heit auf deitsch gredt* Weilhm; *der schmatzt deitsch mit eam* O'diendf PA; *Mit däam riad i scha amal deitsch* SINGER Arzbg. Wb. 51;– *es jmdm* (*auf*) *d. sagen* °Gesamtgeb. vereinz.: *dera sog ös af deitsch* Metten DEG; °*den hob is glei deitsch gsacht* Regelsbach SC;– °*i bin eam scho auf deitsch kema* Degerndf RO;– *mit dir werdi deitsch!* Altdf HIP, ähnlich AM.– **1bδ** verständlich, begreiflich: °*der machts deitsch* O'viechtach; *Dés muest mə' deutschə' machn* Werdenfels SCHMELLER ebd.– **1bε** offen, ehrlich, °Gesamtgeb. vereinz.: °*mit dem wår i deitsch* Glonn EBE; *A Deutscha, dös is a gwen, da Gerhardi* SCHLICHT Gerhard 5.

2 umgänglich, kulant, verläßlich.– **2a** umgänglich, zugänglich, °OB, °NB, °OP, °MF vereinz.: °*da Hans is wirklich a deitscha Må, mit dem ka ma ais redn!* O'högl BGD; *Is sovül deutsch gwen und mit all so g'moan, Und hat's verstand'n, wie's an Baurn ums Herz* GUMPPENBERG Loder 69.– **2b** kulant, °OB, °NB, °OP, °SCH vereinz.: °*muaßt scho a bisserl deitsch werdn* „beim Viehhandel" Ensdf MÜ; *A Wurz'n für die noti'n Wirt, Dåß s' deutscher wern* GUMPPENBERG ebd. 39.– **2c** verläßlich, zuverlässig, °OB, °NB, °OP, SCH vereinz.: °*mit dem koscht leicht ebbs mâcha, dea håd se oiwe no deitsch zoagt* Dachau.

3 zahm, gefügig: °*die müssn erst no deitsch werdn* „junge Pferde" Bayersoien SOG.– Auch: °*deitsch machen* „einschüchtern" ebd.

4 einig, eines Sinnes, °OB, °NB, °OP, °MF vereinz.: °*der is glei deitsch gwen mit eahm* „hat sich gut mit ihm verstanden" Weildf LF; °*mit dem bin i ganz guat deitsch wordn* Maushm PAR.

5 klug, in der Fügung *d.* (*geworden*) *sein* endlich begriffen, verstanden haben, °OB, OP, °MF ver-

einz.: °*aa, jetz bin i deitsch!* „ist mir ein Licht aufgegangen" O'stimm IN.
6 wohl aufnahmebereit, klar im Kopf: *dem deafabma a zeaschd af d Nosn klopfa, daßa deutsch wiad, äi man wos sågd* Altfalter NAB.

Etym.: Ahd. *diutisc* 'dem Volk gehörig, volkssprachlich', mhd. *diut(i)sch*, *tiutsch*, westgerm. Abl. von →*Diet* 'Volk'; KLUGE-SEEBOLD 194.

DELLING I,123; SCHMELLER I,555-557.– WBÖ V,23f.

Abl.: *Deutsch*, *deutschen*, *deutschlichen*.

Komp.: [**alt**]**d.** **1** altdeutsch, °OB, MF vereinz.: *oitdeitsch* Aufkchn STA; „Mein Vater … bestellte die Möbel … Alles sollte *altdeutsch* werden" CHRIST Werke 193 (Erinnerungen).– **2**: °*altdeutsch* „altmodisch" Halfing RO.

WBÖ V,25.

[**Halb**]**d.** M., Halbwalzer, Walzer mit 16 Takten: °*Halbdeutsche* „in der Volksmusik" Riedering RO; „eine Anzahl *Halbdeutscher* für zwei Zithern" KIEM Kreuther Tal 76.

[**hoch**]**d.** wie →*d.*1bβ: *Hoachdeitsch rejda und schreiwa nooch dr Schriift* WÖLZMÜLLER Lechrainer 11.– Übertr. eingebildet, OB, SCH vereinz.: *recht hochdeitsch redn* Nandlstadt FS.

[**Neu**]**d.** M., wie →[*Halb*]*d.*: °*a Neudeutscher* „Volkstanz" Kumrt WOS; „der 16taktige bayerische *Landler* … auch *Neudeutscher*, *Halbdeutscher* oder *Halbwalzer* genannt" AIBLINGER bayer. Leben 219.

WBÖ V,25.

†[**Stümpel**]**d.** F., schlechtes, fehlerhaftes Deutsch: *mit ainer slechten und ainvaltigen stümpl teutsch* FÜETRER Lannzilet 1,4f.

SCHMELLER I,556, II,759. M.S.

Teutsch →*Teufel*.

deutschen
Vb., ä.Spr., in heutiger Mda. nur in Komp. **1** ins Deutsche übersetzen: *si* [die Bibel] *ist ie artig und wol geteutscht* AVENTIN V,157,1f. (Chron.).
2 darlegen, darstellen: *daß man aber … als gedeutscht werden wollte, gehandelt habe, das ist nie geschehen* Straubing 1510 BLH XVIII,67.
3 verständlich machen, genau erklären: *Unnd sol diser artickl allain auf die Eehalten Im pfarrhof zu Steinach verstanden Unnd geteutscht Werden* ebd. 1511 JberHVS 7 (1904) 43.

Etym.: Mhd. *diutschen*, Abl. von →*deutsch*; [2]DWB VI,817.

SCHMELLER I,555.– WBÖ V,25.

Komp.: [**aus**]**d.** **1** wie →*d.*1: *der Bröif … war amerikanisch gschriem und da Owerlehrer hat nan aasdeitschn möin* SCHEMM Dees u. Sell 222.– **2** wie →*d.*3, °Gesamtgeb. vielf.: °*i håbs eahm hätt ausdeitscht und nacha hot as vastandn* Eschenlohe GAP; °*va* [bei] *dir mou ma immer alles aasdeitschn* „du kapierst nur schwer" Selb; *will i an Schuller scho dös nämliche ausdeutscht hab'* THOMA Werke VI,165 (Andreas Vöst).– Phras.: *jmdm a.* die Meinung sagen, OB, °NB, OP vereinz.: *ich habs ihm ausdeitscht* Mühlbach RID; die unverhüllte Wahrheit sagen, OB, OP vereinz.: *dem hobes ausdeitscht* Hessenrth KEM.– **3** refl., mit Worten ausdrücken: *der ko si guat ausdeitschn* Fahlenbach PAF.

SCHMELLER I,555.– WBÖ V,25.

[**der**]**d.** **1** zügeln, zähmen, °OB, °MF vereinz.: °*der Bua ko doch nu net dös jung Roß dadeitschn, dös geht eam glatt durch!* Steinhögl BGD.– **2** einsichtig, verständig machen, °OB vereinz.: °*der hed i boid net dadeitschn kinna* Frasdf RO.

WBÖ V,25.

[**ver**]**d.** wie →*d.*3, °OB, NB, °OP, °MF vereinz.: *wer da s scho vadeitschn, was Folgen hoaßt, ein Lausbua!* „deutlich machen" Passau. M.S.

†deutschlichen
Adv., deutlich, ausdrücklich: *Dasselb ist in König Otten brieffen teutschlichen vnnd mit Claren lanngen wortten den Lanndleutten … zugelassen … worden* Mchn Der Landtag im Herzogthum Baiern vom Jahre 1514. Erste, u. zweyte Handlung, o.O. 1804, 266.

Etym.: Mhd. *diutschlîchen* 'auf deutsche Weise', Abl. von →*deutsch*; [2]DWB VI,820.

SCHMELLER I,555. M.S.

Deutung
F., in heutiger Mda. nur in Komp., Bedeutung, Wortinhalt: *von Wort zu Wort begriffen … mit allen iren Puncten, Artickeln, Meinung, Synn u. Deutung* Indersdf DAH 1434 OA 24 (1863) 23f.

Etym.: Mhd. *diutunge* stf., Abl. von →*deuten*; KLUGE-SEEBOLD 194.

Komp.: [**An**]**d.**: °*den hab i sch a Adeutung gmacht* „einen versteckten Hinweis gegeben" Innernzell GRA.

WBÖ V,25.

†[Be]**d.** **1** wie → *D.*: *Ydoch hat daz wort macis noch ein ander bedåutung, wan es haizzt auch ein muskat plůt* KonradvM BdN 402,8f.– **2** sinnbildliche Bedeutung: *der weg ist ain czaichhen des endts. zu dem … er fúert … eyn tayl aus … aig…ner bedéwttung … eyn tayl aus … weissagleichher … figurierumb* Tegernsee MB 1450/1460 Bonaventura. Itinerarium mentis in Deum, hg. von W. Höver, München 1970, II,23.

WBÖ V,25.

Mehrfachkomp.: [**An-be**]**d.** Vorzeichen des Todes: *då hörn s'Schritt … Aaf oamoj wird's staad … Und is nimmer lang a'gstana, is der Moese[illegible]inger gstoarbn. Des … is en A'bedätung gwen* Haller Bodenmaiser Sagen 49f. M.S.

dewat → *[des]wegen.*

Text

M., Text, Wortlaut, in heutiger Mda. nur in Phras.: *der Hencker* [soll] *den Text zů dem galgen hinausz versprechen* Landshut Flugschriften zur Ritterschaftsbewegung des Jahres 1523, hg. von K. Schottenloher, Münster 1929, 61,5.– Phras. *jmdm den T. lesen / geben* u.ä. jmdn tadeln, scharf zurechtweisen, OB, °NB, °MF vereinz.: °*dem Lümmü wer i odder* [aber] *an Dext lesn!* Raitenbuch WUG; *Einem … den Text … lesen* Baier.Sprw. II,217.

Etym.: Aus lat. *textus* 'Gewebe'; Kluge-Seebold 915.

WBÖ V,25f. M.S.

Dez

M. **1** Kopf, °OB, NB, °OP vereinz.: °*glei haue da one auffe auf dein Dez* G'holzhsn RO; *öitz laaft'n Räis da Deez blau und rout o'* Schwägerl Dalust 182.

2: *„Er mit seim Dez* … Komischer Hut" MM Lk./19.9.1999, J2.

Etym.: Wohl über das Rotw. aus frz. *tête*; WBÖ IV,1814.

WBÖ IV,1813f. M.S.

dez, ihr, → *es²*.

Dezember

M., Dezember, °OB, NB, OP, SCH vereinz.: *da reint Dezemba* Kohlbg NEW; *Dezembâ* Christl Aichacher Wb. 196; *den 21. Dezember … hab ich … ain Pocher Schwein gefangen* 1681 Poschinger Glashüttengut Frauenau 20.

Etym.: Aus lat. (*mensis*) *December*, urspr. 'zehnter Monat'; Kluge-Seebold 195.

WBÖ V,26. M.S.

Dezimal

N., Flächenmaß von einem Hundertstel Tagwerk, ca 34 m², °OB, NB, MF mehrf., Restgeb. vereinz.: °*fimfasiewazg Dezimei håwi eam gem, unsan Wasdl, då ko a si leichd a Heisl drauf baun* Ebersbg; *50 Dezimal* ½ Morgen Entenbg N; *a Towa is hundert Dezimai* Bauer gut bayer. 159.

Etym.: Aus mlat. *decimalis* 'auf das Dezimalsystem bezogen'; Kluge-Seebold 195. M.S.

Thaddắdl, Tahädl

M. **1** ungeschickte, schwerfällige männliche Person, °OP mehrf., °Restgeb. vereinz.: °*des is a so a Tadedl* Laaber PAR.

2 dumme, geistig beschränkte männliche Person, °OP mehrf., °Restgeb. vereinz.: °*du dummer Taddädl!* Aidenbach VOF.

3 willensschwache, nachgiebige männliche Person, °OP vereinz.: °*der Dådell traut se ja zu seim Wei nix song!* Dietfurt RID.

4 altersschwache männliche Person, °NB, °OP vereinz.: °*Tadädl* Ruhmannsdf WEG.

Etym.: Kosef. des Vorn. *Thaddäus*; WBÖ IV,919.

Delling I,123; Westenrieder Gloss. 580.– WBÖ IV,919f.

M.S.

Theater

N. **1** Theater, Theateraufführung, °Gesamtgeb. vereinz.: °*gestan im Deatta hob i glei goor nix gsegn, wei dea voa mia so an groußn Bälleh* [Kopf] *ghod hod* Stammham AÖ; *na hod s' im Hosnanzug ins Theata geh miassn* Tochtermann Oiß wos Recht is 114.– Phras. *T aufführen* u.ä. sich unnötig erregen, NB vereinz.: *a Deata auffian* Mittich GRI.

2 Aufregung, Verwirrung, °OB, °OP vereinz.: °*der macht jedsmal a Theata* „führt sich auf" Weiden; *In der Apathekn is as Theater vo vorn oaganga* Schemm Die allerneistn Deas-Gsch. 141.

Etym.: Aus frz. *théâtre*; Kluge-Seebold 915.

Ltg: *deata, deāda*, u.ä., auch *deằda* u.ä. MF (dazu FFB; NEW, NM, SUL, TIR; DON).

WBÖ IV,1201-1203.

Komp.: [**Bauern**]**th.** Bauerntheater: *Schlierseer Bauerntheater* Mchn; *Bauanteata* Spr.Rupertiwinkel 8.

WBÖ IV,1203f.

[**Kasper(l)**]**th. 1** Kaspertheater, °OB, °NB, °OP vereinz.: *Kaschpertheater* Passau; *Kasperl-Theater* F. POCCI, Neues Kasperl-Theater, Stuttgart 1855, Titelbl.– **2** Affentheater: *zweng was spuistn uns nachat des ganze Kasperltheater vor, du spinnata Teifi, du?* Altb.Heimatp. 63 (2011) Nr.11,25.

WBÖ IV,1205.

[**Lippelein**]**th. 1** †von L. Lorenzoni 1797 gegründetes u. von J. Schweiger weiterbetriebenes Sommer- u. Volkstheater in Mchn: „Durch 6 Wochen … werden vor dem Karls-Thore … in einer bretternen Hütte extemporirte Spiele aufgeführt … Man nennt diese Schaubühne das *Lipperltheater*“ HÜBNER Mchn II,564.– **2** wie →[*Kasper(l)*]*th.*1, °OB, °NB, °OP vereinz.: °*Libbaltheata* Dachau.– Zu →*Philipp(us)*. M.S.

Theke

F., Schulranzen: °*Deg* G'mehring IN.

Etym.: Aus lat. *theca* 'Kästchen, Decke'; KLUGE-SEEBOLD 915.

WBÖ IV,1249f.

Komp.: [**Schul**]**th. 1** auch M. (REG), dass., °OB, °NB vereinz.: °*Schuideg* Thanning WOR; *„šuidēgʰ* m.“ Regen nach SNiB II,172.– **2** †Schulheft: „damit sie nicht, wenn sie die *Schultheken* geschlossen haben … auch die Bücher bei Seite legen“ F.X. MASSL, Erklärung der hl. Schriften des Neuen Testamentes, Regensburg 1845, 15.

WBÖ IV,1250. M.S.

Theodor, Theo, Dorl, Dori

Vorn.: *Thedorl* (LL).– Kurzf.: *Theo* (FFB), *Thedl* (FFB; KEH), *Thederl* (FFB), *Teddi* (ED), *Dorl* (FFB; AM), *Dori* (FFB).

WBÖ IV,1533.

Komp.: [**Hosen**]**th.**: °*Hosnderri* „Feigling“ AIC. M.S.

Theresia, Therese, Théres, Res(i)

1 Vorn., Dim. z.T. nach natürlichem Geschlecht: *Theresia* NB (dazu AÖ, MÜ, RO; WUG), *Theresie* (NEW), *Therese* (FS, MÜ, TS, WS; DGF, VOF; R, RID, WÜM).– Kurzf.: °*Theres* OB (dazu KÖZ, MAI, MAL, VIT; CHA, ESB, NM, R, TIR; SC), °*-l* (IN; NEW), °*Thres* (FFB, GAP, IN, REI, TS; EG, LA, VIB; R), °*-l* (FFB, MB, TS; SUL), *Thresi* (BGD), °*Thea* (NEW), °*Res* OB, OP (dazu KÖZ, PA, VIB, VIT; FDB), °*-l* OB, NB, OP (dazu EIH, LAU, SC; FDB), °*-erl* (FFB, IN, RO, TS, WS; DEG, DGF, LA, PA, REG; AM, RID, SAD), °*Resai* OB, °*Resi*, *-e* OB, NB, OP (dazu SC), °*Resa* (RO).– Spruch: *Wer a Reserl hat braucht koan Hund!* HALLER Waldlersprüch 61.– Reime: *Theresia von Gottes Gnaden, sechs paar Strümpf und doch koane Waden* OB.– *Resei, Brotbrösei, kihr 's Nudlbrett o, hamm d' Heina draaf pleddert, kriang d' Nul glei an Gschn[illegible]'* FRIEDL Kinder-Sprüchl 32.– *'s Reserl mi'n Beserl lafft d Gred* [Hausvorplatz] *a'f und o', da Thama mi'n Hamma lafft nache dano* JUDENMANN Opf.Wb. 129.– *Reserl mit'n Beserl, kihrs Ofaloch aus! Wannst as net sauba machst, hau i di aus!* BEKH Reserl 14, ähnlich °OB, NB vereinz.– *Mei Goon* [Patin], *de hoaßt Res, wenn i's oschaug, schaugst* [sic] *bees, wenn i's olach, na schreits, mit der Res is' a Kreiz* Altb.Heimatp. 50 (1998) Nr.11,6.– *Mei Diandl hoaßt Resal, gfå[illegible]n duads ma koa Bresal, wönns Annamiarl hi[illegible], wars nomåj so siaß* Reisbach DGF.– *A frische Mås Bia und a Zuckabresl, i ko di niat låsn, mai liawi Resl* Bruck ROD.

2 Spielkarte.– **2a** Aß der Kartenfarbe Schellen: °*die Teres* Parsbg MB.– Auch in Phras.: *Kuglbauer T.* u.ä.: °*die Kuglbauan Teres* Parsbg MB; *Kugelbauer-Theresia* W. PESCHEL, Bayer. Schafkopfen, Weilheim ³1992, 49;– °*kuglrunde Teres* Parsbg MB.– **2b** Aß der Kartenfarbe Eichel, nur in Phras.: °*raus mit da Eichlbauern Theres!* Elbach MB.

DELLING II,109; SCHMELLER II,141.– WBÖ IV,1757f.

Komp.: [**Bletschen**]**th.** Schimpfw. für Frau: *Bletschndres* SOJER Ruhpoldinger Mda. 6.– Zu →*Bletsche* 'Mund'.

[**Kinds**]**th.** Kindermagd: „wobei unsere resolute *Kindsresl* mit Seife und Bürste nicht eben zimperlich umging“ GERAUER Bauerntisch 77.

[**Schepperlein**]**th.** Schimpfw. für alte Frau: *Sch[illegible]walres* SCHNEIDER Bair.gschimpft 46.– Zu →*Schepper* 'dass.'. M.S.

†**Theriak, Triakel, -akes**

M. **1** Theriak: *tyriaca, daz ist tryaker* KONRADvM BdN 302,11; *umb 2 fl 10 kr Metheridath und Teriac abzerechnen* 1686 POSCHINGER Glashüttengut Frauenau 107.

2 Allheilmittel: *Chnoblauh ist der pawern trikers* KONRADvM BdN 417,3f.; *Nimb ain guetten … driagkhes … Zerthraib den in frischem br-*

nem wasser Roßarzney (DEINHARDT) 44.– Auch in Phras.: *Nimb venedischen Theriac* Roßarznei (KRÜGER) 76.

Etym.: Mhd. *drîakel,trîak(el)* stm., aus lat. *theriaca*, gr. Herkunft; DUDEN Wb. 3897.

SCHMELLER I,639.– WBÖ IV,1758f.

Komp.: †[**Vieh**]**th.** Allheilmittel für das Vieh: *einem guetten löffel voll vich theriac* BIHLER tierärztliche Rezepte Straubing 46. M.S.

Thermometer, -maneter, Thermeter

M., Gerät zur Temperaturmessung, OB, NB, SCH vereinz.: *da Termeta* O'audf RO; *Termaneta* Mittich GRI.

Etym.: Kunstwort aus gr. *thermós* 'warm' u. gr. *métron* 'Maß'; KLUGE-SEEBOLD 916.

WBÖ IV,1761. M.S.

Thomas, Thama, Tham(a)l, Thomal

1 Apostel (urspr. Fest 21. Dezember).– Phras.: „*ungläubiger Thomas* ... jemand, der ... bevor er glaubt, unbedingt selbst nachprüfen muß, was man ihm gesagt hat“ nördl.OP Oberpfalz 78 (1990) 194.– °*Da Helmut haout g'schaut wöi da unglaibiche Thomas* [ungläubig geschaut] KRAUS lusti 66.– *I woöt, i wa nöt dabai gwön wia da Damal* „ich wollte, ich wüßte von der Geschichte nichts“ Aicha PA.– *Deifö Dåma!* „harmloser Fluch“ Reisbach DGF.– Reim: *bunbumbum Zipföhaum, Dåmal wejs gårnöd gåum* ebd.

Vkde: Die →[*Thomas*]*nacht* ist eine →[*Rauh*]*nacht* (SCHÖNWERTH Leseb. 157) u. gilt auch als Losnacht (→*löseln*), in der Blei gegossen wird OB, OP (dazu PA, PAN; SEL; FDB). „Heiratslustige Mädchen können ihren künftigen Hochzeiter im Traum sehen, wenn sie um Mitternacht auf ihrem Strohsack hüpfen und rufen: °*Strouhsog, i tritt de, heilega Thomas, i bitt de, zoagma an Dram mein herzliabstn Mann!*“ Weildf LF, od. *Bettståd i trit dö, Dåmal i bid dö, låß mia r erschain den Herzliabstn main!* Rottal. „Auch die Frage nach dem zukünftigen Dienstplatz wurde ... beantwortet. Dazu mußte die Magd um die mitternächtliche Stunde in den Obstgarten gehen, einen dünnen *Kriachbomm* schütteln und dabei rufen: *Doumas, i bidd di, Bemmla i schiddl di, Hundla etz bell, wo na muaß i an d'Stell.* Die Himmelsrichtung, in der daraufhin ein Hund bellte, war auch die des nächsten Dienstplatzes“ WÖLZMÜLLER Lechrainer 48;– zu weiteren Losbräuchen vgl. HAGER-HEYN Drudenhax 57-61, WUTTKE Volksabergl. 233, 238.– *In da Thomasnacht, da derf nicht gspunna werdn, sunst passiert wos* Steinlohe WÜM Oberpfalz 70 (1982) 355.– „So viele Eier die Hühner am Thomastag legen, so viel Unglück im nächsten Jahr“ Wdkch VOH.– „Der Tag, an dem im Bayer. Wald der *Weihnachterer* [Weihnachtssau] sein Leben lassen muss, ist der Thomastag ... darum der Spruch: *Dös war dennerst zum Teufel schelt'n, wenn's eahm am Thomastag d'Sau stehl'n tat'n*“ SCHLICHT Bayer.Ld (Straubing 1927) 517.– Da der →[(*Sankt-*)*Thomas*]*tag* der Tag der Wintersonnenwende ist, heißt es: *Da dumə drãnt an dox umə* FUNK Irgertshm 14.

2 Schreckgestalt, die am (Vor-)Abend des 21. Dezember von Haus zu Haus zieht, um unartige Kinder zu bestrafen, nur in Phras.: *blutiger Th.* °NB mehrf.: *da bluadö Damal* Plattling DEG; „recht seltsame Dinge ... vom *blutigen Thomas*, der ein mit Blut besudeltes Bein zur Tür hereinstreckt“ PEINKOFER Werke II,132;– *da Tamal mitm bluatönga Haxn* Bischofsmais REG.– *Glüadi Tamal* Schöfweg GRA.– *Th. mit dem Hammer* / *Hammer mit dem Th.* °OP mehrf., °NB vereinz.: °*da Dama mitn Hamma* Nabburg; „*Thamer mit dem Hammer* ... ein wilder Bursche, der, oft einen Metzgerschurz umgebunden, mit einem Schmiedehammer an die Fenster klopft und den Kindern droht, ihnen auf die Köpfe zu schlagen“ DITTRICH Kinder 201;– Reime: *Da Dàmà mit n Hàmà schlagt s Wâwerl âm Kopf, Sagt s Wâwerl zin Dàmà: du knipfata Knopf* Furth BRUNNER Heimatb.CHA 167;– *Da Thama midn Hamma spird d'Moidlar in Kamma und d'Boumar ins Haus, nau kummas widar aus* Rötz WÜM SCHÖNWERTH Leseb. 172, ähnlich ROD;– *Da Damma midm Hamma treibt d'Moidla aas da Kamma, spirrt d'Boubma in d'Hennaschteich. Kinda, drum bessats eich!* mittl.OP Oberpfalz 67 (1979) 353;– Spruch: *Ich bin der Thomas von Aquin, in mei'm Sackl hon i mein' Hammer drin* M'rfels BOG Bayer.Heimatschutz 30 (1934) 19.

3 Vorn.: *Domas, Dåma, Daml, Damal*, ferner *Dåm* (PA), *Dåuma* (NEW; FDB), *Domerl* (FFB; SR), *Damala* (FDB), *Domai* (BGD), *Domi* (BGD).– Reim: *Toma, des is a Noma!* Wasserburg.

4 Dim., meist als M., einfältiger, unbeholfener Mensch, °OB, °NB vielf., °OP mehrf., °MF, °SCH vereinz.: °*a so a Damerl – mit dem hamms so wos macha könna!* Ismaning M; °*die is a richtigs Damerl* Pemfling CHA; „*Thamerl* ... Einfaltspinsel“ STEMPLINGER Altbayern 68.

WBÖ V,146-148.

Komp.: [**Kinn-backen**]**th.**: °*Kibaggadama* „Spottname für eine Person mit vorgeschobenem Kinn“ Pipinsrd DAH.

[**Pelz(er)**]**th.** wie →*Th.*2, °OP vereinz.: °*Pöizdammer* „kommt am Thomastag“ Sulzbürg NM; *bildsadåma* Kucha HEB nach SMF V,105.

[Defel]th.: *a Defidåmal* „geschwätziger Mensch“ Achbg TS.– Zu → *defeln* ‘viel reden, schwätzen’.

[Hans]th. wie → *Th.*4: °*Hansdamerl* „einfältiger Mensch“ Essenbach LA; *da hab'n s' mi Glei Hansthama g'nennt* PANGKOFER Ged.altb.Mda. 174.– Auszählreim: *Hans Tama, Nudldrucka, Um an Kreuza Thamaszucka, Um an Kreuza stinkats Fleisch Is 'n N. sei' Leibspeis* BAUERNFEIND Nordopf. 73.

[Ge-hei]th.: *Kaidommai* „dominierende Person“ Spr.Rupertiwinkel 49.– Zu → *[ge]heien* ‘werfen, schlagen’.

[Hosen]th. Dim., Bub, der die erste Hose trägt, NB, °OP vereinz.: °*Hosndamerl* Rdnburg; *Hosenthommerl* SCHLAPPINGER Niederbayer I,11.

WBÖ V,148f.

[Käse]th.: *Kasdammerl* Bleichsucht Kareth R.

Mehrfachkomp.: **[Fragen-käse]th.** Dim., neugieriger Mensch, °OB vereinz.: °*a sechana Frognkasdamal* Taching LF.

WBÖ V,148.

[Kletzen]th. wie → *Th.*4: °*Gläzndamal* „unbeholfener Kerl“ Wasserburg.

[Kuchen]th.: *Kuchadama* „abschätzige Bezeichnung für einen Topfgucker“ SINGER Arzbg.Wb. 130.

[Kuh]th. wie → *Th.*4: °*Kuhdamerl* Ergolding LA.

[Lätsch(en)]th. Dim. **1** dass.: °*wos macht a denn, da Letschndamerl?* „damischer Mensch“ Landshut.– **2**: °*Lädschdaamal* „Langweiler“ Wasserburg.– Zu → *Lätsche* ‘großer Mund’.

[Rumpel]th. wie → *Th.*4, OP, MF vereinz.: *Rumplthoma* Etzelwang SUL; *rumbldåma* Vorra HEB nach SMF V,105.

[Russen]th. Lausbub, °OB, °OP vereinz.: °*a so a Russndåma!* Dachau.

[Schlamp]th.: *so a Schlampdamal* „schusseliger Mensch“ Hengersbg DEG. M.S.

Thron

M. **1** Thronsessel: *Sei Thron is mehr a Stui gwen* G. HOLZHEIMER, Da kloa Prinz, München 2016, 32.– Phras.: *in Polen wurd Piastus ... auf den Königlichen Tron erhebt* [zum König gemacht] SELHAMER Tuba Rustica I,4.

2 scherzh. Nachttopf, Toilettensitz, °OB, °OP vereinz.: „*Botschamperl*, auch *Thron*“ O'ammergau GAP; *döi häit doch niat grod in den Moment aafm Thron hockn brauchn* SCHEMM Die allerneistn Deas-Gsch. 120.

Etym.: Mhd. *t(h)ron* stm., aus afrz. *t(h)rone*; KLUGE-SEEBOLD 916.

WBÖ V,567.

Abl.: *thronen*. M.S.

thronen

Vb., scherzh.: *trona* „auf dem Nachttopf sitzen“ Fürstenfeldbruck.

Etym.: Mhd. *trônen* ‘auf den Thron setzen’, Abl. von → *Thron*; PFEIFER Et.Wb. 1430.

WBÖ V,567. M.S.

Thymian, Thymi, †Thymiama, †Thymus

M., †N. **1** Thymian (Thymus vulgaris), Blätter davon als Gewürz, °Gesamtgeb. vereinz.: *da Timi* Staudach (Achental) TS; *Dimian* „gegen Keuchhusten und Katarrh“ CHRISTL Aichacher Wb. 111; *Er ist sunderleichen gůt zů thimiam zu ze machen* KONRADVM BdN 398,7; *Petersil/ und etwann ein wenig ... Dimaß* HAGGER Kochb. I,1,98f.

2 Quendel (Thymus serpyllum), OB, NB vereinz.: *Tymian* „gute Bienennahrung“ Wasserburg.

Etym.: Mhd. *thimiân* stn., *thymiâme* stf., aus lat. *thymiama* ‘Räucherwerk’; PFEIFER Et.Wb. 1431.

WBÖ V,77. M.S.

di

Interj. **1** Lockruf für Hühner u. Gänse, in Wiederholung u. Abwandlungen, °OB, NB vereinz.: *dideli dididi* Peiting SOG.

2 Ausruf als Hinweis auf etwas Schönes: *tüi!* Ingolstadt.

Etym.: Onomat.; WBÖ V,35.

WBÖ V,26, 35 (didel).

Abl.: *Didi*[1]. M.S.

ti, tio

Interj. **1** Zuruf an Zugtiere, wenn sie nach rechts gehen sollen, °OB, °NB vereinz.: °*düio* Reit i.W.

T[illegible] °*di hott!* Pocking GRI; *ti!* „an das Birg-Hornvieh“ östl.NB SCHMELLER I,574; *di* Stubenbg PAN nach SNiB VI,68.
2 Zuruf an Zugtiere, wenn sie vorwärts gehen sollen: °*düo* Taching LF.

Etym.: Verkürzt aus *hotti* (→*hott*); SCHMELLER I,574.

SCHMELLER I,574.– WBÖ V,26. M.S.

diem, manchmal, →*[et-je]wann.*

Diamant, Démant, †Dimuett, †Adamant
M., Diamant, Edelstein, OB, NB vereinz.: *Ring aus Diamantn* Hengersbg DEG; *demad* nach DENZ Windisch-Eschenbach 121; *Ich schaffe meiner mům Elspeten … meyn gůtes vingerll mit dem adamant* Rgbg 1349 MB LIII,681; *ain gulten Ring mit ainen spizigen diemuett* 1609 HEIDENBUCHER Geschichtb. 15.

Etym.: Mhd. *dîamant, dîemant,* aus afrz. *diamant*; PFEIFER Et.Wb. 222f.

WBÖ V,26f.

Abl.: *diamant(en).* M.S.

diamant(en), demanten
Adj., in Phras. *d.e Hochzeit* 60. Jahrestag der Hochzeit, OB, NB, OP, SCH vereinz.: *demantne Hozet* Wasserburg; *dö diamandi Hoazed* Derching FDB. M.S.

Diarrhö
F., Diarrhöe, OB, NB vereinz.: *Diaree håbm* Mittich GRI.

Etym.: Aus gr. *diárroia*; KLUGE-SEEBOLD 197.

Komp.: **[Maul]d.** Eigenschaft, übermäßig viel zu reden, OB, NB vereinz.: *d Maudiaree håm* Ingolstadt. M.S.

Dibberer
M., angeberischer Spruch: °*dåu håut a wieda an Dibbara tou* Sulzkchn BEI. M.S.

dibbern
Vb. **1** reden.– **1a** dibbern, leise reden, °OB, MF vereinz.: *diewern* zuflüstern Schwabach; *diwern* Oberpfälzische Rundschau 1954,58.– **1b**: *dibbern* „geschwätzig sprechen“ BAUERNFEIND Volksleben 142.
2 selbstbeherrscht unterdrücken, °OB, °OP, MF vereinz.: °*dea ko den Wöidong* (Schmerz) *richte dibbern* Fronau ROD.

Etym.: Aus jidd. *dibbern*, hebr. Herkunft; KLUGE-SEEBOLD 198.

SCHMELLER I,480.

Abl.: *Dibberer.*

Komp.: **[zu-sammen]d.**: °*der dibbert was zam* „redet viel und lauter Unsinn“ Thanning WOR. M.S.

Tibet
M., (dicker) Wollstoff, °OB, °NB, °OP vereinz.: °*der Diwet* „stark gewebter Wollstoff für Frauenkleider“ Fronau ROD; „1 schwarze … Jacke von *Tibet*“ Bayer. Central-Polizei-Bl. 8 (1873) 137.

Etym.: Vom Ländernamen *Tibet*; WBÖ V,27.

WBÖ V,27.

Abl.: *tibet, tibeten.* M.S.

tibet
Adj., aus →*Tibet* gefertigt, °OB, NB vereinz.: °*d Weiba ham an diwatn Kil oghat* Dachau. M.S.

tibeten
Vb.: °*tiwetn* „Stoff aus eigener Schafwolle herstellen“ Weiherhammer NEW. M.S.

tibidomine
Interj., Fluch, NB vereinz.: *divi domine, då håst wås Schöns ågstejt!* Passau.

Etym.: Aus lat. *(laus) tibi domine* ‘(Lob sei) Dir, Herr’; WBÖ V,27.

WBÖ V,27.

Komp.: **[höll]t.** dass.: *Hölldividomine! Der Knecht muaß her!* QUERI Matheis 26.

[kreuz]t. dass., OB, NB, SCH vereinz.: *Kreuzdivödomine, tuat mir mei Dam wejh!* Passau; *Kreizdividomine* „bairisch-latein gemischte Verwünschung“ SCHILLING Paargauer Wb. 96. M.S.

dich →*du.*

dichseln, schleichen, →*dückseln.*

Dicht
N., ä.Spr., in heutiger Mda. nur im Komp. **1** Schreibstil: *die in den kanzleien … erfarn sein, erkennen aus dem dicht als wol als auß der hand den schreiber* AVENTIN IV,301,31f. (Chron.). **2** Erfindung, Lüge: *bey solichen ticht vnd red* 1397 Landshuter Urkb. 634.

Etym.: Mhd. *tiht(e)* stn. 'schriftlich Abgefaßtes', Abl. von →*dichten*[2]; WBÖ V,27.

WBÖ V,27.

Komp.: [**Ge**]**d.** **1** Gedicht, dichterisches Werk: *Waruma hast denn allaweil solchane Gedichtn im Blattl? Neambd versteht s'!* QUERI Polykarpszell 22; *Der varb … moht noch nie chain maister volpilden mit geschrift vnd mit getiht* KONRADvM BdN 273,1f.; *mêr ungrüntlichen torhaiten, gedichten, märlein dan gegründter wârhait gemeß* AVENTIN IV,7,12f. (Chron.).– **2** †wie →*D.*2: *das es ein gedicht sei von Franco, das er die stat sollt gepaůt haben* EBRAN Chron. 22,9f.; *dz … dz aussprengen mit dem vermainten Baurn-Kerl ein blosses Gedicht seye* 1755 StA Mchn Hofmark Amerang, Pr.18 (25.2.1755).

SCHMELLER I,487.– WBÖ V,27. M.S.

dicht
Adj. **1** dicht.– **1a** eng zusammenstehend, zusammengedrängt, ohne größere Zwischenräume, OB, NB, OP, OF vereinz.: *a dichts Fej* Wasserburg; *dichda Boad* Beilngries.– Auch dicht gewachsen: *Christbam … Da Oa mog an dichtn Bam, broat und auslodnd. Da anda … an lichtan* Altb.Heimatp. 64 (2012) Nr.51/52,10.– **1b** undurchlässig, OB, °OP, MF vereinz.: *s Foß is dicht* Stadlern OVI.– Übertr.: *San Sie no ganz dicht* [bei Verstand]*?* MM 30.8.1994, 17.
2 †oft, häufig: *Nimmt Urlaub so oft und dicht, Als ma da Stern im Himmel sicht* DAH WESTENRIEDER Beytr. IV,416.

Etym.: Über die Schriftspr. aus mhd. *dîhte*, wohl zur selben germ. Wz. wie →*deihen*; KLUGE-SEEBOLD 198.

WBÖ V,27f.

Abl.: *dichten*[1].

Komp.: †[**ge**]**d.** fest abschließend, dicht haltend: °*das loch soll ain deckhlein haben fein gedücht darauf gedräeet* Mchn 1591 nach SCHMELLER I,486.

SCHMELLER I,486.

[**spund**]**d.** fest abschließend, dicht haltend (vom Spund): *Da Steßl wart und d' Ring von Zuber, han spunddicht nocheg'haut* TREMMEL Bruckschlitten 9.

[**un**]**d.** undicht, °OB, °NB, °OP vereinz.: °*rei Mostfaßl is ausglafn, schad drum, daß undicht war* Breitenbg WEG.

[**wasser**]**d.** wasserundurchlässig, OB, NB, SCH vereinz.: *wassadicht macha* „die Schuhe einschmieren" Arrach KÖZ.

WBÖ V,28. M.S.

dichten[1]
Vb., dicht, undurchlässig machen, OB, NB vereinz.: *s Faß dichtn* Wörth LA.

WBÖ V,28.

Komp.: [**ab**]**d.** dass., °OB, °NB, OP vereinz.: *s Mostfassl lauft, i glaub, dös kåma nimma ådichtn* Otterskchn VOF.

WBÖ V,28. M.S.

dichten[2]
Vb. **1** verfassen.– **1a** †verfassen allg.: *Dictata gitictotiu* Tegernsee MB 10./11.Jh. StSG. II,265,4; *dô tihtete er … brieve … unde sante die in die kristenheit* BERTHOLDvR I,167,30f.; *damit die Schreiber in irer Arbeit: Tichten … concipiren … nit geirret … werden* Ambg 1525 M.J. NEUDEGGER, Kanzlei-, Raths- u. Gerichtsordnung, München 1887, 45.– **1b** (Verse) dichten, °OB vereinz.: °*dichdn* Flossing AÖ; *Bal i müassat a Schiache ansinga … des gaab so a Dichtn!* DINGLER bair.Herz 133.
2 †beschreiben, darstellen: *Ein solich sêlig leben ist vor zeiten, wie Hesiodus und die andern poeten tichten, auf erden gewest* AVENTIN I,322,7f. (Dt.Chron.).
3 erfinden u. als wahr ausgeben, ä.Spr., in heutiger Mda. nur in Komp.: *lauter gedicht ding und märl* ders. V,472,23f. (Chron.).

Etym.: Ahd. *tihtôn*, mhd. *tihten*, aus lat. *dictare* 'zum Aufschreiben vorsagen'; KLUGE-SEEBOLD 198.

DELLING I,124; SCHMELLER I,486f.; ZAUPSER 41.– WBÖ V,28.

Abl.: *Dicht*, *Dichter*.

Komp.: [**an**]**d.** andichten, zu Unrecht nachsagen, °OB, °OP, °SCH vereinz.: °*odichtn* Rgbg.

WBÖ V,28.

[**auf**]**d.** dass., °OB, °OP vereinz.: °*dem hab i was aufdicht* Reit i.W. TS.

[aus]d. **1** ausdenken.– **1a** auch refl., wie →*d.*3, °OB, °OP vereinz.: °*was hast dir für a Ausred ausdicht?* Tirschenrth.– **1b** refl., aushecken: °*die Buam habn se da was asdicht* Parsbg.– **2** verständlich machen, erklären, °OB, °NB vereinz.: °*dene muascht de Sach erscht ausdichtn* Wildenroth FFB.– **3** mit Gstanzln verspotten, °OB vereinz.: °*ausdichtn* „das Brautpaar bei der Hochzeit aussingen“ Rettenbach WS.

WBÖ V,28.

[er]d., †**[der]-** **1** †wie →*d.*1b: *I kann nöt viel … derdichten, als a Bisserl von Weibsbildern* Mayer Raindinger Hs. 80.– **2** wie →*d.*3: *erdichtn* „erfinden, lügen“ Passau; *lauter ertichte kindermerl* Aventin IV,12,10 (Chron.).– **3** †erschaffen, gestalten: *von Prometheo … welcher … wie ein kluger hafner die ersten menschlichen bildnus aus erden erdicht und formirt hat* ders. I,319,14-15 (Dt.Chron.).

[zu-sammen]d. **1** wie →*d.*1b, °OB, °OP vereinz.: °*Gstanzln zammdichtn* Thanning WOR; *die Goaßlreim zammadichtn* Kobell Schnadahüpfeln 153.– **2** Unwahres ausdenken, aushecken.– **2a** auch refl., wie →*d.*3, °OB, °SCH vielf., °Restgeb. vereinz.: °*geh, des hast bloß zsammdicht!* Frsg; °*dou hout a si wos zsammadicht!* „eine Ausrede“ Dietkchn NM; *zammdichtn* „zusammenlügen; frei erfinden“ Poelt-Peuker Wb.Pöcking 51.– **2b** wie →[*an*]*d.*, °OB, °NB, °OP vereinz.: °*der Neuner Liesl habns was zammdicht* „Unwahrheiten über sie verbreiten“ Lenggries TÖL.– **2c** auch refl., wie →[*aus*]*d.*1b, °Gesamtgeb. vereinz.: °*was du ebba wida zsammdichst, weilst gar a so grinst?* im Schilde führen Neukchn a.Inn PA.– **3** meist refl., sich Unwirkliches ausmalen, phantasieren, °OB, °NB, °OP, °OF, °MF vereinz.: °*dou housda wieda wos zamdicht* „eingebildet“ Schönwd REH.– **4** refl., zusammenreimen, erschließen, °OB, °NB, °OP, °MF, SCH vereinz.: °*dös kann ma si leicht zsammdichtn, wia dös gwen is* Deggendf.

M.S.

Dichter

M., Dichter: *vo mir aus brauchat's koan Dichta net z'geb'n* Thoma Werke II,528.– Phras.: *da is a Dichter eingrabn* „sagt man, wenn man auf ebenem Boden stolpert“ Traunstein, ähnlich TIR.

Etym.: Mhd. *tichtære* stm., Abl. von →*dichten*[2]; Kluge-Seebold 198.

Schmeller I,487. M.S.

dick

Adj. **1** von beträchtlichem Umfang, stark, nicht dünn.– **1a** korpulent, massig, aufgedunsen, °NB, OP, MF, SCH vielf., Restgeb. mehrf.: *der hot so dicke Backa, wia wenn oana s Mai voi hod* Haimhsn DAH; °*wenna sö bössa bewögn dat, weadata nöd so dick* Mittich GRI; *a dicks Weiberts* Etzelwang SUL; *Nöt z' dick und nöt z' dünn … koa*[n] *Zau*[n]*stecka nöt und koa*[n] *Dampfnudl* Schlappinger Niederbayer II,37.– Phras.: *d.er wie* / *mehr d. als lang* u.ä. klein u. dick, °OB, NB, °OP vereinz.: *mehr dick wos lang* Sossau SR.– *Dicker wie feist* „übermäßig dick“ Röhrnbach WOS.– *Du bist mir zu d. für eine Laterne* u.ä. stehst mir im Licht, °NB vereinz.: °*geh a weng auf d Seitn, für a Latern bist mir zu dick!* Tittling PA.– *Kuaz und dick is bauanschick* Wunsiedel.– Als M. Tiern. bei Ochsen OP vereinz.– **1b** von beträchtlichem Querschnitt, stark, nicht dünn, °Gesamtgeb. vereinz.: *Herrgott, å den Ocka håms Mist heagfåhn, ganz dick, do muaß woxn wos* [ob es] *wij oda ned!* Erding; *Ea hod sei dicke Pelzjoppn an ghabt* O. Kerscher, Bäuerliche Weihnacht, Straubing 1995, 77; *Darnach ain wolcken dicke dy sunn gunnd über* / *ziehen* Füetrer Persibein 60,224; *mehr oß hundert pfeiffen* [Orgelpfeifen] *… ötlen so dickh wie ä wispämb* Landshut um 1650 Jb. Schmellerges. 2012, 19,62-20,67.– Phras.: *d. auftragen* übertreiben, °Gesamtgeb. vereinz.: °*no, der hout wida dick auftragn* „wenn einer behauptet, er hebt drei Zentner“ Pleinfd WUG; *Deà hǫd digg auf-drǫng* Kaps Welt d.Bauern 80.– °*Der hots dick hint* „sein Vorleben ist nicht ganz einwandfrei“ Bayersoien SOG.– *Den D.eren haben* / *ziehen* im Recht od. Vorteil sein, °OB vielf., °Restgeb. vereinz.: °*i hab da s glei gsagt, der hat den Dickern* „die besseren Beziehungen“ Nandlstadt FS; °*den Dickern ziagn* „recht haben“ Essenbach LA; *Freili, freili, da hast wieder du den Dickern, Burgamoaschta* Scholl Dachauer Gesch. 47;– *das d.ere Trumm haben* u.ä. °OP vereinz.: °*der hot s dicka Trum in da Hand* „gewinnt den Prozeß“ Wiefelsdf BUL.– Als F., dicke Knackwurst, bes. Regensburger, °OB vielf., °NB mehrf., °Restgeb. vereinz.: °*zwoa Paar Dicke* Arzbach TÖL; °*drei Dicke iß i jederzeit* Winklsaß MAL; *Digge kenas ham oda an Emmendala* Mchn.Turmschr. 63.– Wollwurst, °OB, °NB, °OP vereinz.: °*Dicke* „die *Gschwoina* aus weißem Brät ohne Darm“ Ruhstorf GRI.– Blutwurst, °NB, °OP, °MF vereinz.: °*Dicke, Blunzn* Passau.– Als M.: °*da Dick* „männliches Geschlechtsteil“ Hohenkemnath AM.– **1c** übertr.– **1cα** schwanger, OB, °NB vereinz.: *dö is a dick* Simbach PAN; *weil mein Diendel … schon wieder dick ist, und zwar von einen so nottigen Strengherrn Sohn* Bilanz 1782 26.– **1cβ** stumpf (von Schneidewerkzeugen), OB, °NB vereinz.: *s Hackö is dick* Piegendf ROL.– **1cγ** beträchtlich, reichlich, arg, °OB, °NB, °SCH vielf., °Restgeb. mehrf.: °*bei dem san Moneten dick dahoam* Rettenbach WS; °*iatz glangts aber dick!* Vilshfn; °*der håut bestimmt a dicks Konto, des siahst an sein Auto* Windischeschenbach NEW; *Də' Kramə' hàt heu˜t àlss dick z·taə˜* Schmeller I,487; *dick* „arg, sehr" Singer Arzbg.Wb. 52; *Gaban das haimlich dick pegunnd zúe clagen* Füetrer Persibein 6,19.– Phras.: *es d. (daheim) haben* u.ä. vermögend sein, °OB, °NB, °OP vereinz.: °*då is koa Not, dö hobns dick dahoam* Hunding DEG; °*der hots dou ganz dick* „dazu reibt man Daumen und Zeigefinger" Hahnbach AM.– *Bei jmdm geht es d. ein* u.ä. jmd verdient viel Geld, °OB, °NB, °OP, °OF vereinz.: °*du kannst zufriedn sei, bei dir geht's ja dick ei* Ergolding LA; °*bei denen kummts dick einer* Kchndemenrth NEW.– *Jmdm geht es / die Arbeit d. ein* u.ä. jmd hat viel zu tun, ist stark beschäftigt, °OB, °NB, °OP, °MF, °SCH vereinz.: °*heind gäiht ma d Oarwat dick ei, heind kann i niat mit enks spaziern göih* Weiden; *Recht dick geht 's der Goribäuerin schon in der Früh ein* Bauer Oldinger Jahr 47.– *(Bei) jmdm geht es d. ein* u.ä. jmd steckt in Schwierigkeiten, hat Sorgen, °OB, °NB, °OP, °SCH vereinz.: °*bei dem geht's dick ei* „das Unglück reißt nicht ab" Luitpoldhöhe AM; *da gehts Eahna freili dick ei* Altb.Heimatp. 5 (1953) Nr.9,4;– *„Öitza kiints scha dick* bedeutet, daß eine Reihe von Schwierigkeiten oder Unannehmlichkeiten eingetreten ist" Singer ebd.– *Jmdn / etwas d. haben* überdrüssig sein, nicht ausstehen können, °OB, °NB, °MF, SCH vielf., °Restgeb. vereinz.: °*des hob i schaa so dick, wenn si eppa a da Kasse fierebatzt* „vordrängelt" Stammham AÖ; °*dö Saubriedschn houbö dick!* Wimm PAN; *nix hams so dick als wie die … leeren Wahlrednersprüch* Mchn.Stadtanz. 15 (1959) Nr.39,4.– *D. machen* u.ä. in einem Kritik herausfordernden Übermaß tun, OB, SCH vereinz.: *dea machts wieda dick* das ist ein starkes Stück Dasing FDB.– **1cδ** prahlerisch, °OB, OP, MF vereinz.: °*bei dem geht's dick her* „er hat einen aufwendigen, prahlerischen Lebensstil" U'haching M; *dick taou* „aufschneiden" Singer ebd.– **1cε** unziemlich: *wiea dicka ois heageht* (je zotiger geredet wird), *wiea lieba is da* Hengersbg DEG.

2 eine best. Dicke habend, OB, NB, °OP vereinz.: °*des Bredl is drei Zantimeter dick* Windischeschenbach NEW.– Phras.: „er hatte sich *k[ei]nen Faden dick* geirrt" [absolut nicht] Graf Dekameron 85.

3 †von Münzen mit best. Wert: *die dicken p[fen]ner … und ander dergleich dick Pfenning, [d]ie nit beschniten sind* 1513 Lori Münzr. I,153; [s]o *der dicke Thaler nur 20. Batzen … nach d[em] schweren Geld gelten thut* 1676 ebd. III,116.

4 krankhaft angeschwollen, OB, NB, OP, MF vereinz.: *a dicks Boa* „bei einer Verletzung des Knochens" Hiesenau PA; *Das rothe Bändchen muß man umbehalten … und der dicke Hals vergeht* Erbendf NEW 19.Jh. Ernst Opf.Heilzauber 134.

5 dickflüssig, geronnen, °Gesamtgeb. vielf.: °*a dicke Milli* „gestöckelte" Dachau; *ganz [di]k geht's außa* „das Eiter" Haidmühle WOS; °*da Wirt hod a dicks Bier, dou kröigst d Scheißn d[ur]f* Nabburg; *Wan es* [das Blut] *Schwarz und dig ießt kan man dreu Seitl … heraus lasen* Bernll TIR 19.Jh. ders. Heilzauber u. Aberglaube Opf. 79; *Sint si* [Tropfen] *… dick vnd zevliezzend niht, so ist daz gespůnn* [Muttermilch] *gůt* Konrad vM BdN 48,26.– Phras. *ein d.es Blut haben* u.ä. phlegmatisch sein, OB, NB, OP, OF vereinz.: *dicks Bluat hobn* „langsam im Denken, Reden, Tun" Mchn; *dea håt a dicks Bluat, den greift nit leicht wås å* Simbach PAN;– *a dicks Bluat hom* „gut genährt sein" Aubing M.

6 dicht.– **6a** zusammengedrängt, in dichter Menge, ohne (größere) Zwischenräume, OB mehrf., NB, OP, OF, SCH vereinz.: *dick säen* „dicht säen" Kochel TÖL; *dea håd da an Bå[m]ä, an so an dickn hannö nu nia gseng* Mittich GRI; *s Droi schdäid dikk* Fürnrd SUL; *als dicks kemman die Kirchaleut* Altb.Heimatp 5 (1953) Nr.52,21; *bey sei˜n Stand … steng˜t àlləwál àlss dick Leut dəbey* Schmeller I,487; *Spissos diche* Tegernsee MB 11.Jh. StSG. I,5[..], 32; *Wo aber … das Holtz so dick stünde/ daß es den raum zum wachsen nicht hette* Landr.1616 744.– Phras.: *durch d. und dünn* durch alle Gefahren u. Hindernisse, OB, NB, MF vereinz.: *durch dick und dünn gehen* „für einen Freund" Mchn; *durch Dickadünn* Singer Arzbg.Wb. 52.– *D. und dünn sagen* u.ä. deutlich zu verstehen geben, die Meinung sagen, OB, °OP vereinz.: °*den hob is dick und dünn gsågt* Weiden.– *Schaf* [zu tief] *mah und dick sah mocht n reichsn Bauan arm* Lauterbach SEL.– **6b** undurchdringlich, °OB, NB, °OP, OF vereinz.: *da Nebö wiad dika* Mittich GRI; *dåu is a dicke Luft drinna* Hessenrth KEM; *daz der luft da nebl[i]k ist und dikke oder gar tunkel* Konrad vM Sphaera 51,3.– **6c** übertr. eng, vertraut, °Gesamtgeb.

vielf.: °*des is a dicker Freind vo eahm* Bayerischen SOG; °*döi haltn dicke Freindschaft* Brand WUN.

7 unklar, trübe, dunkel: °*iadz weads gans dick hoadn!* „es sieht nach Regen aus" Rechtmehring WS; *Steffan Glaser hat die Fenster in der Schauel von Newem gemacht, wann die alten sein dick vnd finster worden* 1489 Frsg.Dom-Custos-Rechnungen I,594f.

8 adv.– **8a** oft, häufig: *daz ih den heligen gotes lichenamen nie so dicche genam so ih solte* 12.Jh. SKD 337,38f. (Benediktbeurer Glaube u. Beichte II); *daz dikk genant holtz* Raitenhaslach AÖ 1298 Corp.Urk. IV,315,4; *inn das Closter zu gen, so dick ine das lieb ist* Altenhohenau WS 1495 DORNER Herzogin Hedwig 202.– Auch adj. in Phras. *d.er / zum d.er(en) Mal*: „Es sei zum *dicker mal durch die prediger geandet* worden, *das si in tailten claidern wie die landsknecht ... wandeln*" um 1518 Urk.Juden Rgbg 33f.– **8b** tatsächlich, wahrhaftig, sogar: *daz dise von dem dunst, der aufget von dem ertpiden, laůt vnd andrev tier ze stainn werden* KONRADvM BdN 136,17f.– **8c** tief (hinein): *Penitus techo* Tegernsee MB 11.Jh. StSG. II,662,46.

Etym.: Ahd. *dicki, dicko*, mhd. *dic(ke)*, germ. Wort idg. Herkunft; KLUGE-SEEBOLD 198.

DELLING I,124; HÄSSLEIN Nürnbg.Id. 57; SCHMELLER I, 487f.– WBÖ V,28-31.

Abl.: *-dick, Dicke, Dickel*[1], *dicken, Dicket, dikkisch, Dickung.*

Komp.: **[arm(s)]d.** **1** armdick, OB, NB, OP, SCH vereinz.: *aus dem Brünnla ischts Wasser glei armsdick rausgloffa* Hfhegnenbg FFB; *da Fisch is armdick gwön und armlang* Mittich GRI; *Edelswürste ... Armdick!* BUCHER Werke III, 227.– **2** übertr. wie →*d.*1cγ, °NB vereinz.: °*sei Gschäft bringt eahm armdick ei* „viel Geld" Enderting PA.– Phras.: °*der hats armdick dahoam* „ist reich" Friedbg.– (*Bei*) *jmdm geht es d. ein* u.ä. jmd verdient viel Geld, °OB, °NB, °OP, °OF vereinz.: °*dös Elektrogscheft mecht i a hom, bei dönö geht's ja armdick ei* Landau.– *Oamsdick is öam aßaganga* „er hat heftig geschimpft" Bischofsmais REG.

[boden]d. **1** dick, untersetzt, °OB, °NB vielf., °OP, °MF, °SCH vereinz.: °*der Stier is bodndick gwachsn* Walleshsn LL; °*da Franzi is a bomdikka Kunt* Neukchn a.Inn PA.– **2** mit filzigem Bewuchs, °OB vereinz.: °*die Wiesn is bondick* Rechtmehring WS.

SCHMELLER I,211.– WBÖ V,31.

[pumperlein]d. wie →[*boden*]*d.*1, OB, OP vereinz.: *pumperldick* Hemau PAR.– Zu →*Pumper(er)*[1] ‘dicker Mensch'.

[bürsten]d. wie →*d.*6a: *büaschdndicks Hår* Mittich GRI.

WBÖ V,31.

[daum(en)]d. daumendick, OB, NB, OP vereinz.: *a dammdicka Stecka* Mittich GRI; *mache einen steken damertük* Wernbg NAB um 1850 CH.N. OBERMEIER, Abdeckersleut' als Volksmediziner, Ponholz 2012, 103f.

[faust]d. **1** dick wie eine Faust, OB, NB, OP vereinz.: *faustdick* Wasserburg.– Phras. *es f.* (*hinten*) *haben* schlau, gerissen sein, °OB, °NB vereinz.: °*des hät ma net gmoant, daß der so faustdick hintn hät* Ensdf MÜ; *dö hots faustdig* Lichtenhaag VIB.– **2** übertr.– **2a** wie →*d.*1cγ, °OB, °NB vielf., °Restgeb. mehrf.: °*der schneid so faustdick auf, daß jeder glei spannt, daß koa Wörtl wohr is* Steinhögl BGD; °*a faustdicke Liech* Thiershm WUN; „Ich mußte eine Rede halten und hetzte *faustdick*" GRAF Werke XIII,309.– Phras.: °*da geht's faustdick ei* „sie haben große Einnahmen" Pocking GRI.– **2b** wie →*d.*1cδ, °OB, °OP vereinz.: °*der håt uns ganz faustdicke Sachan dazöhlt* Kchndemenrth NEW.– **2c** wie →*d.*6c: °*die zwoa håbn a faustdicke Freundschaft mitsammen, da hilft der oane dem andern* Straubing.

DELLING I,165; ZAUPSER 25.– WBÖ V,31.

[finger(s)]d. fingerdick, OB, NB, OP vereinz.: *a fingerdicks Stawal* Mittich GRI; *Enziostingel ... Kimmt aus'n Bodn scho fingersdick* GUMPPENBERG Bergamseln 135; *Wann der junge Zwibel schon etwas groß und Fingerdick ist* HAGGER Kochb. I,1,101.

[hechel]d. **1** sehr dick, beleibt: *haachldick* SINGER Arzbg.Wb. 90.– **2** wie →*d.*1cγ, in Phras.: *Öitza kiints haachldick* „wird es schlimm" ebd.

[kübel]d. **1** wie →[*hechel*]*d.*1: °*döi woar scha in drittn Manat kiewldick* Windischeschenbach NEW; *kiwldick* „eine sehr dicke Person" KONRAD nördl.Opf. 79.– **2** wie →*d.*1cγ: *der kröigt saa Fett kiiwldick* HEINRICH Gschichtla u. Gedichtla 43.

[mies]d. wie →*d.*6a: *s Droad schdehd miasdigg* „sehr dicht" Reisbach PAN.– Zu →*Mies* ‘Moos'.

WBÖ V,31.

[milch]d. wie →*d.*6b: °*der Newi war muichdick* Pilsting LAN.

[mist]d. 1 wie →*d.*5, °OB, °NB, °MF vereinz.: °*s Bier is mistdick, ma brauchat a Gabi das ma eahm d Augn ausstecha kannt* Endlhsn WOR; „klares Bier ist *glöckerlhell*; trübes *mistdick*" SCHLAPPINGER Niederbayer II,36.– **2** wie →*d.*1cγ, in Phras.: °*dem gehts mistdick ei* „er ist vom Schicksal verfolgt" Chiemgau.

[nudel]d. wie →*[hechel]d.*1, °OB, °NB, °OP, OF vereinz.: *die håt nudldicke Arm* Wasserburg; *die alte, nudeldicke Kathi* Altb.Heimatp. 5 (1953) Nr.46,5.

SCHMELLER I,1729.– WBÖ V,31.

[schlegel]d. 1 dick, stramm, klobig.– **1a**: °*schlegldick* „so dick wie der Schlegel eines geschlachteten Tieres" Eslarn VOH.– **1b** mit dicken, strammen Schlegeln, Schenkeln, °OB, °NB vereinz.: °*de Sau is schlegldick* Schönbrunn LA.– Phras.: °*schlegldick isch bauanschick* Dachau.– **1c** mit strammem Körperbau, °OB, °NB vereinz.: °*a schlegldicks Mal* Dachau.– **1d**: °*schlegldick* „zu klobig" Passau.– **2** wie →*d.*5: °*schlegldicka Brei* Mintraching R; „fehlerhaft dicke flüssige Speise. *D· Suppm is ... schlégldick*" Bay. Wald SCHMELLER II,519; *mach es ... nicht so gar schlegeldick/ vnnd thu Zucker genug darauff* A. WECKERIN, Ein Köstlich new Kochb. Von allerhand Speisen ..., Amberg 1598, 74.– **3** in Phras.: °*der bringts aber schlegldick daher* „überdeutlich" Rottenburg.

SCHMELLER II,519.

[wurl]d. wie →*d.*6a: *s Droar stejt wualdick* Mittich GRI.

WBÖ V,31f.

[wutzel]d. wie →*[hechel]d.*1, OB, °NB vereinz.: *wuzldick* „übermäßig dick" Büchlbg PA.

WBÖ V,32. M.S.

-dick

M., nur im Komp.: **[Daumens]d.**: *Da(u)mesdick* „der Däumling, ein kleiner Dicker" SINGER Arzbg.Wb. 50. M.S.

Dicke

F. **1** Dicke.– **1a** Umfang, Durchmesser, Breite, OB, NB, OP vereinz.: *dö hod a Dickn wiaran auszogna Kinöhos* (Kaninchen) „sehr mager" Metten DEG; *in da Dickn* „vom Umfang her" Naabdemenrth NEW; *Grossitudo thicki* 9. Jh. StSG. I,296,20; *damit sölch holz mit dikch und lenng nach seinem rat gesniten bürd* Frsg 1492 Sammelbl.HV.Frsg 11 (1918) 73; „Er ... führte die Kirchenmauern ... *in der Dickhen per 2 Schuech* auf" Kapfelbg KEH 1766 WAGNER Kapfelbg u. Poikam 128.– Übertr. Ausmaß: *In dera Dicken is 1¼ Stund lang furt ganga* A. MÜLLER, Servus drei Quartl!, München 1930, 16.– **1b** Korpulenz, Massigkeit, Aufgedunsenheit, °OB, NB vereinz.: °*der siagt vor Dicken kaum aus dä Ägl* Ismaning M.

2 Dickflüssigkeit: °*Digng* Tittmoning LF; *lasse das ... Brät von der Brust mach es in der Dicke als wie ein dicke Dotter-Brühe* HAGGER Koch. I,1,80.

3 †Dichte, Dichtheit: *dichi reganes* Tegernsee MB 11.Jh. StSG. I,686,35; *So ... die sunn iren schein ... da gegen wirft, so widerpricht er sich in den wolchen ... vnd samend sich alliv eklein dez widerbrehends in ain dicken dez scheins ze ainem stuck ains chraiz* KONRADvM BdN 124,14.

4 †dichte Menge: *Nubes dichi* Tegernsee MB 11.Jh. StSG. II,645,58.

5 Dickicht: *a Dickn* Buschwerk Hersbruck; *die Dick* SINGER Arzbg.Wb. 51; *Des Tantenberges dicke hat iäger vil betrogen* HADAMARvL 14, 458; *Dy maget ... verparg er in ain dick* um 1480 Merlin u. Seifrid de Ardemont von Albrecht v.Scharfenberg in der Bearbeitung U. FÜETRERS, hg. von F. PANZER, Tübingen 1902, 92,151.

Etym.: Ahd. *dickî*, mhd. *dicke* st/swf., Abl. von →*dick*; WBÖ V,32.

SCHMELLER I,488.– WBÖ V,32f.

Komp.: **[Faust]d.** Dicke einer Faust: *dea Dick had Pfaustdickn* Mittich GRI. M.S.

Dickel[1]

M., dicklicher, fülliger Mensch, in heutiger Mda. nur Dim., OB, NB, OF, MF vereinz.: °*mei liab, du bist a gånz a schös Dickal wohn* Wimm PAN; *Der Dickel, das Dickə-l* „scherzweise: dicke Manns-Person" SCHMELLER I,488.

SCHMELLER I,488. M.S.

Dickel[2] →*Benedikt.*

dickeln, schmollen, →*tückeln.*

dicken
Vb., ä.Spr., in heutiger Mda. nur in Komp. **1** dick, dicker machen: *Da wirt der dunst ... gedicket an im selber von der sånften chelten* KONRADvM BdN 114,13f.
2 auch refl., dick, dicker werden: *Grossescunt didichent* Tegernsee MB 11.Jh. StSG. II,180,46; *daz sich der dunst dickt vnd in wolchen verchert* KONRADvM BdN 122,14.

Etym.: Ahd. *dickên*, mhd. *dicken*, Abl. von →*dick*; [2]DWB VI,910.

WBÖ V,33.

Komp.: [**ein**]**d.**: °*döi Soß deafst a bissal eidickn* „eindicken" Windischeschenbach NEW.

WBÖ V,33.

[**ver**]**d.** zähflüssig werden: *vodickts Bluat* Mittich GRI. M.S.

Tickernelle
wohl F., Bibernelle (Pimpinella saxifraga): *iß Kräwitn und Tikanöi, nå stiabst ned so schnöi* „Rat bei Cholera" Stöttham TS.

Etym.: Spielform von →*Bibernell(e)*. M.S.

Dicket, -eret, -icht
F., auch M. (MB), Dickicht, °OB, °NB, OP, SCH vereinz.: *der hat Hoar wia a Dickat in Holz graußt* Burghsn AÖ; °*an Diggad drin woxn de schönan Schwammal* Neufraunhfn VIB; *Versteckt er si' amal in an Dickerat und hört Soldat'n vorbeirenna* MEIER Werke I,442 (Natternkrone); *daß der Waldherr die sogenannten Dicketen nach Nothdurft aushauen lasse* 1778 S. ROTTMANNER, Anm. über das bayer. Mandat ... in Betref der Wildschützen u. Landcultur, o.O. 1778,26.

DELLING I,124; ZAUPSER 21.– WBÖ V,32 (Dickach). M.S.

dickisch
Adj.: *ə˜ dickischə' Bursch* „wohl untersetzt" Bay.Wald SCHMELLER I,488.

SCHMELLER I,488. M.S.

ticktack, ticketacke
Interj., ticktack, OB, NB, OP, SCH vereinz.: *die Uhr mächt diggö-daggö* Simbach PAN; *dik dåk* Derching FDB.– Als M., Uhrpendel, kindersprl.: *Töi mechts der Tiktak?* SCHEMM Dees u.Sell 159.

Etym.: Onomat.; WBÖ V,33.

WBÖ V,33f. M.S.

Dickung
F., Dickicht: *Dickung* Ingolstadt; *de bringa ... den letzten Hasn von de Dickunga raus* Roider Jackl 24. M.S.

Didel[1]
M., dummer, ungeschickter od. zu gutmütiger Mensch: *didl* „Dummkopf, Tölpel" KOLLMER II,534.

Etym.: Herkunft unklar; WBÖ V,34.

SCHMELLER I,490.– WBÖ V,34.

Abl.: *dideleln, didelern, Dideletzel, dideletzeln, dideletzen*.

Komp.: [**Bären**]**d.**: *bean-dil* „ungepflegte, dümmliche männl[iche] Person" KOLLMER II,533.

[**Tapp**(**er**)]**d.**, [**Ta**]- wie →*D.*, °OB, °OP mehrf., °NB, °MF vereinz.: °*dös is a Dadierl* Wernbg NAB; *tapadī'l* „jemand der sich dumm anstellt" nach SCHWEIZER Dießner Wb. 198.– Zu →*Tapp* 'dass.'.

[**Happ**(**er**)]**d.**, [**Ha**]-, [**Ho**]-, [**Hoi**]- dass., °OB, °NB, °OP vereinz.: °*dea si oiß gfoin låßt, des is a Hotirl* Marktl AÖ; *Hoidial* „Lärmmacher" KONRAD nördl.Opf. 24; *Hàppə'di'l* „ein verstandloser und deswegen entweder unbesonnen oder schläfrig sich benehmender Mensch" SCHMELLER I,490.– Wohl zu →*Happelein* 'dass.'.

SCHMELLER I,490, 1139.– WBÖ V,34.

[**La**]**d.**, [**Lapp**(**er**)]-, [**Leid**]- dummer, ungeschickter od. zu gutmütiger Mensch, °OB, °NB, °OP, °SCH vielf., °Restgeb. vereinz.: °*a so a Lappadierl, låßt se a ois gfalln* Wackersbg TÖL; °*so a Lattierl, dem kannst d'Hosn in Geh'flicka!* Erlau PA; °*a sua a Laudierl, a Scheißa* Fichtelbg BT; *Sunst fehlt da nix, du Labdiul du damischa* ANGERER Göll 37.– Phras.: *oan für an Ladirl ham* „täuschen, veralbern" Grattersdf DEG.– Zu →*Lapp* 'dass.' od. →*lau* 'lau, kraftlos', z.T. volksetym. zu →*Leid*; vgl. [4]ZEHETNER Bair.Dt. 229.

SCHMELLER I,490.– WBÖ V,34f. E.F.

Didel[2], Schnuller, →*Düttel*.

dideleln
Vb.: °*dillän* „aus Unschlüssigkeit tändeln" Fischbachau MB. F.M.E.

didelern
Vb.: °*der dillert* „spielt mit dem Jackenzipfel" Brunnen SOB. F.M.E.

Dideletzel
M., Nichtsnutz, Faulenzer: °*des wead so a Dilläzi sei!* Dachau; *Der Dillätzel* „wer mit Vernachlässigung der Pflichtgeschäfte sich mit Tändeleyen abgibt" SCHMELLER I,499.

SCHMELLER I,499. F.M.E.

†dideletzeln
Vb., die Zeit vergeuden, sich mit Unnützem beschäftigen: *dilläzeln* „zwecklos tändeln" Werdenfels SCHMELLER I,499.

SCHMELLER I,499. F.M.E.

dideletzen
Vb., die Zeit vergeuden, sich mit Unnützem beschäftigen: °*dillätzn* Fischbachau MB. F.M.E.

Diderling[1]
M. **1** einfältiger, ängstlicher od. wehleidiger Mensch, °OB, °NB vereinz.: °*a Didaling* „blöder Mensch" Rechtmehring WS.
2 schwacher, alter Mensch, °OB, °NB vereinz.: °*Diderlen* „schwächlich, alt, zittrig" Bodenmais REG; *didalen* „(abfällig) alter Mann" nach KOLLMER II,87.

Etym.: Wohl gleicher unklarer Herkunft wie → *Didel*[1]. E.F.

Diderling[2], Giftpilz, → *Töterling*.

Didi[1], **Didelein**
(Genus?) **1** Huhn, kindersprl., °OB vereinz.: °*gehma Didde fuadan* Garching AÖ.
2 Küken, °OB vereinz.: °*Didai* Halfing RO.

Etym.: Abl. vom Lockruf → *di*; WBÖ V,26.

WBÖ V,26 M.S.

Didi[2], Schnuller, → *Düttel*.

didi, Lockruf für Geflügel, → *di*.

die → *der*[1].

Dieb, -eu-
M. **1** Dieb, °Gesamtgeb. vielf.: *die Bäcka dea[illegible] ean Schutzpatron nöt nenna, weis a Doib gw[illegible] is* O'audf RO; *af dem Föl sand allaweil d Dia[illegible] ö da Sach dran* Zandt KÖZ; *Obs etz a Diab wa[illegible] bei da Nacht, der wo nach insern Hofguat trac[illegible]t'* DINGLER bair.Herz 70; *Furis divpes* Rgbg 11.Jh. StSG. II,472,41; *Von den deuben und von d[illegible] deuf* Mühldf 1367 Chron.dt.St. XV,405,[illegible]6; „1614 fielen die Schimpfwörter *Diebl und Str[illegible]-ßenrauberl* und *Kannendieb*" Chron.Kiefersf[illegible] 205.– Phras.: *fortschleichen / laufen wie ein* [illegible] u.ä. heimlich, NB, OP vereinz.: *laft wöi a D[illegible]b* Kohlbg NEW; *I schliaf in mein Haus net u[illegible]-anand wia 'r a Diab* THOMA Werke VI,332 (W[illegible]-tiber); *Er schol auch … sleichen sam ein di[illegible]* KONRADvM BdN 240,21.– °*Glegenheit mac[illegible] Deyb* Weiden.– *Kleine D.e hängt man, große lä[illegible] man laufen* u.ä. NB vereinz.: *dö groußn Di[illegible]b låssns laufa, dö kloan schpieans ei* Hengers[illegible]g DEG; *Die kleinen Diebe henkt man, die groß[illegible] läßt man laufen* Bair.Sprw. I,79; *die clain di[illegible] hengt man, gegen den grossen tuet man die hü[illegible] ab* AVENTIN IV,485,36-486,1 (Chron.).– Ortsne[illegible]-kereien: „Ried [PAN] … *13 Häuser – 14 D[ieb* [illegible] BRONNER Schelmenb. 141.– °*Poppenberg u[illegible] Lehareut hant dö mehran Bettelleut; aba in Ri[illegible] san dö mehran Diab drinn!* Lalling DEG.
2 †Räuber: *latro diup* 8./9.Jh. StSG. I,162,4; *d[illegible] Maiste vnd gröste Dieb leben noch alle vnd [illegible] des raubens noch khein Endt* Mchn 1633 OA 1[illegible] (1975) 220.
3 †: „*Der Dieb* … (in unbeleidigendem Scher[illegible] junger Mensch, Mann überhaupt" SCHMELL[illegible] I,480.

Etym.: Ahd. *diob*, mhd. *diep*, *-iu-* stm., germ. Wort i[illegible] Herkunft; KLUGE-SEEBOLD 199.

Ltg: *diab* u.ä., ferner *-ei-* OP, OF, MF, *doib* OB (da[illegible] AM, BUL, OVI), *-ui-* (LF, RO, TÖL, TS; MAI, PA), *-i[illegible]-* (LF Bavaria I,359, heute †), *-ü-* (M), *dei* (WEN[illegible] Akk./Dat.Sg. *diam* (GRI, KÖZ).– Pl. wie Sg., au[illegible] *-(b)m* OP (dazu BOG, KÖZ, MAL, PA; WUG).

DELLING I,139; SCHMELLER I,479f.; WESTENRIEDER Glo[illegible] 101.– WBÖ V,35-37.

Abl.: *diebeln, dieben, Dieberei, Dieberin, Diebhe[illegible], diebig, Diebin, diebisch, dieblich, Diefde.*

Komp.: [**Acker**]**d.** Felddieb, NB, OP, MF verein[illegible]: *waous vül Fabrikn git, gits a vül Ackadöib* W[illegible]-sassen TIR.

[**Apfel**]**d.**, [**Äpfel**]- Dieb, der Äpfel stiehlt, O[illegible] NB vereinz.: *Opfödiab* Aicha PA; „bestimm[illegible] Schimpfwörter … *äpfldieb*" Auerbach ES[illegible] 2.H.17.Jh. HELM Konflikt 130.

Mehrfachkomp.: [**Erd-äpfel**]**d.** Dieb, der Kartoffeln von den Feldern stiehlt, OB, NB, OP vereinz.: *Erdäpfeldoib* Bayrischzell MB; „den *Erdäpfel-Dieb* … er stiehlt ja die *Erdäpfel* auf den Feld, und zwar bey der Nacht“ Der Bayer. Landbote 5 (1829) 932.

†[**Au**]**d.** durchtriebener Dieb: *Alle dise … seynd Au-Dieb, welche ihnen zumessen, was anderen gehört* JordanvW (1742) 526.
Schmeller I,3.

[**Pferde**]**d.** Pferdedieb, OB, °OP, OF vereinz.: *Pfadejb* Wölsau WUN.– Phras.: °*heit genga Pfadejb* „ist der letztmögliche Termin für die Osterbeichte“ Marchaney TIR.

[**Birn**]**d.** meist in Phras. *nasichter B.* **1** Mensch mit auffälliger Nase, °OB, NB vereinz.: °*a so a nasata Birndieb, der mit sein Zinkn* Halfing RO; *Birndiab nosada* „großnasiger Mensch“ Schneider Bair.gschimpft 11.– **2**: *a naseder Birndiab* „eingebildeter Mensch“ Hzkchn MB.– **3** ungeschickter, langweiliger Mensch: °*nåsada Birndiab* Ebersbg; *Glaabst as jetza, du letscherter Birndiab, daß i di aufsitzen hab lassn?* Pestenhofer Drahtverhau 151.– **4**: °*Birndieb* „verlogener Mensch“ Hirschling MAL.
WBÖ V,37.

[**Bock**]**d.** Dieb eines Geißbocks: *noch darüber bekam der Bock-Dieb … einen langen Bocks-Bart* Selhamer Tuba Rustica I,438.– Reim: °*wer recht is, hout Gott löib, wer Goaß Schtöllt, is koa Buakdöib!* Wdsassen TIR, ähnlich Leoprechting Lechrain 295.

[**Braut**]**d.** Entführer der Braut im Hochzeitsbrauch, NB, OP vereinz.: *Brauddiab* „schleppen die Braut in ein anderes Wirtshaus und zechen auf Kosten des Brautführers und des Bräutigams“ Höhenstadt PA; „mit der Braut … ein Wirtshaus aufzusuchen, wo der *Brautdieb* Wein und Bäckereien … auftragen läßt“ Wdthurn VOH Bayer.Heimatschutz 9 (1911) 88.
WBÖ V,37f.

[**Brei(n)**]**d.** Maulwurfsgrille, OB vereinz.: *da Praidoip* O'audf RO.
WBÖ V,38.

[**Brezen**]**d.** Sperling: „Der Spatz, der Krümel vom Teller klaut, wird deshalb auch *Brezndieb* genannt“ Mchn MM 22./23.6.2011,38.

†[**Brot**]**d.** Brotdieb, Schimpfw.: *einen Brodtdieb vnnd Hundt gehaissen* 1755 StA Mchn Hofmark Amerang Pr.18 (25.2.1755).
WBÖ V,38.

†[**Brütel**]**d.** Dieb, der Bruthennen (→*Brutel*) stiehlt: *Hůnerdeup, priteldeup … sol der fronpot … gazzen ze gazzen treiben mit slegen* Mühldf 1367 Chron.dt.St. XV,406,3-5.

[**Tag**]**d.** **1** Tagedieb, °Gesamtgeb. vereinz.: *a rechta Dagdiab sei* Simbach PAN; *su wos ausgschamds findschd blouß under eich Doochdäibm* Friedel Grenzgedanken 15; *welche … müssig sitzen vor den Spiegel … oder müssig ligen im Beth … welche alle man Tag-Dieb, und Tag-Diebinen heisset* J. Angelus, Gottlose Nacht, Regensburg 1746, 118.– **2** wie →*D.*1, °OB, °NB, °OP, °MF vereinz.: *Dochdiab* der Feldfrüchte vom Acker stiehlt Ainau PAF.– **3** Elster, °OB, °NB, °OP vereinz.: °*Tagdieb* „sie stiehlt alles“ Schwandf; *Tagdiab* Bganger EBE DWA IV,14.– Phras.: °*der steelt wia Dochdieb* „ständig“ Neusorg KEM, ähnlich °NB, °OP vereinz.
WBÖ V,38.

[**Taschen**]**d.** Taschendieb, OB, NB, OP, SCH vereinz.: *a Taschndieb hat eam s Geld abgnomma* Wasserburg.– Schnaderhüpfel: *wenn einer an Ochsen stiehlt, so is doch ganz klar, daß der, der gstohln hat, koa Taschndieb war* Cham.
WBÖ V,38.

[**Ge-treide**]**d.** Dieb, der Getreide von den Feldern stiehlt, OB, NB, OP vereinz.: *Troidaib* Hemau PAR; „In Wölkham (bei Wasserburg) wurde … ein *Getreidedieb* überrascht, mit Säcken und Dietrichen“ Straubinger Tagbl. 13 (1873) Nr.110,1; „Schimpfwörter … waren … *getreide-, grommath…dieb*“ Auerbach ESB 2.H.17.Jh. Helm Konflikt 130.

†[**Ehren**]**d.** Ehrabschneider: *Darauf sy Jne aber nichtsweniger ainen Erndieb vnd sunstn vbl gescholten* 1562 Stadtarch. Rosenhm PRO 136,12.

[**Feld**]**d.** wie →[*Acker*]*d.*, Gesamtgeb. vereinz.: *a Foiddiab* Paar FDB.

†[**Galgen**]**d.** Taugenichts: „Schimpfnamen … *Galgndiab*“ STA 1861 OA 121 (1997) 147; *du Schelm! du Galgen Dieb!* O. Schreger, Studiosus Jovialis, Augsburg 1752, 682.
WBÖ V,38.

[Gau]d., [Gäu]- 1 weithin bekannter, gerissener Dieb, °OB, °NB, °OP, °MF vereinz.: °*Gaudiab* Schönbrunn LA; *alle Geidieb, die schon alles vor ihm unter dem Titel Sammlung ausgeplündert haben* BUCHER Kinderlehre 38f.– Auch: °*a Gaadüib* „Hallodri" Dietkchn NM.– **2** gerissener od. unehrlicher Viehhändler, °OB vereinz.: °*Gäudieb* „macht im Gäu eines Kollegen Geschäfte" O'stimm IN.– Aus nd. *gau* 'schnell, listig', volksetym. umgedeutet; WBÖ V,38.

SCHMELLER I,855.– WBÖ V,38.

[Geiß]d. Geißdieb, in Phras.: *wia da Goasdiab* Mensch mit zu kurzen Beinen Vohenstrauß.

†**[Gottes]d.** Tempelräuber: *es wärn in der kirchen verfluecht gotslesterer und gotsdieb* AVENTIN IV,814,23f. (Chron.).

†**[Heiltum]d.** dass.: *verfluecht gotslesterer und heiltumdieb* ebd.

[Hennen]d. Hühnerdieb: *Henadiab* Aicha PA; „Der *Hennadiab* beruhigt sein Gewissen: *D'Bain hod sou vü Henna*" WÖLZMÜLLER Lechrainer 130.

WBÖ V,38.

[Holz]d. Holzdieb, °OB, NB vereinz.: °*Liesl, Liesl, bisda Hoizdiab* „zu einer Melodie gesungen, die Finkengesang nachahmt" Ebersbg; *Is à Hojzdiab hint g'wën in „Båwist-Wojd"* HALLER Frauenauer Sagen 39; *auch holtz dieb nit furkomen lassen* Straubing 1559 JberHVS 96 (1994) 322.

[Kabis]d. Dieb, der Kraut vom Acker stiehlt, OB, NB vereinz.: *Gabesduib* Niklasrth MB.

[Kost]d. jmd, der auf Kosten der Gemeinde lebt: °*Kostdieb* „erwerbsunfähiger alter Mensch" O'nrd CHA.

[Kraut]d. wie →[*Kabis*]*d.*, OB, NB, OP, MF vereinz.: *Grauddiab* Rechtmehring WS; „für einen, einem unbekannten *Krautdieb* abgejagten ... Wagen" Königlich-Baier. Intelligenzbl. für den Isarkreis 9 (1822) 67; *und geit dannoch der chrautdieb judici 3 lb* 1310-1312 Stadtr.Mchn (DIRR) 253,16f.; *kraut- ...dieb* Auerbach ESB 2.H.17.Jh. HELM Konflikt 130.

†**[Land]d.** umherziehender Dieb: *offentlich beschraite böse Leut/ als Mörder/ Landtdieb/ Sekkelabschneyder* Landr.1616 805.

[Ge-mein(de)]d. 1 ortsbekannter Dieb, °OB, °OP vereinz.: °*Gmoandiab* „durchtriebener Dieb, der im Ort wohnt" (Ef.) Lenggries TÖL – **2** †Dieb, der die Gemeinde bestiehlt: „der Volkshumor erlustigt sich ... über das G. D. ... seitdem ein loser Spaßvogel *Gemeindedieb* herausbuchstabirte" Straubinger Tagbl. 9 (1861) 455.– **3** wie →[*Kost*]*d.*, auch Schimpfw., °Gesamtgeb. vereinz.: °*der håts mit da Arbat net, des is a Gmoadiab* Ziegelbg RO; °*des is a so a Gmoadöi* „lebt auf unsere Kosten" Weiden – **4** wie →[*Galgen*]*d.*: °*Gmoadiab* „junge Leute, die Radau und Lärm machen" Hohenschäftlarn WOR.

[Milch]d. Wiesenaugentrost (Euphrasia rostkoviana): °*Millidiabei* „weil es die Milchproduktion der Kühe beeinträchtigt" Berchtesgaden; *Mili...doibai* ebd. MARZELL Pfln. II,395; *Milchdoip* HÜBNER Salzburg 973.

SCHMELLER I,1591.– WBÖ V,40.

[Nacht]d. 1 †Dieb, der in der Nacht stiehlt: *Des herren tag ... wirt koemen als ain nachtdieb* BERTHOLDvCh Theologey 692; *haillose Nacht-Dieb zur Buß befördern* SELHAMER Tuba Rustica I,23.– **2** Nachtschwärmer, Herumtreiber: *Nachtdiab* Waidhfn SOB.

[Roß]d. 1 Pferdedieb, Betrüger allg., °OB, °NB, °OP vielf., °SCH mehrf., °Restgeb. vereinz.: *Roßdeub* Weidach AIB; *Roußdiab* Derching FDB; *Roßdiab* „zwielichtiger, nicht vertrauenswürdiger Kerl; Gauner" BINDER Saggradi 17; *Es kame aber ein Roß-Dieb darüber, und entführte ihm solches Pferd* SCHREGER Speiß-Meister 45.– Phras.: *der schnarcht wia a Roßdiab* Wutschdf AM.– *Alles, was recht is, hat Gott liab, aber wer an Gaul stiehlt, is a Roßdiab* das geht über die Hutschnur Truchtlaching TS.– **2** jmd, der nur einmal im Jahr beichtet od. die Osterbeichte zum letztmöglichen Termin ablegt, °OB, °NB, °OP, °MF, °SCH vereinz.: °*heint genga d' Roßdiebn* „wer nur einmal im Jahr oder am letztmöglichen Tag geht" Utzenhfn NM; „Die am zweiten Sonntag nach Ostern noch anrükken ... tragen ... den Spottnamen die *Roßdiebe*" SCHLICHT Bayer.Ld 138.

WBÖ V,40.

†**[Sack]d.** Taschendieb: „Daher trifft man unter Kindern ... schon die größten ... *Sackdiebe* an" Münchner Tagbl. 1 (1802) 61; *Johann Adam Ab ... ist ein formal Sack-Dieb* Landstreicherord. 143.

[Schaf]d. Schafdieb, OB, NB, OP, SCH vereinz.: *Schofdiab* Derching FDB; *Hab glaubt, es war'n a Schafdiab, die d' Herd'n zerstreu'n!* MEIER Werke I,189.

WBÖ V,40.

[Stehl]d. wie →*D.*1, °OP vereinz.: *Stoildöib* Vilseck AM.

[Strauch]d. Strauchdieb, OB, NB vereinz.: *Strauchdiab* Aicha PA; *Schdrauchdiab* „Straßenräuber" BINDER Saggradi 197.

[Wald]d. wie →*[Holz]d.*: *Was hat der Walddieb von Dir gewollt?* REINHARDSTOETTNER Bayerwd II,243.

[Wild]d. Wilddieb, OB, NB, OP, MF vereinz.: *Wejddiab* Passau; *so is er als Wilddiab scho voröchtö* QUERI Bauernerotik 127.

WBÖ V,40.

[Zwetschgen]d. Zwetschgendieb, in Phras. *schauen wie ein Z.* verlegen, schuldbewußt: °*dea schaud drei wiara Zwöschmdiab* „als hätte er etwas angestellt" Grafenau; *da hat a gschaugt so trüab ais wia a Zwetschgndiab* KIEM Lieder 73. E.F.

†Diebe, Deuf

F. **1** Diebstahl: *Swer in div æht chvmt mit reht/ vmb totsleg ... vmb dîvfe/ vmb valsche* Passau 1299 Corp.Urk. IV,540,39f.; *der auch zu richten hat uber ... ausgenommen drey Sach, Notnunfft, Dieb und Todschlag* Tegernsee MB 2.H.15.Jh. MB VI,333f.; *Todschlag/ Nothnuft oder Nothzüchtigung Teuff oder Diebstal* A.G. ERTL, Chur-Bayer.Atlas, Nürnberg 1687-1690, I,272.
2 Diebesgut: *Swer rovb oder divf wizzenlichen choyffet* Rgbg 1281 Corp.Urk. I,411,26f.A; *swer chauffet deuf mit wizzen, der ist selber deup* Mühldf 1367 Chron.dt.St. XV,405,38.
3 „Was die Alberinn [Sennerin] von der Butter, die sie ihrem Bauern bringen muß, für ihren eigenen Gebrauch verwendet, nennt sie *'Doip'*" Hohenaschau RO SCHMELLER I,479.

Etym.: Ahd. *diuba, -v-*, mhd. *diube, -v-* stf., zur gleichen idg. Wz. wie →*Dieb*; vgl. ²DWB VI,797.

SCHMELLER I,479f.; WESTENRIEDER Gloss. 101.– WBÖ V,41. E.F.

Diebel, Döbel, →*Dübel*.

diebeln

Vb.: °*diwin* „diebisch sein" Ried FDB. E.F.

†dieben, -eu-

Vb. **1** stehlen: *doibm, duibm* SCHMELLER I,480.
2 sich zu jmdm hinstehlen, einschleichen: *wann krankez alter kan sich zů in dieben* HADAMARvL 58,232.

Etym.: Ahd. *-diuben*, mhd. *dieben, -iu-*, Abl. von →*Dieb*; WBÖ V,42.

SCHMELLER I,480.– WBÖ V,41f. E.F.

†Dieberei

F. **1** Diebstahl: *dan allein umb drey Händl, umb bluetige Häut auf den Todt, Nothzwang und Dieberey* Irl R 1472 HARTINGER Ordnungen II,640.
2 Diebesgut: *als er dy deuberey bey jm fundenn hiet* 1382 Das Stadt- u. das Landrechtsb. Ruprechts von Freysing, bearb. von G.L. v.MAURER, Stuttgart, Tübingen 1839, 279.

Etym.: Mhd. *diuberîe* stf., Abl. von →*Dieb*; WBÖ V,42.

WBÖ IV,42. E.F.

†Dieberin

F., Diebin: *das der Dieb und Dieberin muß stieller stehen wie ein Stok* Wernbg NAB um 1850/1860 CH.N. OBERMEIER, Abdeckersleut' als Volksmediziner, Ponholz 2012, 19. E.F.

†Diebheit

F. **1** Diebstahl: *Man sol allen raup und alle diupheit zwivalt gelten* 1310-1312 Stadtr.Mchn (DIRR) 271,1f.; *Thut er aber ein todschlag damith Nothung oder ein Diebhayt* Kastl NM 2.H.16.Jh. VHO 89 (1939) 175.
2 Diebesgut: *Der deuben jr deuphait behalt* 1441 Das Stadt- u. das Landrechtsb. Ruprechts von Freysing, bearb. von G.L. v.MAURER, Stuttgart, Tübingen 1839, 279.

Etym.: Ahd. *diubheit*, mhd. *diepheit* stf., Abl. von →*Dieb*; Frühnhd.Wb. V,606.

SCHMELLER I,480.– WBÖ V,40. E.F.

†diebig, deubig, -f-

Adj., gestohlen, entwendet: *Furto diuuigo* Tegernsee MB 11.Jh. StSG. II,250,37; *swem divfigez gůt fvnden wirt* Rgbg 1281 Corp.Urk. I,411, 46f.A; *Von devvbigen vnd rävvbigem gut an den Judn* Ingolstadt 1428 HEUMANN Opuscula 161.

Etym.: Ahd. *diuvîgo*, mhd. *diubec, -v-*, Abl. von →*Dieb*; Frühnhd.Wb. V,608. E.F.

Diebin, †Deubin
F., Diebin: *Man sol ein … Dewppyn … begraben lebentige und einen stekchen durch si slahen* Rgbg 2.H.13.Jh. FREYBERG Slg V,55; *als ein gar übl habituirte Rauber- und Diebin describieret* Landstreicherord. 30.

Etym.: Mhd. *diubinne* stf., Abl. von →*Dieb*; WBÖ V,43.

WBÖ V,42f. E.F.

diebisch, -eu-
Adj. **1** zum Diebstahl neigend, des Diebstahls verdächtig od. überführt, °NB, °OP vereinz.: °*diebische Elster* Weiden; *doipisch* „diebisch" Reit i.W.TS SCHMELLER I,480; *ob si diufisch sint seines guots* Frsg.Rechtsb. 280; *bey welchem Hüter sonsten die diebische Bursch sich gern einfinde* Description Der übel berueffenen Landstreicher u. Rauberen, [Neuburg] 1718, 15.
2 in der Art eines Diebes, °OB, NB vereinz.: °*wos host dein Huat gor so diabisch auf?* „keck" Mchn; *diawisch Gschau* „finsterer Blick" Innernzell GRA; *über die hundert Gülden/ gefährlicher/ fürsetzlicher/ Diebischer weiß/ seiner Herrschaft abgetragen* Fünfftertheil der Churfürstlichen Pfaltz LandtRechte, Amberg 1606, 58.
3 †gestohlen, entwendet: *chainen purgar vmb deubisch noch vmb raubig gut in seiner gewalt suchen an des Rates willen* Rgbg 1320 FREYBERG Slg V,79.

Etym.: Mhd. *diubesch*, Abl. von →*Dieb*; WBÖ V,43.

SCHMELLER I,480.– WBÖ V,43. E.F.

†dieblich, -eu-
Adj. **1** ohne Berechtigung, auf unehrliche Weise: *daz es im diuplîch verstolen sei* Frsg.Rechtsb. 90; *wann es ward haimlich deublich als durch di lanczknecht gestolen* ARNPECK Chron. 640,30f.
2 heimlich, unbemerkt: *ir habt mich bey der nacht dieblichen geprennt, so wil ich euch bey … tag … offenlichen lassen prennen* ebd. 531,25-27.
3 zögernd auftretend, schleichend: *Er hat ein graussamev stimm vnd ein ainfaltigen diepleichen ganch* KONRADvM BdN 239,14.

Etym.: Mhd. *dieplich*, Abl. von →*Dieb*; vgl. Frühnhd. Wb. V,609.

SCHMELLER I,480.– WBÖ V,41. E.F.

Diech
N., M. (RO) **1** Schenkel, Bein.– **1a** Oberschenkel, Schlegel, ä.Spr. auch Leiste, Seite eines Schlachttiers, °OB mehrf., SCH vereinz.: °*hot de dicke Diach!* Günzlhfn FFB; *Si hot eams* [sich das] *diach brocha* Samerbg RO HuV 7 (1929) 309; *femora deoh* 8./9.Jh. StSG. I,156,21; *swer ein diech verchauffet, der sol niur den nierstel* [Nierenfett] *dar aus nemen und niht mer* um 1300 Stadtr.Mchn (DIRR) 203,3-5; *.3. iahr lang in dem linken Diech … und bis hinunder in den fues das vergicht starkh gehabt* Rott WS 1677 Heimat am Inn 13 (1993) 84.– **1b**: *gę, dǫu dåme dẹi weka!* „Nimm doch deine Beine weg!" nach KOLLMER II,414.
2 Teil des Baumes.– **2a** dicker Ast: °*Dey* „seitlich wachsender zweiter Gipfel" Rattenbg BOG; *des dei drekt huia guad* „Dieser (dicke) Ast (eines Obstbaumes)" nach KOLLMER ebd.; „Wenn der Stamm eines Baumes sich in zwei oder drei Hauptäste theilt, so heißen diese dicksten Äste *Diegher*" STA 1861 OA 121 (1997) 141.– **2b** starke Wurzel, °OB vereinz.: °*Diach* „starke Wurzeln eines Fichtenstockes" Pipinsrd DAH.
3 Teil des Wagens, Schlittens, eines Geräts.– **3a** Deichselarm, °OB vereinz.: °*Diach* Kohlgrub GAP.– **3b** Kipf: °*Diach* Rosenhm.– **3c** Zinke einer Gabel, °OB vereinz.: °*bei da Mistgåwe isch a Diach obrocha* Dachau.

Etym.: Ahd. *dioh*, mhd. *diech* stn., germ. Wort idg. Herkunft; Et.Wb.Ahd. II,671f.

Ltg, Formen: *diax* OB, *dei* (BOG; CHA), aus falsch r Rückbildung des Pl. *duax* (GAP).– Pl. *diax*, *diaxa* u.ä. OB, daneben *diaxan* (MB, RO, TÖL), *diaxda* (LL).

DELLING I,125; SCHMELLER I,482; ZAUPSER Nachl. 15.– WBÖ V,48f.

Abl.: *Diechet*, *-diechicht*.

Komp.: [**Deichsel**]**d.** wie →*D.*3a, °OB, °NB, °OP vereinz.: °*s Deigsldiach* „Deichselarm am Schlitten" Kohlgrub GAP.

†[**Frosch**]**d.** Froschschenkel: *umb sand Jacobs dag pis in die vasten sind die froschdiech die pesten keder* 15./16.Jh. ZDA 14 (1869) 177 (Tegernseer Angel- u. Fischb.).

[**Ober**]**d.** wie →*D.*1a: *Oberdiach* Oberschenkel Weidach AIB. E.F.

Diechet
N. (?): °*Diechet* „Oberschenkel" Peißenbg WM. E.F.

-diechicht
Adj., nur im Komp.: [**bar**]**d.**: *bardiachet* mit nackten Schenkeln Staudach (Achental) TS. E.F.

tief, teuf, -ft

Adj. **1** (weit) nach unten reichend, weit unten befindlich, °Gesamtgeb. vielf.: *d'Sunn steht tiaf* Endlhsn WOR; °*tiaf ausgschnidn, das ma bis an Nabö aisiagt* Simbach PAN; *tuif eegn* Herrnthann R; *Eine große Kiste gemacht 8 zoll tiefer wie gewöhnlich* 1851 PURUCKER Auftragsb. 169; *sei Wiazl saan … reat döift in Äiabuan* SCHWARZENLÄNDER Woldnoo 86; *profundus tiufi* 8./9. Jh. StSG. I,22,28; *da furen sy über ain altach die was So tewff das in das wasser in den wagen gieng* 1480 MHStA Kloster Frauenchiemsee Amtsbücher u. Akten 88, fol. 17r; *I wolt dö brotz* [Frau]… *läg schon zdüefftist in der Erdt* Landshut um 1650 Jb.Schmellerges. 2012, 34,43f.– Übertr.: *toöf singa* „moralisch tief herunterkommen" Aicha PA.
2 (weit) nach innen reichend, gerichtet, weit innen befindlich, °OB, °NB, OP, SCH vereinz.: *diafe Daschn* Kochel TÖL; *dear lebt nimma lang, den liegn d'Augn scho z'töifast dinna* Kötzting; *Man es Tief genug gefresen, su due baumöl daren* HÖFLER Sindelsdf.Hausmittelb. 592; *Der Deas … zäiht a paarmal töift die Luft aa* SCHEMM Neie Deas-Gsch. 36; *Verpirg mich in der wunden dein, fuer mein hercz herr teuf dar ein* Tegerns.Hym. 29,191f.– Übertr.: *dea nimd alles döif* „der nimmt alles schwer" Fürnrd SUL.– *suchen vil tief in den gedanchen wa wir wissevarn haben* O'altaicher Pred. 75,11f.– *warvmb sie allso tieff erseuffczenn* Landshut 1. H. 15. Jh. ObG 5 (1961) 356.
3 nicht flach, (zur Mitte hin) vertieft: °*dou wascht amal die döiftn Daala aassa, daaß d Suppm aassadou kina* Windischeschenbach NEW; *d' Suppnschissl, de han wieder tuifer gwen* KÖZ BJV 1952,32.
4 auf einer Skala, Rangordnung im unteren Bereich befindlich: *döifde Brais* niedrige Preise Floß NEW.
5 in tiefer Stimm-, Tonlage, Gesamtgeb. vereinz.: *da singt tiaf oi* Burgharting ED; *duift singa* Wenzenbach R; *Z'döift, Turna, z'döift spielst Kint!* SCHWÄGERL Dalust 101.
6 zeitlich weit vorgeschritten, auf dem Höhepunkt: °*daou moußt die nu awamsn* (anziehen) *wöi im töifstn Winta* Weiden; *biis töift in-n Summa ei(n'* BRAUN Gr.Wb. 662.
7 †Sup., als N., tiefster, wasserführender Stollen einer Grube, Grubensohle, bergmannssprl.: *weil vielleicht zwey Tiefste darinne wären, von deren einem er die Wässer abführte* 1784 Berggesetze 370.
8 †wesentlich, entscheidend: *Das Münz- und Poststrecht schlägt … sehr tief in die Policey und das commerciale ein* W.X.A. v. KREITTMAYR, Grundriß des Allg., Dt.- u. Bayr. Staatsrechtes, München 1770, I,33.
9 †außerordentlich, sehr: *sohin zu höchst Churfürstlichen Hulden und Gnaden tiefest empfehlen* Beratzhsn PAR 1780 HARTINGER Ordnungen II,458.

Etym.: Ahd. *tiuf, -io-*, mhd. *tief*, germ. Wort idg. Herkunft; PFEIFER Et.Wb. 1431.

Ltg: *doiv* OB, NB, OP, *-ui-* NB, OP (dazu AÖ, IN, TÖL, TS), *-d* (CHA, R, ROD, WÜM), *-eo-* (WEG, WOS), *-iu-* (LF), ferner *diav* u.ä. Gesamtgeb., *diavd* (TÖL), *deiv* u.ä. OP, MF (dazu IN; KEH, KÖZ), *-d* OP, OF.

SCHMELLER I,590.– WBÖ V,44-46.

Abl.: *Tiefe, tiefen, Tiefet(s)*.

Komp.: **[an]t.** sehr weit nach unten reichend, sehr weit unten befindlich: *añtoif* „sehr tief" FEDERHOLZNER Wb.ndb.Mda. 22.

[klafter(n)]t. dass., OB, NB vereinz.: *kloftantoöf* Aicha PA; *i fall in den klaftertiafen Abgrund* THOMA Werke V,221.

[knie]t. knietief, °OB, NB, OP vereinz.: *da Schnäi is knöitöif* Stadlern OVI; *do stehst kniatiaf in am Schnee und des is koa orbatn ned* G. UMRATH, G'schichtn aus dem Isarwinkel, Lenggries 1998, 47.

WBÖ V,46.

†**[manns]t.** so tief wie ein Mann groß ist: *auß dem Schnee, welcher offt mehr alß halb mans dieff fället, ausschaufeln* Hohenhard TIR 1767 Wir am Steinwald 4 (1996) 53.

WBÖ V,46. E.F.

†**Diefde**

F., Diebstahl: *ausgenommen Dieft, Mörde, Nottzug* Pleystein VOH 1463 LORI Bergr. 64.

Etym.: Mhd. *diubede* stf., Abl. von →*Dieb*; vgl. Frühnhd.Wb. V,513.

WBÖ V,40 (Diebede). E.F.

Tiefe, -eu-, -fte

F. **1** Ausdehnung nach unten, unterer Bereich, °OB, °NB vielf., °OP mehrf., °Restgeb. vereinz.: °*der Weiher hod a schejne Doifn* Wettstetten IN; *in da Döftn* Eutenhfn RID; *Wald und Wiesn hat a gmacht und aus da Tiafn as Wassa 'bracht* DINGLER bair.Herz 173; *in profundum in tiufi*

8./9.Jh. StSG. I,46,17; *Des wages* [Fluß] *tieff und praite macht villeicht, das ir hie verdurbet* Füetrer Trojanerkrieg 106,387.

2 †Ausdehnung nach innen, innerer Bereich: *wein vnd ezzeich fůrent daz wazzer in die tieffen des leibs* KonradvM BdN 383,20f.– Auch perspektivische Tiefenwirkung: *so setzent sie weis clar varb zů swartzer: so scheint vns die swartz sam ein tieffen pei der weissen* ebd. 106,21-23.

3 Vertiefung.– **3a** Vertiefung im Gelände, Mulde, °OB, °NB, OP, °MF vereinz.: °*Döff* „tiefer Geländeeinschnitt" Pleinting VOF; „*tuifn* neben *toifn* = Tiefe, Mulde, Senke" Parsbg MB nach Maier südmbair.Mda. 108; *Weill nun dises Stukh in ainer tieffe oder Sünkh … ligt* Burghsn AÖ 1717 StA Mchn Forstakten Fasz.602, Nr.67, fol.21ʳ.– **3b** tiefe Stelle eines Gewässers, °OB, °OP vereinz.: *mittn a da Döffn is a intagånga* Mittich GRI.

4 (unterste) Humusschicht eines Ackers: °*Deiff* Pleinting VOF.

5 Abteufung, Schacht, bergmannssprl.: *Wej s'es gsaoucht hamand, is s' in aner Teif drin glegn* Haller Bodenmaiser Sagen 47; *Wenn eine oder mehrere Zechen in die Teufe abgesunken, und wassernöthig würden* 1784 Berggesetze 363.

Etym.: Ahd. *tiufî*, mhd. *tiefe* stf., Abl. von → *tief*; Kluge-Seebold 915, 917.

Schmeller I,590.– WBÖ V,46-47.

Komp.: [**Acker**]**t.** wie → *T.*4, °OB, °NB, °OP, °MF vereinz.: *du muaßt dö ganz Ackatoifn rausacken* Rottal; „ein anderes Ackerinstrument, welches … nicht bis zur völligen *Ackertiefe* eingreift" Churpfalzbaier. Intelligenzbl. 10 (1805) 797.

WBÖ V,47.

[**Pflug**]**t.** dass.: °*Pfluagteufn* O'bibg WOR; „Der Landmann heißt todte Erde diejenige, welche unter der *Pflugtiefe* liegt" Wochenbl. des landwirthschaftlichen Vereins in Baiern 10 (1820) 243.

†[**Erb**]**t.** best. Tiefe eines Schachtes, die Eigentumsrechte einbringt, bergmannssprl.: *Wenn der Stollen die Erbteufe nicht hätte* 1784 Berggesetze 368.

WBÖ V,47.

†[**Seiger**]**t.** senkrechte Tiefe eines Schachtes, bergmannssprl.: *mit einer Seigerteufe von 15 Lachtern* 1784 ebd. 373.

WBÖ V,47. E.F.

tiefen, -eu-

Vb., (in die Tiefe) senken, ä.Spr., in heutiger Mda. nur im Komp.: *Er tevft sein wurtzel nit verr in die erd* KonradvM BdN 365,28.

Etym.: Mhd. *tiefen*, Abl. von → *tief*; WBÖ V,47.

WBÖ V,47.

Komp.: [**ab**]**t.** **1** bergmannssprl.– **1a** abteufen, °Gesamtgeb. vereinz.: °*i war selba dabei, wia ma an Nunnawaldschacht otaifft ham* Penzbg WM; *soll … sich mit Abteufen … der Gebühre nach verhalten* 1784 Berggesetze 361.– **1b** einen Schacht zufüllen, °OB, °OP vereinz.: °*Schacht abteufen* „unter Wasser setzen, mit Eichenbohlen abdecken und mit Erde zufüllen" Erbendorf NEW.– **2** (einen Brunnen) ausschachten, °OB, °NB vereinz.: °*an Brunna otaiffn* Passau.– **3** abstützen, mit einer Spundwand versehen, °OB, °NB, °OP vereinz.: °*otaiffa* „einen Keller oder Stall bei Einsturzgefahr durch Holzprügel abstützen" Pittenhart TS.

WBÖ V,48.

†[**unter**]**t.** bergmannssprl. **1** einen Stollen mit einem anderen Stollen untergraben od. unterfahren: *so lange er nicht von einem andern Stollen … unterteufet ist* 1784 Berggesetze 367.– **2** unter einem anderen Stollen verlaufen: *so lang daß ihme ein ander Suchstollen … untertieft* Freihung AM 1619 Lori Bergr. 447. E.F.

Tiefet(s), -eu-

F., N. **1** Ausdehnung nach unten, unterer Bereich, °OB, °NB vereinz.: °*in der Diafat von 10 m kommt Wasser* Thanning WOR; *wenn's dees Wossa hom Am Rand von Brunna drom, So schütts dea om thaout steeh, In d'Duifat wieda no* Schuegraf Wäldler 85.

2 Ausdehnung nach innen, innerer Bereich, °NB, °OP vereinz.: °*Duifat* „wenn im Wald das Dickicht beginnt" Viechtach.

3 Vertiefung.– **3a** Vertiefung allg., Einbuchtung, Mulde, °OB, °NB vereinz.: °*do isch a Tiafats drin* „im Betonboden" Bayersoien SOG.– **3b** Vertiefung im Gelände, Mulde, °OB, °NB vereinz.: °*Diafat* „Mulde in Wiese oder Acker" Erding.– **3c** tiefe Stelle eines Gewässers, °OB, °NB, °OP, °SCH vereinz.: °*schwimmt mir net in dia Tuifet dort!* Michelsneukchn ROD.

Etym.: Mhd. *tiufede* stf., Abl. von → *tief*. E.F.

Tiegel → *Tegel*².

†-diegen
N., nur im Komp.: **[Ge]d. 1** Gefolgschaft, Dienerschaft: *von irem gedigen: heinrich Rålei/ vnde Cůnrat sin svn* Benediktbeuern TÖL 1293 Corp.Urk. III,21,23; *sein gedïgen und sein dienstman* HAVICH St.Stephan 1,17.– **2** Gewohnheit, Rechtstradition: *daz der chvntschaft wol gewizzen ist von altem gedigen her* [von altersher] Murnau WM 1295 Corp.Urk. III,316,23f.

Etym.: Mhd. *gedigene* stn., Abl. von →*Degen*¹; Frühnhd.Wb.VI,371.

SCHMELLER I,493. E.F.

[ge]diegen →*deihen*.

-diegnen
Vb., nur im Komp.: **[aus]d.**: *ausdigna* „austrocknen" Hzhsn LL.

Etym.: Abl. von →*deihen*; vgl. DWB I,844. E.F.

diel, diese, →*derl*.

Diele, Dille, Ille
F., M., N. **1** Brett, Bohle, Balken, °OB, °NB, °OP, °MF, °SCH mehrf.: °*Düln* „Faßdauben" Neumarkt; °*bist neber di Dilln kumma* „den Mittelladen der Kegelbahn" Eckersmühlen SC; *Düin* „3-8 cm starke, früher gehackte, Bodenbretter" HELM Mda.Bgdn.Ld 59; *schindela … dil* Aldersbach VOF 12.Jh. StSG. III,244,36; *Vmb tieln zů bodemen in die gelter* [Eimer] Mchn 1417 MHStA Fürstensachen 1323,fol.9v (Rechnung); *sie mögen auch Dielln auf ihren Sägmühlen schneiden lassen* Ambg 1733 LORI Bergr. 605.– Auch bergmannssprl.: °*Duin schlogn* „eine Bretterwand machen" (Ef.) Peißenbg WM.
2 Bretterlage, Verbund von Brettern, Holzgestell.– **2a** (hölzerne) Zimmerdecke, °westl.OB, SCH vielf., °OP vereinz.: °*Dula* „Zimmerdecke" Ludenhsn LL; „Die Kistler … keine *Dillen*, Bänke und Boden, das gehörte den Zimmerleuten" LENTNER Bavaria Almen 114; *ein kleinez rätelîn … daz alle zît ob iu stecke in dem diln oder in der want* BERTHOLDvR I,35,5f.; *an ein newen stuben, an dillen und an podem* 1366 Rgbg.Urkb. II,283; *hats … bis an die Dillen des Zimmers erhebt* Bayer.Barockpr. 78 (Archangelus a Sancto Georgio).– **2b** Fußboden, v.a. Dielenboden, °OB, NB, °OP vereinz.: °*Dülln* „Holzfußboden" Nittenau ROD; *„Die Dilen* (*Dịln*), *der* und *das Dil* … die (Bretter-)Decke über einem Gemach, welche für einen darüber befindlichen Raum den Boden bildet" SCHMELLER I,500.– **2c** Bretterwand, hölzerner Zaun, °OB, °OP, °OF, °MF vereinz.: °*Dill* „Bretterwand oder Bretterzaun" Walleshsn LL; *tül* nach SCHWEIZER Dießner Wb. 201; *Swer gen dem chorn gelanter, tulle oder zaun hat* um 1300 Stadtr.Mchn (DIRR) 285,13f.; *bey dessen herberg mit der hanndt auf das till geschlagen* Prittriching LL 1586 BJV 1956,129; *heute … hat man die Häuser und Dill der Gärten … angefangen abzubrechen* Mchn 1704 WESTENRIEDER Beytr. II,246.– Auch: „*Dill* oder *Till* … als Wildgärten gelegene Anwesen" OB Dt.Gaue 40 (1950) 76.– **2d** Tür, Türblatt, °OB vereinz.: *Dill* Falltüre am Dach- oder Heuboden Kiefersfdn RO.– **2e** Floß: „*Dillen* … meistens mit 2, ausnahmsweise mit 6 Rudern" NEWEKLOWSKY Schiffahrt I,612; *Uon der laern diln dev von Landawe her enawe* [flußabwärts] *get* VOF um 1280 MB XXXVI,1,494.– **2f** Gestell, Gerüst aus Holz, °OB, °NB, °OP vereinz.: „in der *Duin* werden die Brotlaibe aufgerichtet" Heiligkreuz TS; °*Dülln* „Auflage für Fässer" Winklarn OVI.– **2g** Brücke in einer Klause, an einer Talsperre: „in der Holzknechtsprache … die *Düi*" südl.OB HuV 9 (1931) 50.
3 Raum in einem Gebäude.– **3a** Vorraum einer Wohnung, Flur, z.T. ugs., °OP vielf., °Restgeb. mehrf.: °*heng dai Jackn in de Dieln* Lenggries TÖL; °*Diele* „Hausflur" Deining NM.– **3b** Flur im Obergeschoß, °OB, °NB, °OP vereinz.: °*dös is en da Illa obn* Arnstorf EG; *Dila* „der obere Gang über der Flez" FEDERHOLZNER Wb.ndb. Mda. 55.– **3c** Obergeschoß, Dachboden, °OB vielf., °NB, °SCH vereinz.: °*s Kribbisach had ma undam Jahr auf da Dülln åm* Wackersbg TÖL; °*untara, obara Döü* „die Böden in der Scheune" Lohbg KÖZ; °*Diel* „Getreideboden" Friedbg; „Auf der *Diel* schlafen auch die Dirnen" südl. OB Bavaria I,287; „Wenn das Wetter schön ist, wird vorm Haus gebunden, sonst … auf *da Düln* (dem Getreideboden)" Altb.Heimatp. 15 (1963) Nr.45,9; *da het er Jacob krauters thür offen gefunden, hinein gloffen, auff dy dilln verporgen* Rgbg 1534 Chron.dt.St. XV,131,9f.; *Auf der Dilln … 1 Hechl stock* Aschau MÜ 1787 StA Mchn BrPr. 8391,fol.30r (Inv.).– Phras.: *hohe D.* (→[*Hoch*]*d.*) dass.– *Obere D.* (→[*Ober*]*d.*) dass.– °*Dea geaht a d Dülln nauf zum Lacha* Eschenlohe GAP, ähnlich °OB, °NB, °OP vereinz.– *Jmdm die D. abräumen / abhintun* u.ä. jmdn ausschimpfen, scharf zurechtweisen, °OB, °NB vereinz.: *dera tua i Duin obö* Dfbach PA; *õàn … d Dejn ǫ-rā̃mà* „schimpfen, Vorhaltungen ma-

chen“ Kaps Welt d.Bauern 139.– Kinderreim.: *dua no schö schlofa, dua no schö schweing, sunst duad da Momo* [Schreckgestalt] *vo da Dujn owaschdeing* O'diendf PA.– **3d** Heuboden, °sw. OB mehrf.: *Dulla* Peiting SOG; *dül* „erster Stock über Stall“ M'nwd GAP nach SOB V,331.– **3e** Kammer, Verschlag im oberen Stockwerk od. im Dachraum, °OB, °NB, °OP vereinz.: °*dia schlafn dahintn in der Dilln* Gögging KEH; *Dijn* „Raum für Ernte im Obergeschoss, von der Tenne zugänglich“ Spr.Rupertiwinkel 41; *an die till er da gieng. er klopfet an, si ließ in ein* Fischer Mären 95,76f.– **3f** Altane, Balkon, °OB, °OP vereinz.: °*Düln* „überdachte Altane zum Wäschetrocknen“ Kemnath; *von einer Dillen ein Gad hoch hinabgesprungen* Aufkchn STA 1632 Bayerld 10 (1899) 382.
4 Lokal, Kneipe, °OB vereinz.: °*Duin* „heute Gastlokal, Bar“ Reichenhall.

Etym.: Ahd. *dil* stm., *dilo* swm., *dilla* swf., mhd. *dill*(*e*) st/swf./swm., germ. Bildung idg. Herkunft; Pfeifer Et.Wb. 224.

Ltg, Formen: *dil* u.ä., auch *dul* (GAP, SOG), im Vokalisierungsgeb. *dęi*, *dui*, *dī* u.ä., vgl. Lg. § 7d, dann *-n*, ferner *-ə* (FFB, GAP, LL, SOG; FDB), *-α* OB (dazu EG), vereinz. *diαl* (AIB, MB), *-n* (M), *dę̄α* (RO), ugs. *dīl*(*e*). Mit Deglutination *ilα* (EG), *īlα* (LAN), *ein* (VOF).– Genus F., daneben M. (AIB, AÖ, GAP, MÜ, RO; KÖZ; NEW), N. (AIC).

Delling I,125; Schmeller I,500, 602; Westenrieder Gloss. 102; Zaupser Nachl. 15.– WBÖ V,73-75.

Abl.: *dielen*, *Dieling*.

Komp.: [**Bor**]**d.** Kirchenempore, °OB, °NB vereinz.: °*Boadila* Ruppertskchn EG; *weil das Kirchel so eng gewest, hat man eine neue parthillen ... machen lassen* Klardf BUL 1701 VHO 63 (1911) 223.– Zu →*Bor* 'dass.'.

[**Bretter**]**d. 1** hölzerne Zimmerdecke: °*Bretadüin* Pöcking STA.– **2** †Bretterzaun: *an obgesagter behausung ain Wurzgarten, mit einem Prötter diehl eingefangen* Fürstenfeldbruck 1625 Frigisinga 6 (1929) 198.

[**Bruck(en)**]**d. 1** Querbrett einer Holzbrücke, °OB, °NB vereinz.: °*Bruckndin* Marktschellenbg BGD.– **2** Holzbrett als Belag: °*Bruckdieln, Stalldieln* Gottfrieding DGF; *3 Fuhren Bruckdillen zur Reparierung der ausgemehnten Wege und Straßen* 1741 Reindl Geiselhöring 189.– **3**: °*Bruckdilln* „fingerdicke Kartoffelnudeln“ Gottfrieding DGF.
WBÖ V,75.

[**Dach**]**d.** Dachkammer, °OB vereinz.: °*a da Dåchdüin drom* Dachau.

[**Tenn(en)**]**d. 1** Querbalken der Tenne, °OB, °OP, °MF vereinz.: °*d Tennaduin* „unter den Bohlen“ Wildenroth FFB; *Dändüin* Ramsau BGD Bergheimat 10 (1930) 39.– **2** (oberer) Tennenboden, °OB, °OP vereinz.: °*Tenndui* „Hochtenne“ Taching LF.

[**Torf**]**d.** Fahrbrett im Torfstich: °*Torfdiln* „für den Abtransport des nassen Torfes“ Rettenbach WS.

[**Eiden**]**d.** Halte- u. Führungsbogen an der Holzegge, °OP vereinz.: °*Ahntell* Fronau ROD.– Zu einer Nebenf. von →*Egge*.

[**Filzen**]**d.** wie →[*Torf*]*d.*: °*Fuiznduin* „Fahrdiele“ Gmund MB.

[**Flur**]**d.** wie →*D.*3a: °*Flurduin* „Flur im Erdgeschoß“ Wildenroth FFB.

[**Vor**]**d. 1** dass., °OB, °NB, °OP vereinz.: °*Vordiele* „Vorplatz im Haus“ Winklarn OVI.– **2** wie →*D.*3b: *Voardiln* „im 1. Stock“ Kochel TÖL.

[**Häcksel**]**d.**: °*Häckseldülln* „Seitenraum im Stadel für Häcksel“ Thanning WOR.

[**Hobel**]**d.**: °*Hobeldilln* „gehobelte Bodenbretter“ O'ammergau GAP.

[**Hoch**]**d.**, [**Höh**]- wie →*D.*3c, °südl.OB (v.a. BGD) vielf., °NB vereinz.: *Houdi* Speicher des Hauses Bischofswiesen BGD; *d'Hedü*^{ə}*n* Nottau WEG; „Beim Rauchen geht er vom Keller bis in *die Hochdiehl* hinauf“ Angerer Göll 143.
WBÖ V,75.

[**Kammer**]**d.** dass., OB vereinz.: *Kammadeil* O'grainau GAP.
WBÖ V,75.

[**Katz(en)**]**d. 1** oberste, außen meist verschalte Altane, °OB vereinz.: *Kåtzdiln* Kochel TÖL; „Altan an der Front des Hauses *die Katzendiele*“ Peetz Kiemseekl. 116; *khåtſnduin* „verschalter Balkon“ Jachenau TÖL nach SOB V,1[illegible].– **2** deren (obere) Verschalung, °OB vereinz.: °*Katznduin* „schützt die Altane vor Regen“ Lenggries TÖL.– **3** Raum in der Dachschräge:

°*Katzndui* ebd.– **4**: °*Katzendiele* „Balken unterhalb des Dachstuhls an der Außenwand, trägt ein größeres Vordach" Rettenbach WS.

SCHMELLER I,1314.

[**Kuchel**]**d.**: °*d Kuchedieln* „Teil der Küche mit dem offenen Rauchfang" Taching LF.

[**Leiter**]**d. 1** Leiterbaum, °OB vereinz.: °*Loitadüi* Wettstetten IN; *Loaddadüi* Ramsau BGD Bergheimat 10 (1930) 41.– **2**: °*Leiterdiele* „Balken zum Aufhängen der Leiter" Schönbrunn LA.– **3** Raum, in dem Leitern aufbewahrt werden: °*Loatadüll* „auf dem Dachstuhl oder Heuboden" Garmisch-Partenkchn.

[**Maurer(s)**]**d.** Gerüstbrett, °OP vereinz.: °*a Maurersdülln* „Laufbrett beim Gerüst" Sulzbach-Rosenbg.

[**Menscher**]**d.**: °*d Menschaduin* „Dachkammer der Mädchen" Taching LF.

[**Moos**]**d.** wie →[*Torf*]*d.*, °OB vereinz.: °*de Moosduin* Kchseeon EBE.

[**Ober**]**d. 1** oberer Raum in einem Gebäude.– **1a** wie →*D.*3b, °OB, °NB, °OP vereinz.: °*Oberduin* „Gang im 1. Stock" Ampfing MÜ.– **1b** wie →*D.*3c, °OB, °NB, OP, MF vereinz.: *auf da Owadü in han a ma gfiacht, da is Kletzndruah gstantn* Mittich GRI; *a d owa dejn aufi drǫŋ* nach KUFNER Freutsmoos 128.– Phras.: *ea get a d Obadü in aufö as låuchan* „ist sehr launenhaft" Hiesenau PA, ähnlich °OB, °NB vereinz.– **1c** wie →*D.*3e, °NB vereinz.: °*s Troad schitt ma in da Obadöin auf* „abgetrennter Raum im Dachboden" Passau.– **2** Dachfenster, °OB, °OP vereinz.: °*ist de Oberduin zuagmacht?* Lenggries TÖL.

WBÖ V,74

[**Ofen**]**d.** Stangen(gestell) als Trockenvorrichtung über Herd od. Ofen, °OB vereinz.: °*Ofadieln* „zum Trocknen von Kleidern oder Decken" Thanning WOR.

[**Rauch**]**d. 1** verräucherte Zimmerdecke, °OB, °OP vereinz.: °*Rachdüln* „vom offenen Feuer" Teisendf LF; *Roochdulla* Thaining LL Lech-Isar-Ld 12 (1936) 38.– **2** wie →[*Ofen*]*d.*, °OB vereinz.: °*Raachdöln* „zum Flachstrocknen" Halfing RO.– **3** offener Rauchabzug, °OB vereinz.: *Raachdiln* „Rauchabzug ohne Kamin" Kochel TÖL; *Roochdulla* „Funkenfang über dem Feuerherd" (Ef.) Thaining LL Lech-Isar-Ld ebd.– **4**: *rǭxdüln* „alte Herdsicherung (Holzdeckel auf kurzen Pfosten über dem Rauchloch in der Küchendecke)" nach SCHWEIZER Dießner Wb. 163.– **5** wie →*D.*3c, °OB vereinz.: °*d Rachdöi* „weil hier früher der Rauch durchzog" Frasdf RO; *rǭxdula* nach FREUDENBERG Böbing 37.– **6** Räucherkammer, °OB, °NB, °OP vereinz.: °*d Raachduin* „im Kamin" Wildenroth FFB.

[**Räucher**]**d.** wie →[*Rauch*]*d.*6: °*de Reichaduin* „Räucherkammer neben dem Kamin" Brunnen SOB.

†[**Raum**]**d.** wie →*D.*3d: „*Die Raumdiehle* … Heuboden ober der Dreschtenne" PEETZ Kiemseekl. 117.

SCHMELLER I,500.

[**(Ge-)Schoß**]**d.** Dachschalung, v.a. an der Traufe, Traufe, °OB vereinz.: °*Gschoßduin* „Bretterverkleidung unter dem Dachvorsprung" Wildenroth FFB.

[**Steig**]**d.** wie →[*Leiter*]*d.* 1: °*Steigdüln* Leiterbalken Landshut.

[**Stub(en)**]**d. 1** (hölzerne) Stubendecke, °OP vereinz.: °*Studüln* Ensdf AM.– **2** (hölzerner) Stubenboden: *Studieln* Chammünster CHA; *damit bei inen … nit erfunden werden … unbewart Steigen, offn Stubdüllen* Erding um 1600 ZILS Handwerk 105.

E.F.

dielen, dillen

Vb., in heutiger Mda. nur im Komp., mit Brettern od. Bohlen belegen,: „in den Hof … der fast immer mit behauenen Bäumen *gedilt* ist" LENTNER Bavaria Almen 18.

Etym.: Ahd. *-dillôn*, mhd. *dillen*, Abl. von →*Diele*; WBÖ V,76.

SCHMELLER I,501; WESTENRIEDER Gloss. 102.– WBÖ V,76.

Komp.: [**abhin**]**d. 1** herunterstechen: °*duin no obi, trumpf den obi* „beim Kartenspiel" Thanning WOR.– **2**: °„den Aufschneider muß man *obituin*, heftig zurechtweisen" ebd.

†[**aus**]**d.** wie →*d.*: *ausdielen* „den obern Theil des Zimmers mit Bretterwerk bedecken" WESTENRIEDER Gloss. 102.

WESTENRIEDER Gloss. 102.

E.F.

†Dieling
M.: *Dieling* „Ziegelstadel oder Trockenstadel" Mchn 1834 SCHMELLER I,500.
SCHMELLER I,500. E.F.

diem, manchmal, →*[et-je]wann*.

Diemut →*[De]mut*.

Diendl →*Dirne*.

dienen
Vb. **1** Dienst tun.– **1a** als v.a. bäuerlicher Dienstbote arbeiten, °OB, °NB, °OP, SCH vereinz.: °*de deanatn Leit* Dienstboten Brunnen SOB; *i geh a nu a d'Fabrik, då vodeanö mehra as wia an Dean* Pfarrkchn; *Ba'n Guglwirt omat Hot's döint lange Joahr* SCHWÄGERL Dalust 76; *der heilige sunnentac ze rawe* [Ruhe] *allen dienten unde arbeitenten luten* Spec.Eccl. 147,16f.; *Ob ein dyener oder dienerinn der maisterschaft* [Dienstherrschaft] *dient oder nicht* 1365 Stadtr. Mchn (DIRR) 374,9f.; *ein ehrliche Dienst-Magd ... als dise zu Winterberg in Böham diente* HUEBER Granat-apfel 174.– Phras.: *Bauern d.* bei einem Bauern als Dienstbote arbeiten, °OB, °NB vereinz.: °*da Sepp hod oiwei Bauern deat a de junga Jahr* Grafing EBE; *dea wou olle seine sechs Stiafkinda äbbs leana hot louss'n, daß s net bauandean ham mejss'n* JUDENMANN Opf. Wb. 12;– *hausdean* „auf einem fremden Hof dienen, angehender Erbe" Spr.Rupertiwinkel 41.– *Ehehalten d.* mit anderen Dienstboten gemeinsam arbeiten: *s Bauandean wa nöd so löz, wan s Ejhåidndean nöd wa* Ruhstorf GRI.– †Auch dienen, untertänig sein allg.: *(Subire) deonon* Tegernsee MB 9.Jh. StSG. II,218,22; *Uuio uile nu bezzera ist, daz tu so sichiriu bist, danne du dinemo munde* [Ehemann als Vormund] *dienetist* Wessobrunn WM 1.H.11.Jh. SKD 156,14f. (Predigtslg A).– **1b** †ein Amt ausüben, tätig sein: *Wenn vnser getreuer Hs Zolner von Münichen etliche zeyt in vnserm Kayserlichen hoffe gedient* Indersdf DAH 1457 OA 24 (1863) 350.– **1c** Militärdienst, Kriegsdienst tun, °OB, NB vereinz.: *mei Suh deant bon Leiban* „beim Leibregiment" Kötzting; *Swelich vnser burger vrlaub von der Stat nement vnd di ... andern fürsten vnd herren dienen wellent* Rgbg 1356 FREYBERG Slg V,29.– **1d** †Lehnsdienst leisten: *daz ich ze Hohenburch ... in sinem dienst/ niht mer sitzen wil/ vnd daz ich ... an sin urlaub/ anderswa dīnen wil* Rgbg 1298 Corp.Urk. IV,209,25-27; *daz der ... Torringer unserm ... Hern von Saltzburg dienen und warten sol mit seiner Vesst Torringen* Wasserburg 1400 FREYBERG Slg I,323.– Auch Heeresfolge leisten: *die vns darüber darauff leihent/ gebent/ oder dienent* Freyhaiten 1568 59.– **1e** †Minnedienst tun: *ich gib euch mynn, dient ir hye pey den werden* FÜETRER Persibein 22,82.– **1f** †bei Tisch dienen, aufwarten: *Martha diu guata Dar io dionota* Frsg um 905 Cgm 14,fol.72[r] (Otfrid); *all obgedacht fürsten ... dinten also seiner majestat zum tisch* Rgbg 1541 Chron.dt.St. XV,166,7-9.– **1g** †in religiöser Spr., (Gott) dienen, im Kultus dienen: *die gotes iruueliten magide, die ... imo flizziclichen dienont alla uuila* 11.Jh. SKD 171,25-27 (Predigtslg B); *Die priester vnd die schv°ler svlen ze dem alter dienen ... in phaffichen gewant* Eichstätt um 1250 Sammelbl.HV. Eichstätt 64 (1971) 14; *dz hochambt ... 2 Caplän haben zu altar diennt* 1609 HAIDENBUCHER Geschichtb. 11.
2 gefällig sein, liebedienern, sich bemühen.– **2a** gefällig, behilflich sein: *däana* „helfend beistehen, unterstützen" Passau; *hepinota* [als Gast hatte]. *l uns ... dionota* Tegernsee MB 10./11.Jh. StSG. I,753,65f.; *vnd sol vlrich von abensperg darzv dienen vnd helfen* Rgbg 1291 Corp.Urk. II,605,39f.; *sy ... haben dy fürsten all piß zum schiff gedint* Rgbg 1531 Chron.dt.St. XV,103,13-15.– **2b** liebedienern, auch in der Fügung *schön / gut d.*, °OB vereinz.: °*dös is a ganz a guat deanta Tropf an elendiga!* Weilhm.– Auch Part.Prät., als Subst.: °*a ganz a Guatdeanda* ebd.– **2c** †sich bemühen, einsetzen: *wür haben schon 20 Jar vmb dise Seel gedienet/ warumb nimbstu sie vns?* Errettung der Jungfrau 71.
3 auch refl., nützlich, vorteilhaft sein: *die Gschicht dent si nöt* „verursacht unnütz viel Getue und Gerede" Garham VOF; *wann dev selb vorht ist ain dienerin, dev dient dem nutz vnd nicht der lieb* KONRADVM BdN 498,6f.; *kindsschencken* [Taufmähler] *... so bißher ... zu grossen pracht gedienet haben* 1658 WÜST Policey 705 (Landsordnung Oberpfalz).
4 (zu einem best. Zweck) gebraucht, verwendet werden: *s Messa däant zum Schneidn* Passau.
5 †(als Abgabe) geben, entrichten: *aine swaige vnde zwai pfvnt, da von dienet er ahte savme weinis* Bayer.Herzogsurb. 148,1206; *daz si ... in ir oblay* [Gabe an eine geistliche Stiftung] *... jerleich vnd hinfur ewichleich davon dienen, raichen vnd geben schullen* 1435 Urk.St.Veit 277;

alle underthonen und stüfftleuth, so traidt dienne FRIED-HAUSHOFER Dießen 22.
6 (durch Gegenleistung) vergelten, abdienen, ä.Spr., in heutiger Mda. nur in Komp.: *drie vnde zweinzic mvtt habern dez metzen, da mite man dienit daz æigen* Bayer.Herzogsurb. 76,714a.
7 (Abgaben, Ertrag) erbringen, einbringen: *Dev selb aigen schol avch dinen jerchleich / treissic metzen chorns* Singham GRI 1298 Corp. Urk. IV,315,17f.; *den hof ... der da dient. all Jar ... on zwen, Ain halb pfundt Regenspurger pfening* Neumarkt 1447 MB XXV,50; *Zaglach* [RO], *dient jährlich an Geld 2 fl. 30 kr.* 1778 MOSER Kiefersfdn 478.
8 zu Recht verdienen, bekommen: *Dem mörder werd auch sein gedienter lon ... der* [Henker] *slug in zu vier stucken* FÜETRER Chron. 190,15f.
9: °*Henna deana* „gackern nach dem Eierlegen" Reitenbach WS.

Etym.: Ahd. *dionôn*, mhd. *dienen*, germ. Bildung idg. Herkunft; Et.Wb.Ahd. II,676.

Ltg: *dẽan* u.ä. OB, NB, SCH (dazu CHA, R, ROD), *dẽana* OB, NB, SCH (dazu PAR, R; EIH), *dĩan* OB (dazu ND), *dĩana* westl.OB, SCH (dazu RID), *dẽin* süd.OP (dazu IN; KÖZ, VIT; TIR; EIH, HIP), *dẽina* OP, OF, MF (dazu AÖ, IN), *dą̃in* (REG, VIT), ferner ugs. *dĩna*.

SCHMELLER I,513f., 532 (dernen).– WBÖ V,50f.

Abl.: *Diener, Dienerin, dienerisch, -dienern, Dienerschaft, -dienig, Dienst, dienstbar, Dienstbarkeit, dienstig, dienstigen, dienstlich.*

Komp.: **[ab]d. 1** wie →*d.*6, °OB, °NB vereinz.: °*wos i schuidi bin, mächt i gern odean* Klingen AIC; *odean* „abarbeiten ... mit Arbeit bezahlen" Spr.Rupertiwinkel 67; *darumb im daz urbar ez sey lăwt oder gůt, gesetzt ist ze abdienen* 2.H.14.Jh. Stadtr.Mchn (DIRR) 529,15f.– **2** ableisten, °OB, NB, °OP vereinz.: „Militärjahr *ådean*" Mengkfn DGF.
WBÖ V,51.

[al]d. wie →*d.*2b, °OB, °NB vereinz.: °*der is åideanert* „schmeichelt sehr" Taching LF.

[an]d. 1 andienen, °OB vereinz.: °*andeana* „zur Verfügung stellen, anbieten" Schrobenhsn; *odean* Spr.Rupertiwinkel 67; „Vom Gesicht zu sprechen, kann ich soviel *andienen*, daß ich ein wenig aufgeworfne Lefzen habe" BUCHER Kinderlehre 7.– **2**: °*odean* „den Dienst beginnen" Fischbachau MB.– **3** refl., wie →*d.*2b: °*si odeana* „sich einschmeicheln" Rosenhm.
SCHMELLER I,82.– WBÖ V,51.

†**[auf]d. 1** wie →*d.*1f: *aufdienen* „aufwarten" Werdenfels SCHMELLER I,514.– **2**: *Dà kàn I nét aufdeənə~* „hierüber kann ich nicht Bescheid, Nachricht geben" ebd.– **3** wie →*d.*5: *das man die underthonen dahin halte, damit sie allerlai traidt ... aufdienen* FRIED-HAUSHOFER Dießen 23.– **4** in die Lehre nehmen: „Der Schneidermeister Adam Schmidel hat 1844 versäumt, *seinen Sohn förmlich als Schneiderlehrling aufdienen zu lassen*" Thiershm WUN SINGER Schacht 105.

SCHMELLER I,514.– WBÖ V,51.

[aus]d. 1 seine Dienstzeit beenden, ableisten.– **1a** seine Zeit als Dienstbote beenden, in heutiger Mda. nur übertr.: *ausgediente Weibspersonen* KREITTMAYR Rechtsregeln 206; *soll bis liechtmess, wie es einem threuen ehehalten gebührt, ausdienen* Auerbach ESB Mitte 17.Jh. HELM Konflikt 59.– Übertr. in der Fügung (*bei jmdm*) *ausgedient haben* u.ä. seine Gunst, sein Vertrauen verloren haben, °OB, NB vereinz.: *dea hod ausdäat bo mia* Metten DEG; *Du hǫsd aus-dẽàd ... bài mià!* „Mit dir will ich nichts mehr zu tun haben!" KAPS Welt d.Bauern 135.– **1b** seine Militärzeit beenden: *ausdeant* Kochel TÖL.– **1c** †wie →[*ab*]*d.*2: *die alten knecht ... die bestimbten zeit und jar, den kriegern aufgesezt, ausgedient hetten* AVENTIN IV,625,1-3 (Chron.).– **2**: *ausdean* „aushelfen" Staudach (Achental) TS.– **3** unbrauchbar, unmodern werden, nur in der Fügung *ausgedient haben*, OB, NB vereinz.: *da Havelok håd a schåⁿ båid wida ausdeaⁿt* Mittich GRI.
WBÖ V,51.

[be]d. 1 Part.Prät., in heutiger Mda. nur als Subst., bedienstet: *Ötz is er ins Königsschloß ganga ... Die Bedeanten habn ausglacht* OP 19.Jh. BzbV 3 (1914) 33; *ein würcklich bedienter handwercksgesell* Rgbg 1654-1656 WÜST Policey 373.– **2** bedienen, Dienste leisten, betreuen, OB, NB, OP vereinz.: *dea loßt sö oiwö bedean* Mengkfn DGF; *Da aber keine völlige hochzeit zu bedienen, sondern ... nur auf einen tisch ... einzuladen wäre* Rgbg 1689 WÜST ebd. 156.– **3** †wie →[*ab*]*d.*2: *die ehehalten ... sollen sie ... ihre versprochene dienstzeit bedienen* 1658 ebd. 753 (Landsordnung Oberpfalz).– **4** versorgen, zukommen lassen: „Es wäre sehr nöthig, die Christen mit besseren Andachtsbüchern zu *bedienen*" DELLING I,61.– Auch ironisch: *er hat'n brav bedient* „ihm keinen geringen Schaden zugefügt" ebd.; *Mit der Frau verheiratet sein ... da* *bist bedient!* [4]ZEHETNER Bair.Dt. 64.– **5** †wie →*d*.6: *beDienen* „verGelten" SCHÖNSLEDER Prompt. L3v.– **6** beim Kartenspiel.– **6a**: °*bedienen* „Karten ausgeben" Weiherhammer NEW.– **6b**: *Bedienen* „Farbe … Trumpf zugeben" PESCHEL Schaffkopfen 113.– **7** †refl., verwenden, benützen: *die braut-gutschen, deren sich … niemand zu bedienen hat* Rgbg 1689 WÜST ebd. 149.

DELLING I,61; SCHMELLER I,514.– WBÖ V,51f.

[**ein**]**d. 1** einarbeiten, mit einer Arbeit vertraut machen: °*eindienen* „als Knecht oder Magd" Arnstorf EG.– **2** refl., wie →*d*.2b, °OB, °NB, °OP vereinz.: °*die Marie möcht si bei der Oma eidean* Breitenbg WEG.– **3** wie →*d*.5: *eidäan* „Zehent zahlen" Metten DEG; *die 3 schäffl khorn vnnd 3 schäffl habern wölche d' hans hueber von hechenstöttn Ein dienet* 1617 HAIDENBUCHER Geschichtb. 38.– **4** abdienen.– **4a** wie →*d*.6, °OB, °SCH vereinz.: °„wenn Häusler beim Bauern ein Pferdegespann zu leihen nehmen, müssen sie dies *eindienen*, bei der Feldarbeit helfen" Ried FDB.– **4b** wie →[*ab*]*d*.2, °OB, NB, °OP vereinz.: °*eideana* „seinen Beitrag zur Reparatur von Gemeindewegen leisten" Traidendf BUL.

SCHMELLER I,514.

[**ver**]**d. 1** auch refl., (als) Lohn, Entgelt erhalten, (als) Gewinn erzielen, OB, °NB, °OP, °MF vereinz.: *wads nea, bists enk enka* [bis ihr euch euer] *Bråud sälwa vadöina mäißts!* Vohenstrauß; °*der vadöint gscheid* Regelsbach SC; *du woißt doch, wos ich sua verdäi* SCHEMM Dees u. Sell 123; *swer dar an* [an den Ämtern] *iht* [irgendetwas] *furdiͤnt hat*/ *der sol daz abnizzen* Mühldf 1285 Corp.Urk. II,135,20f.; *WAs der Mann verdient mit seinem Pflug* Landr.1616 338.– **2** einer Reaktion, Einschätzung wert sein, zu Recht bekommen, °NB vereinz.: *du verdeanst es nöt anders, recht gschiecht da* Passau; *Dös hon i vom Vatern it* [nicht] *vadeant, daß mir da Strohsack vor d'Tür g'schmiss'n werd!* THOMA Werke VI,340 (Wittiber); *sy hetens ä … gloth woll verdient vnd no woll mehr* Landshut um 1650 Jb.Schmellerges. 2012, 21,115f.– **3** †N., Verdienst, anerkennenswerte Tat, Leistung: *Lieber sant Pawel, mir gescheh es durch dein gepett und verdynen* Tegerns.Hym. 80,17f.– **4** †wie →*d*.2c: *das will …* [*ich*] *füran umb euch verdienen* Rgbg 1483 Rgbg u.Ostb. 83 (Br.).– **5** †wie →*d*.5: *Also suͤllen wir … von den egenanten vier aͦckern davon ze zins verdienen vnd geben suͤllen ain halbs pfunt Muͤnicher pfenning* 1415 Urk.Heiliggeistsp.Mchn 348.– **6** †wie →*d*.6: *so sol man vns si* [Ämter] *verdiͤnen als wir si dann lazzen denselben læuten* Mühldf 1285 Corp.Urk. ebd.,21f.; *WElcher Meyr auff einem Guet sitzt*/ *daß er einem Herrn verdienen muß* Landr.1616 289.

SCHMELLER I,514.– WBÖ V,52.

Mehrfachkomp.: [**ab-ver**]**d.** abverdienen, wiedergutmachen: *ovadean* Staudach (Achental) TS; *den schaden … daz sol im der schench ab verdienen* Frsg 1290 Corp.Urk. II,514,23-25 A; *Herre, waz wir wider ew getan haben, daz ist uns leit und wellen ew daz gern abverdinen* 1374 Rgsbg. Urkb. II,488.

[**kinds**]**d.**, Kinder hüten, → *-dirnen*.

[**liebe**]**d.,** [**liebs**]- wie →*d*.2b, °OB vereinz.: °*liebsdeana* Reichenhall.

[**maul**]**d.** mit Worten schmeicheln, lobhudeln: °*mauldeana* Mchn; *mauldienen* „Einem, sagen, was dieser gerne hört" SCHMELLER I,1586.

SCHMELLER I,1586.

[**nach**]**d. 1** nacharbeiten, nachholen.– **1a** nacharbeiten, versäumte Arbeit(szeit) nachholen, °OB, °NB, °OP, °SCH vereinz.: °*wenn oana schlechte Arbeit toa håd, håd ma nåchdean kenna* Halfing RO; *naodöin* „am Tag nach Lichtmeß" Steinlohe WÜM; *Do hammant 'Ejhojn oan To' ober zwej no'dejn … mejßn, für de Zeit, wo s'am Hä(u)sl gsessn han* KÖZ, VIT BJV 1954,198.– **1b** versäumte Zeit im Militärdienst nachholen, °OB, °OP vereinz.: °*dea war a halbs Johr in seina Dianstzeit beim Militari eigsperrt und hot nacha nachdeana müassn* Eschenlohe GAP.– **2** nach dem Arbeitsende weiterarbeiten, °NB vereinz.: °*heut miassma nachdeana, damit ois hoamkimmt* „vor dem Gewitter" Ergolding LA.– **3** den Dienstvertrag bestätigen: °„kurz vor Lichtmeß kommt der Bauer zum *Nachdienen*, um sicherzustellen, daß der Dienstbote kommt" Heilbrunn BOG.

[**wohl**]**d.** wie →*d*.2b, °OB, °NB mehrf., °Restgeb. vereinz.: *oan wojdean* Rieden WS; °*hint eischlaffa mechdn vo lauddan Woidean* „scheinheiligem Tun" Vilsbiburg; „*woi-deanad* … sie drängten sich beim Bauern durch auffallende Dienste ungebührlich in den Vordergrund" SCHILLING Paargauer Wb. 30; *Wolfram von Eschenbach, der Clingsor und Schaber … haben den frauen verdienen und kurzweil wellen machen* AVENTIN IV,161,19-21 (Chron.).

SCHMELLER II,892.– WBÖ V,53.